目次

緒　論

　　仲長統（180～220 年），字公理，山陽高平人，東漢末年政論家、思想家。才華過人，性情豪爽，灑脫不拘，敢直言，不矜小節，默語無常，時人稱爲「狂生」。年輕之時州郡徵辟其爲官，皆稱疾不就。建安年間漢廷遷許之後，尙書令荀彧聞其名，舉薦他爲尙書郎，於是仲長統便開始了入仕爲官的生涯直至離世。在許爲官期間，始終未能得到曹操重用。仲長統的思想集中體現在《昌言》中。《昌言》是一部政論散文合集，共三十四篇，十餘萬言，後大部分佚失，所存者不足十之一二，散見於《後漢書》、《齊民要術》、《群書治要》、《意林》等書中，清代嚴可均《全後漢文》中的輯本爲當下研究使用最廣者。嚴可均輯錄的《昌言》包括《昌言上》部分：即從《群書治要》中摘錄的一段相關文字以及從范曄《後漢書・仲長統傳》中摘錄出的《理亂篇》《損益篇》《法誡篇》三篇；《昌言下》部分：包括從《後漢書・仲長統傳》中摘錄的《樂志論》、從《意林》中輯錄出文字 14 條、《群書治要》輯錄論述 8 段、《抱朴子》文句 2 條、《太平御覽》文句 6 條、《博物志》文句 2 條、《齊民要素》文句 4 條、《北堂書鈔》文句 1 條、《文選》文句 28 條、《長短經》文句 1 條、《藝文類聚》1 條。在對仲長統展開研究之前就不得不面對少得可憐的文獻資料，即現存完整篇目不過《理亂》《損益》《法誡》三篇而已，包括篇名不過 4499 個字，加之其他殘篇斷句不過 12443 個字。因此，極度有限的材料，爲仲長統行年與思想的研究增加了重重困難。

　　在時代上，仲長統生活在漢、魏易代之際，其卒年恰是漢獻帝遜位之歲。在思潮上，他處於兩漢經學向魏晉玄學過渡的重要時期。無論從哪個方面來看，他都處在一個承前啓後的關鍵位置上。《昌言》中所反映的思想也存在著

漢代經學的烙印和魏晉玄學的端倪。但他的思想卻既不同於賈誼、晁錯等典型的漢代士人，又不同於「竹林七賢」般的魏晉風度。所以，以仲長統爲切入點，通過分析他的著述、思想及其精神的時代特徵，並縱向地分析這些思想發生演變的來龍去脈，橫向地分析其他思想與之或交融、或對抗的是非原委，方能對漢末魏初這段特殊時期的思潮轉變有透徹地瞭解，進而爲兩種截然不同思潮的承接找到某些內在的「連貫」。漢代的士大夫與魏晉的士大夫各自秉承著完全不同的人生觀和價值觀，仲長統思想的價值和意義恰恰在於其記錄著漢儒氣質的退卻和魏晉風度的萌生。

關於仲長統的研究，古人的史評或人物評論或針對於漢末時代背景而發，或只對仲氏《昌言》中的某些思想作些許評騭，如嚴可均《全後漢文》中的簡短評論，這些評論都屬相對簡單的概括。建國以來關於仲長統的研究，通常將其視爲「漢末諸子」中的一員進行研究，多簡單地論述仲長統的個人際遇和時代背景；對《昌言》思想的逐條闡發；將仲長統與漢末諸子進行比較研究。

有關仲長統的專人研究有劉文英《王符評傳》末附有的《崔寔、仲長統評傳》，對仲長統的生平、時代背景及其思想作了較爲全面地研究，其中附於篇末的王符、崔寔、仲長統行年簡編對仲長統的行年研究提供了極大的幫助。由於《後漢書》、《三國志》、《八家後漢書》等史書中載錄史料的有限，所以補充劉文英所編年譜存在一定的難度。該書側重對仲長統哲學思想的闡發，對仲長統的天命觀、名實觀等問題都有專章論述。然而，如能對仲氏個人際遇和時代背景之研究做更深層次的追問當爲更佳。如果能就其個人的遭遇引發更深入的對漢末社會不同層次人群的清晰劃分以及這些層次人群自身特點的進行歸納，並在此基礎上，對各層人群之間的關係作進一步揣摩當更爲穩妥。臺灣學者韓復智亦對仲長統有專文論述，但在行年考證、著述流傳等問題的研究上仍留下了頗多疑問。唐長孺《魏晉南北朝隋唐史三編》和周一良《魏晉南北朝史論集》雖未論及仲長統，但都對漢魏之際的社會作了頗多深刻而獨到的分析。

關於《昌言》內在思想的闡發，侯外廬的《中國思想通史》第二卷篇末對仲長統思想的評論不但語言深刻且文采斐然筆下生風。另外，如碩士論文李英杉杉《仲長統思想探微》圍繞儒、道、法互相雜糅，恢復井田，恢復肉刑，對封建王朝的悲觀心態（時代觀）等方面進行研究。也有如楊霞《淺議

仲長統的周文化情節》更從「井田」制度將仲長統的思想與周文化建立了聯繫。這些研究都對《昌言》的思想做了一些探究。而仲長統的時代觀問題，蕭公權《中國政治思想史》已作了頗爲精當的評述。另外，秦躍宇、龍延的《非儒入道的玄學先聲──仲長統思想研究》已經注意到了仲長統思想在儒道之間的連接作用。但是，似乎少有人關注過仲氏《昌言》中的這些思想在漢代，尤其是東漢一朝的發生和演變。《昌言》中的這些思想其實可以看作東漢至魏晉思想演變的重要一環，這些思想的發生和演變恰恰反映了社會和時代乃至士人心態的改變。如果將肉刑「廢」與「復」的爭論放到清人沈家本的《歷代刑法考》中結合時代興替去考察，於是支撐這種「廢」與「復」爭論背後的「力量」便清晰可見了。當然，如果對《昌言》政論散文言說模式有清晰地把握就會發現，復肉刑不過是仲長統言說的論據罷了，充其量不過是論點而非言說的重點。關於仲長統著述流傳及類別劃分的問題，有嚴靈峰《周秦漢魏諸子知見書目》對現存不同的《昌言》或輯錄仲長統著述之作有頗爲全面地介紹。另有碩士論文蘇曉威《仲長統〈昌言〉研究》從文獻學的角度對《昌言》的流傳情況作了較爲細緻地探查。

此外，尚有將仲長統置入漢末諸子群體之中與他人進行比較研究的。質而論之，將仲長統與漢末諸子進行比較研究其實是一種「三賢」思想的繼承與擴充。這種思想從范曄作《後漢書》將王充、王符、仲長統合列一傳時便已產生。韓愈的《後漢三賢贊》也是同類之作。黃麗峰的《後漢三賢的士風批判》便是將這三人對漢末士人不良風氣的批判合纂一文。另外，鑒於後漢末年產生的一批「品評時政」的士人如王符、荀悅、徐幹、崔寔等，雖裁量時政各有側重，但因同受經學薰陶，所以人們很自然地將其視爲一個整體而不會如先秦諸子那樣各成一家。其中，能在大的時代觀感上將仲長統與漢末諸子明確分開對待的當推金春峰的《漢代思想史》。當然，也有將他們兩兩作比的，如碩士論文沉靜的《徐幹、仲長統比較研究》、孔毅的《荀悅與仲長統思想合論》等。漢末諸子看似是一個整體，然而他們的思想因爲生存時代的「細微」差別和個體感受的不同而出現了一定的區別，這也是值得注意的。另外，仲長統的易學研究也是研究仲氏不可或缺的一部分如張濤的《仲長統的思想與易學》。

對仲長統行年以及思想的研究情況大致如此，爲避免文字冗餘在此只言其概。雖然，前人在對仲長統的研究上已經取得了較爲可觀的成果，但仍存

在一些有待深入挖掘的問題。首先，關於仲長統的生卒行年仍缺乏系統而紮實的考證。雖然，包括劉文英、韓復智、楊霞等或在專著中或在專文中都對仲長統生卒行年問題進行了專項的爬梳，但細細揣摩其文章在考證過程中未免皆有「理推」或者「臆斷」之嫌。在推定仲長統生平中若干重大事件的發生時間方面，或直接借用《資治通鑒》等典籍的載錄時間，或對沒有具體載錄的事件不加考證而「以理推之」。當然，由於史料的匱乏，此種做法亦是無奈之舉，是應當給予理解的。這樣往往會直接借用到某些錯誤結論，或者理推出一個不能令人信服的結果，在對待作家行年考證上此種方法似乎有待完善。其次，在對仲長統著述問題上缺乏專文研究，諸多研究多對此問題重視不足一筆帶過。蘇曉威的碩士論文《仲長統〈昌言〉研究》從文獻學的角度對《昌言》做了專項研究，實爲難得。但仍存在一定的改進空間，如能將研究對象擴展至仲長統著述而不必僅僅局限於《昌言》，這樣便可在對《昌言》進行梳理的同時，對仲長統不屬於《昌言》系統的作品予以更層次清晰地梳理。另外，在總結歷代對仲長統《昌言》的輯錄問題方面大體上是較爲謹愼地承襲了嚴可均的論斷，如果能在嚴氏基礎上，以若干類書爲第一手研究材料細細爬梳歷代集部文獻中對仲長統著述的收錄情況，對嚴氏論斷有所增益自然更好。當然，此項工作牽涉典籍數目巨大且耗費精力頗多，要之，更需承擔事倍而無功的風險，所以亦甚爲理解。

最後，既往對仲長統思想研究取得了豐富的成果如在「復井田」、「復肉刑」等諸多方面皆有專文進行了深入研究。不過，需要注意的是這些專文研究雖然深入，但似乎因過於注重了某個點的研究而忽視了仲長統政論散文的言說模式。也就是說，通過對仲長統政論散文言說結構進行深入分析之後，會發現在其文中出現的諸多信息多數都是作爲論據而存在的，只有少數是其言說的中心論點。所以，如果對仲長統文中出現的信息皆做專項研究，在理論上是可以的，但是從仲長統撰文的角度出發，未免有混淆主次之嫌。由此引申而來的一個問題是，現存對仲長統研究的諸多期刊文章皆是秉承這一思路，即發現嚴可均輯錄《昌言》中的某一殘章墜句便以此爲中心進行闡發，殊不知細細品讀《昌言》之文便會發現，就仲長統政論散文的言說方式而言，這種單純依據殘章墜句的逆推是需要謹愼對待的。因此，一些文章皆是在執一殘句、更無他證的情況下以理推之的。對此，個人還是抱著較爲謹愼的態度，認爲應當細讀仲長統之文，揣摩其撰寫文章的主要思路和慣用言說模式，

而後加之個人從浩如煙海的文獻中輯錄一二之努力，來審慎地考察那些殘句在仲長統之文中的位置和作用，而後以求窺其用意之一二。

研究方法

　　本文採用文獻學基本方法，從具體史料文獻入手，並在此基礎上對相關史料加以比對、考察，以求能夠從有限的史料中最大限度地接近歷史本身。在文本史料不足的情況下，盡量從碑刻等其他類型文獻獲取有用信息以期能夠補充史料的不足。對某些涉及到思想或心態的問題，盡量從經濟基礎、社會地位等較爲具體切實的方面去立體地考察相關人物的眞實處境和內心感受。另外，亦會在研究材料匱乏的情況下，從若干類書入手做一一翻檢排查，以期能收穫有價值之材料。

研究重點

　　對仲長統的生卒行年等問題進行考察；梳理《昌言》中主要思想的源與流，以及在流變中呈現的東漢社會主要矛盾與勢力集團間的相互關係；將仲長統與王符、崔寔、荀悅、徐幹等漢末諸子進行比較，論證仲長統的思想具有承前啓後的時代特徵；對東漢士人階層進行劃分，爲漢末士人的不同心態做出合理解釋；對《昌言》中政論散文的文學性作深入分析。

第一章　仲長統生卒行年考

　　關於仲長統生卒行年等問題前人已經做了很多研究。其中較爲系統的有劉文英《王符評傳》後附有的「仲長統生平大事年表」〔註1〕。此外如臺灣韓復智《仲長統研究》〔註2〕等文章都對仲長統的生卒、行年等問題有所涉及。然而，由於史料匱乏，這些文章或是在生卒行年的問題上挖掘不足，或是在具體事件年代的確定上不夠精確，總之應當在回歸原典的基礎上對仲長統的生卒行年及其他相關問題做一次全面的梳理。這在我們對仲長統展開全面研究之前是很有必要的。仲長統生卒行年相關史料主要見於《後漢書·仲長統傳》和《三國志·魏書·劉劭傳》，現將史料羅列如下：

　　　　仲長統字公理，山陽高平人也。少好學，博涉書記，贍於文辭。年二十餘，游學青、徐、并、冀之間，與交友者多異之。并州刺史高幹，袁紹甥也。素貴有名，招致四方遊士，士多歸附。統過幹，幹善待遇，訪以當時之事。統謂幹曰：「君有雄志而無雄才，好士而不能擇人，所以爲君深戒也。」幹雅自多，不納其言，統遂去之。無幾，幹以并州叛，卒至於敗。

　　　　尚書令荀彧聞統名，奇之，舉爲尚書郎。後參丞相曹操軍事。每論說古今及時俗行事，恒發憤歎息。因著論，名曰《昌言》，凡三十四篇，十餘萬言。

〔註1〕劉文英《王符評傳》，南京：南京大學出版社1993年版第377頁。
〔註2〕韓復智《仲長統研究》，《臺灣大學歷史學系學報》第8期，1981年12月第53頁。

獻帝遜位之歲，統卒，時年四十一。友人東海繆襲常稱統才章足繼西京董、賈、劉、楊。〔註3〕

（繆）襲撰統《昌言》表，稱統字公理，少好學，博涉書記，瞻於文辭。年二十餘，游學青、徐、并、冀之間，與交者多異之。并州刺史高幹素貴有名，招致四方游士，多歸焉。統過幹，幹善待遇之，訪以世事。統謂幹曰：「君有雄志而無雄才，好士而不能擇人，所以爲君深戒也。」幹雅自多，不納統言。統去之，無幾而幹敗。并、冀之士，以是識統。大司農常林與統共在上黨，爲臣道統性倜儻，敢直言，不矜小節，每列郡命召，輒稱疾不就。默語無常，時人或謂之狂。漢帝在許，尚書令荀彧領典樞機，好士愛奇，聞統名，啓召以爲尚書郎。後參太祖軍事，復還爲郎。延康元年卒，時年四十餘。統每論說古今世俗行事，發憤歎息，輒以爲論，名曰《昌言》，凡二十四篇。〔註4〕

以上兩節文字分別出自范曄《後漢書‧仲長統傳》正文和陳壽《三國志‧魏書‧劉劭傳》裴松之注文。由於史料有限，所以，關於仲長統的行年研究我們就只能依託這兩則相對具體的史料來展開。

第一節　籍貫考

范曄《後漢書‧仲長統傳》已明言仲長統爲「山陽高平人」，然而「山陽高平」對應的當下地名則出現了分歧。韓復智認爲「山陽高平」當在「今山東省金鄉縣西北」〔註5〕，而劉文英則認爲當在今山東省鄒縣西南〔註6〕，此外更有《兩漢全書》認爲「山陽高平」即爲「今山東省微山」〔註7〕。驗之謝壽昌等編的《中國古今地名大辭典》〔註8〕韓復智的「山東金鄉縣西北」之說

〔註3〕范曄《後漢書‧仲長統傳》卷四十九，北京：中華書局1965年版第1643～1646頁。

〔註4〕陳壽《三國志‧魏書‧劉劭傳》卷二十一裴松之注，北京：中華書局1982年版第620頁。

〔註5〕韓復智《仲長統研究》，《臺灣大學歷史學系學報》8期，1981年12月第54頁。

〔註6〕劉文英《王符評傳》，南京：南京大學出版社1993年版第289頁。

〔註7〕董治安主編《兩漢全書》，濟南：山東大學出版社2009年版第31冊第18097頁。

〔註8〕謝壽昌等編《中國古今地名大辭典》，上海：商務印書館1936年版第771～772頁。

實繫於「高平郡」條下，且原文爲：

　　　　晉高平國，治昌邑，在今山東金鄉縣西北四十里，南朝宋爲郡，

　　移治高平，在今山東鄒縣西南，北齊廢。〔註9〕

而劉文英的「山東鄒縣西南」之說則爲「高平縣」條下之文，原文爲：

　　　　漢置橐縣，後漢更置高平侯國，南朝宋時移高平郡來治，北齊

　　郡縣俱廢。故城在今山東鄒縣西南。〔註10〕

從上述材料可以看出產生分歧的關鍵在於對「高平」這一地名所代表的行政區域級別理解的不同。韓復智將「高平」理解爲「高平郡」，而劉文英將「高平」理解爲「高平縣」。至此，我們應回到原典，重新審視范曄《後漢書‧仲長統傳》中「高平」二字的語義指向。按范曄《後漢書》著述體例，在言及某人籍貫時通常遵循的是「郡名」＋「縣名」之體例。如光武帝劉秀的籍貫「南陽蔡陽」，按《光武帝紀》所附李賢注文可知「南陽，郡……蔡陽，縣。」〔註11〕又如楊震籍貫爲「弘農華陰」，據《後漢書‧郡國志》可知弘農爲郡，華陰爲縣。〔註12〕此類例證俯拾即是故不再贅述。此外，更應注意到一個時間上的倒錯，即晉時爲「高平國」而後南朝劉宋時才爲「高平郡」，故東漢末年之時不知何處當爲「高平郡」？至此，可以推定《仲長統傳》中的「山陽高平」實爲「山陽郡高平縣」。然而，《後漢書‧郡國志》「山陽郡」下唯有「高平侯國。故橐，章帝更名。」〔註13〕條，並未明言高平爲縣。然另據《後漢書‧光武十王傳‧東平憲王蒼傳》注文「橐，縣，一名高平，故城在鄒縣西南。」〔註14〕至此，方可斷定「橐」即爲「高平縣」，且就在鄒縣西南，故當以劉文英說爲是。不過，劉文英之說雖「是」而不「確」，因爲這一論斷只言及了大體方位而並未指出其籍貫具體所在。《兩漢全書》較之韓氏和劉氏之說，更爲明確地指出了仲長統的籍貫即「今山東省微山」，然而此說亦頗值推敲。因爲「山陽高平」在東漢時爲「橐」縣，而「今微山縣」在東漢時則爲「戚」縣，雖相距不遠但實爲兩地，故此說亦有待深入考量。《後漢書‧光武十王傳‧東平憲王蒼傳》注已明言，「橐」在鄒縣西南。而「戚」即今「微

〔註9〕謝壽昌等編《中國古今地名大辭典》，上海：商務印書館1936年版第771頁。

〔註10〕謝壽昌等編《中國古今地名大辭典》，上海：商務印書館1936年版第772頁。

〔註11〕范曄《後漢書‧光武帝紀》卷一，北京：中華書局1965年版第1頁。

〔註12〕范曄《後漢書‧郡國志》志第十九，北京：中華書局1965年版第3401頁。

〔註13〕范曄《後漢書‧郡國志》志第二十一，北京：中華書局1965年版第3455頁。

〔註14〕范曄《後漢書‧光武十王傳‧東平憲王蒼傳》卷四十二，北京：中華書局1965年版第1434頁。

山縣」則近乎在鄒縣東南。且據《鄒縣縣志》〔註15〕鄒縣自唐以降〔註16〕並未存在較大規模的地理遷移，此爲「微山縣」之說疑點之一。此外，《水經注》卷二十五「泗水條」：

> 泗水南經高平山，山東西十里、南北五里、高四里，與眾山相連，其山最高頂上方平，故謂之高平山，縣亦取名焉。泗水又南經高平縣故城。〔註17〕

據此可知，高平縣得名緣於附近的「高平山」，而「高平山」山下即爲「高平縣」，且有泗水自北向南流經於此。斗轉星移，滄海桑田，從東漢至今河流可能改道、湖泊可能湮沒，所以簡單依據河、湖等水域作爲地理坐標進行定位可靠性不大。但山脈似乎不會出現太大變遷。因此，借助《水經注》史料提供的地貌特徵「山東西十里、南北五里、高四里，與眾山相連……泗水又南經高平縣故城」可以斷定譚其驤《中國歷史地圖集》（秦漢卷）所標注的「橐」縣方位確切。至此，可以得出仲長統籍貫「山陽高平」，即今「山東省微山縣兩城鎮一帶」。不過，除了單純的史地考證外，我們更不能忽略當下的行政區劃問題。遵照現今執行的行政區劃，兩城鎮實歸微山縣轄制，故《兩漢全書》「今山東省微山」之說亦爲不誤。

第二節　姓氏考

關於仲長統的姓名，現存兩種觀點：其一，如王先謙《後漢書集解》認爲「仲」爲姓，「長統」爲名〔註18〕。其二，如繆襲《昌言》表及葛洪《抱朴子》認爲「仲長」爲姓，「統」爲名〔註19〕。首先，我們要注意的是王先謙《後漢書集解》的觀點原文作「《通鑒》胡注，仲，姓也」。據此可知，王先謙《後

〔註15〕《中國方志叢書・華北地方・鄒縣志》第380號，臺北：成文出版社1976年影印清妻一均修、周翼等撰康熙五十四年刊本。

〔註16〕因注《後漢書》之李賢爲唐朝人。

〔註17〕酈道元著、陳橋驛校證《水經注校證》卷二十五，北京：中華書局2007年版第596頁。

〔註18〕王先謙《後漢書集解》卷四九集解「通鑒胡注，仲姓也。商左相仲虺，周有仲山甫，舜十六相有仲堪、仲熊，周八士有仲突、仲忽。」然考《資治通鑒》卷六十五，胡注爲「仲長，複姓。」見《後漢書集解》（外三種），上海：上海古籍出版社2006年版影印本第一冊第751頁。

〔註19〕葛洪著，王明校釋《抱朴子內篇校釋》卷五，北京：中華書局1985年版第115頁。

漢書集解》的論斷實從《資治通鑑》胡三省之注文。然而，驗之《資治通鑑》
結果卻並未與《後漢書集解》所引相合。《資治通鑑》卷六十五胡注之文已明
言「仲長，複姓」〔註20〕。儘管史料中並無直接載錄有關仲長統姓氏的問題，
但亦可從「側面」尋得些端倪。距離仲長統時代最近的《三國志・魏書・劉
劭傳》裴松之注文中所引的仲長統友人繆襲撰寫之《昌言表》，其原文皆稱仲
長統爲「統」；其次成書於晉代的《抱朴子》亦稱仲長統爲「仲長公理」。這
一稱謂方式剛好與傳統稱謂「姓」＋「字」結構相符。可見，至少在葛洪看來
「仲長」是姓而「統」是名。其次，《宋書・謝靈運傳》全文載錄謝靈運作於
南朝劉宋時期並自注的《山居賦》，在賦文中將仲長統略稱爲「仲長」，注文
中將仲長統稱作「仲長子」〔註21〕。再次，作於南朝梁時期的《金樓子》亦
書仲長統爲「仲長公理」〔註22〕。最後，邵思《姓解》、王應麟《姓氏急就
篇》、凌迪知《萬姓統譜》、章履仁《姓史人物考》〔註23〕等有關姓氏的專書
皆將「仲長統」之名錄在「仲長」姓條下。綜上所述，複姓「仲長」之說當
爲可信〔註24〕。另外，值得一提的是「仲長」一姓並非僅仲長統一例，章履
仁《姓氏急就篇》「仲長」條下除仲長統外尚有仲長子光。

第三節　生卒行年考

　　關於仲長統的生卒行年問題，由於相關史料的缺乏，致使既往研究不得
不停留在泛泛而論的層面，簡單論述下生年、卒年、以及史傳中言及的主要
事件。劉文英在《王符評傳》的附錄中有「王符、崔寔、仲長統生平大事年
表」，在考定仲長統的生卒年後將東漢末年大事一一列入其對應的年歲中，當
然《仲長統傳》中載錄的相關事件亦編入其中。不過，由於劉文英在編錄該
「年表」時直接採用了《資治通鑑》的一些年代考證結果，所以在吸收《資

〔註20〕司馬光《資治通鑑》卷六十五，北京：中華書局1956年版第2067頁。
〔註21〕（南北朝）沈約《宋書・謝靈運傳》卷六十七，北京：中華書局1974年版第
　　　　1755頁。
〔註22〕梁元帝、蕭繹《金樓子》卷四，清知不足齋叢書本。
〔註23〕邵思《姓解》卷一，古逸叢書景北宋本；宋王應麟《姓氏急就章》卷下，文
　　　　淵閣本；明凌迪知《萬姓統譜》卷一百三十五，文淵閣本；清章履仁《姓史
　　　　人物考》卷十五，清乾隆二十年刻本。
〔註24〕林寶《元和姓纂》卷五，文淵閣本誤將仲長統列於「長仲」姓條目下，此誤
　　　　已爲四庫館編修時指出，並加按語予以糾正。

治通鑑》諸多成果的同時也將一些「存疑之處」收納其中。

在與仲長統相關的有限史料中，有明確記載的行年信息唯有仲長統之卒年。《後漢書・仲長統傳》載「獻帝遜位之歲，統卒，時年四十一」〔註25〕而《三國志・魏書・劉劭傳》注文中則載「延康元年卒，時年四十餘」〔註26〕據以上兩則史料可知，仲長統卒於漢魏易代的「延康元年」（公元220年）至於仲長統卒年時的年歲究竟是「年四十一」還是「年四十餘」，兩則材料說法不一，但後來言此者多從「年四十一」說〔註27〕。按古人以虛歲來計算年齡。若以此爲據則可推之仲長統的生年當爲「光和三年」（公元180年）。當然，以上兩則史料所提供的年齡信息在本質上並無衝突，並且，在研究一個作家生平時，其主要活動年代、行年大事以及卒年則顯得更爲重要些。下面，便要對仲長統所歷大事年代作細緻地考量。

一、過高幹考

《後漢書・仲長統傳》和《三國志・魏書・劉劭傳》注都曾提及「仲長統過高幹」一事，劉文英在其所編的「王符、崔寔、仲長統大事年表」中，將此事繫於「建安十一年」（公元206年）〔註28〕。此說實從《資治通鑑》卷六十五之結論，《後漢書》對此事有較爲具體的記載：

> （統）年二十餘，游學青、徐、并、冀之間，與交友者多異之。
> 并州刺史高幹，袁紹甥也。素貴有名，招致四方遊士，士多歸附。
> 統過幹，幹善待遇，訪以當時之事。統謂幹曰：「君有雄志而無雄才，好士而不能擇人，所以爲君深戒也。」幹雅自多，不納其言，統遂去之。無幾，幹以并州叛，卒至於敗。〔註29〕

因《三國志・魏書・劉劭傳》注文與此相似故不復列舉。從這則史料可以發現兩個問題：其一，仲長統發現高幹「有雄志而無雄才，好士而不能擇人」的問題，並以此提醒高幹。然而，仲長統善意的提醒並未得到高幹的重視，

〔註25〕范曄《後漢書・仲長統傳》卷四十九，北京：中華書局1965年版第1646頁。
〔註26〕陳壽《三國志・魏書・劉劭傳》卷二十一，北京：中華書局1982年版第620頁。
〔註27〕韓愈《後漢三賢傳贊》持「年四十一」之論，見韓愈《韓昌黎文集・後漢三賢傳贊》卷一，上海：上海古籍出版社1986年版第60頁。
〔註28〕劉文英《王符評傳》，南京：南京大學出版社1993年版第378頁。
〔註29〕范曄《後漢書・仲長統傳》卷四十九，北京：中華書局1965年版1643～1646頁。

於是仲長統便選擇離開。其二，在仲長統離開後不久（也就是「無幾」），高幹反叛，最終兵敗被殺。綜上，可以推定仲長統離開高幹在先，而後又經過一段較爲短暫的時間，高幹反叛，最終兵敗被殺。也就是說仲長統拜訪高幹的時間不晚於高幹反叛的時間，按照這樣的邏輯來考量仲長統過高幹的時間當爲不誤。然而，高幹究竟又於何時叛亂呢？綜合《後漢書》《後漢紀》提供的相關史料，可以斷定《資治通鑑》的「建安十一年」說有誤。《後漢紀》與《後漢書》對「高幹反叛」一事的時間皆有明確記載：

> （建安十年）冬十一月，并州刺史高幹反。〔註30〕

> 明年（建安十年）高幹復叛，執上黨太守，舉兵守壺口關。〔註31〕

> （建安十一年）三月，曹操破高幹於并州，獲之。〔註32〕

《後漢書》中的這兩條相關史料已經說明了「高幹反叛」是在建安十年（205年），而高幹兵敗被殺則是建安十一年（206年）的事了。並且，《後漢紀》中的史料更明確地記錄了該事件發生的具體時間。《後漢紀·孝獻皇帝紀》（卷二十九）「十年」條下有「冬十一月，并州刺史高幹反」之語，而「曹操征高幹，斬之」則列於「十一年」條下。至此，結合《後漢書》《後漢紀》所載錄的相關史料足以斷定「高幹反叛」發生於建安十年（205年）十一月，結束於建安十一年（206年）三月。故據此，可以推定仲長統離開高幹處當不晚於建安十年（205年）十一月。因此，仲長統拜訪并州刺史高幹的正確時間當爲建安十年（205年）而非建安十一年（公元206年）。《資治通鑑》之所以將此事繫於建安十一年，也許是只注意到高幹敗亡之終，而沒有留意到高幹叛亂之始。並且，《資治通鑑》編纂之文中亦以「初」字總領該事件始末，故可知《通鑑》撰文亦不失嚴謹。另外，《後漢書·仲長統傳》在表述仲長統與高幹交往之事時只說「統過幹」，據此可知仲長統在高幹處逗留時間不會太久，應當只是短期的拜訪而已，所以，又可以斷定仲長統過高幹的時間亦當在建安十年（205年）。至此可以推定，仲長統於建安十年（205年）拜訪高幹，在短暫停留之後發現了高幹「有雄志而無雄才，好士而不能擇人」的問題並直接地給予高幹善意的提醒，然而無才自矜的高幹並未引以爲戒。仲長統敏銳地預見到高幹如此必遭禍敗，於是毅然離去。果然，在仲長統離去不久的建安十

〔註30〕　袁宏《後漢紀·孝獻皇帝紀》卷二十九，北京：中華書局 2002 年版第 567 頁。
〔註31〕　范曄《後漢書·袁譚傳》卷七十四下，北京：中華書局 1965 年版第 2418 頁。
〔註32〕　范曄《後漢書·孝獻帝紀》卷九，北京：中華書局 1965 年版第 384 頁。

年（205年）十一月高幹便舉兵作亂了。然而，這場叛亂旋即被曹操肅清。翌年初，也就是建安十一年（206年）三月，高幹的叛亂便被平息了。動盪之後，人們方才想起了那位曾對高幹「直言相勸」有知人之明的仲長統來，經歷了這次動盪後仲長統的聲名便在并、冀之地上廣為流傳了。雖然，經過一系列考證後得出的時間與原來時間前後相距不過數月而已，但卻實屬前後兩年，若不加考辨恐貽誤後人。

二、避居上黨與舉尚書郎考

又《三國志・魏書・劉劭傳》所錄仲長統友人繆襲撰寫《昌言》表有「大司農常林與統共在上黨」之語。據此可知，仲長統曾與常林共在上黨。然而，此二人究竟何時共在上黨，還需回歸原典作深入考量。

《後漢書》《三國志》中均未提供與此事直接相關的任何材料。因此，還應當從與仲長統有關人物的史料出發，借用「旁見側出」的零星線索來逐步地理清仲長統的個人行年。前文有言「大司農常林與統共在上黨」，雖不知仲長統何時在上黨，但可借助常林的行年來確定仲長統在上黨的大致時間。考諸《三國志・魏書・常林傳》：

> 常林，字伯槐，河內溫人也。……太守王匡起兵討董卓，遣諸生於屬縣微伺吏民罪負，便收之，考責錢穀贖罪，稽遲則夷滅宗族，以崇威嚴。林叔父撾客，為諸生所白，匡怒收治。舉宗惶怖，不知所責多少，懼繫者不救。林往見匡同縣胡母彪曰：「……」因說叔父見拘之意。彪即書責匡，匡原林叔父。林乃避地上黨，耕種山阿。當時旱蝗，林獨豐收，盡呼比鄰，升斗分之。〔註33〕

可知常林至上黨實為避王匡之暴，而王匡起兵討董卓的時間《後漢書・袁紹傳》（卷七十四上）已明確載錄為「初平元年」（190年），並且《後漢紀・孝獻帝紀》「初平元年」條下所錄文字亦可為參證。既然斷定了河內太守王匡起兵在初平元年，那麼可以據此推定常林出河內郡而避居上黨郡當在「初平元年」（190年）之後。那麼，常林在上黨又避居了多久呢？究竟何時離開上黨的呢？據《三國志・魏書・常林傳》可知，常林以「州界名士」的身份，經并州刺史梁習的舉薦作了「南和長」，進而由此入仕，終生未離廟堂〔註34〕。

〔註33〕陳壽《三國志・魏書・常林傳》卷二十三，北京：中華書局1982年版第659頁。

〔註34〕據范曄《後漢書・郡國志五》志二十三可知上黨郡屬并州轄制。

考《三國志・魏書・梁習傳》可知并州刺史舉薦常林等人之事皆在「承高幹荒亂之餘」。「高幹之叛」前文已有詳述，曹操平復此亂在建安十一年（206 年）三月。故可推知，常林得到并州刺史梁習舉薦當在建安十一年（206 年）三月之後，但亦當不晚於建安十二年（207 年）。因爲，據《三國志・魏書・武帝紀》可知建安十一年（206 年）正月高幹見戰事不利便北入匈奴之地，而後又南下荊州，三月被上洛都尉王琰斬殺。另據《三國志・魏書・梁習傳》：

> 時承高幹荒亂之餘，胡狄在界，張雄跋扈，吏民亡叛，入其部落，兵家擁眾，作爲寇害，更相扇動，往往棋峙。習到官，誘喻招納，皆禮召其豪右，稍稍薦舉，使詣幕府；豪右已盡，乃次發諸丁強以爲義從。又因大軍出征，分請以爲勇力。吏兵已去之後，稍移其家，前後送鄴，凡數萬口；其不從命者，興兵致討，斬首千數，降附者萬計。單于恭順，名王稽顙，部曲服事供職，同於編户。邊境肅清，百姓布野，勤勸農桑，令行禁止。貢達名士，咸顯於世。

〔註35〕

從此段史料可知，高幹之亂後梁習被任命爲并州刺史。梁習到任後旋即開始推行內治豪強、外肅邊患、恢復生產、舉薦名士等一整套的措施來穩定并州之地。戰時舉措自當從簡從速，故可從字裏行間推斷出梁習舉薦常林等名士之事亦當不晚於建安十二年。（207 年）之所以將時間的下線定爲建安十二年（207 年），除去置身戰時的「理推」之法外，還應另有他據：

> 并州刺史高幹表爲騎都尉，林辭不受。後刺史梁習薦州界名士，林及楊俊、王淩、王象、荀緯，太祖皆以爲縣長。〔註36〕

可以看出高幹任并州刺史時就有舉薦常林。高幹之亂後，作爲繼任者的梁習又舉薦州界名士，這次常林順理成章地再一次得到了舉薦並作了「南和長」。與常林一併得到舉薦的還有楊俊、王淩、王象、荀緯四人。據《三國志・魏書・楊俊傳》裴注之文：

> 《魏略》曰：「王象字義伯。既爲俊所知拔，果有才志。建安中，與同郡荀緯等俱爲魏太子所禮待」〔註37〕

〔註35〕陳壽《三國志・魏書・梁習傳》卷一五，北京：中華書局 1982 年版第 469 頁。

〔註36〕陳壽《三國志・魏書・常林傳》卷二三，北京：中華書局 1982 年版第 659 頁。

〔註37〕陳壽《三國志・魏書・楊俊傳》卷二三，北京：中華書局 1982 年版第 664 頁。

可知，與常林一併得到舉薦的楊俊等四人中，王象與荀緯二人不但被委以官職還得以與魏太子交接且還得到了禮遇。包括常林在內的這五人最初皆為地方令長，然而，其中兩人在擔任公職外還得以與魏太子有所交接，這看似「唐突」的變化，實則有其內在的深意。袁宏《後漢紀・孝獻皇帝紀》卷第三十載「是時曹公世子聰明尊雋，宜高選天下賢哲以師保之，輔成〔至〕德」〔註38〕而這條建議提出的時間恰恰是在建安十二年（207年）三月間。〔註39〕綜合這些線索，可以逐步理清常林得到舉薦一事的前因後果和具體時間了。

初平元年（190年）王匡發兵討伐董卓，常林為避兵禍旋即避地上黨耕種山阿〔註40〕，高幹任并州刺史時曾舉薦常林，然而常林辭而不受，後建安十年（205年）十一月高幹反叛，建安十一年（206年）三月兵敗被殺。新任并州刺史梁習走馬上任，外攘戎狄內定豪強，建安十二年（207年）并州地界已頗見成效，三月間恰逢魏公下令州郡當舉薦名士賢者以輔「世子」，於是刺史梁習便舉薦了常林在內的五人。而這五人雖初被任以令長之職，實則是為選拔其中的師保之士。

故據此可以廓清常林避居上黨的時間範圍當為「初平元年」（190年）至「建安十二年」（207年），時間前後跨度長達十六年之久。按仲長統卒於延康元年（220年），且以年四十一計，從「初平元年」（190年）至「建安十二年（207年）」，對應了仲長統從十一歲至二十八歲的漫長歷程。然而，仲長統究竟於何時來到上黨的呢？《後漢書・仲長統傳》《三國志・魏書・劉劭傳》皆載仲長統「年二十餘，游學青、徐、并、冀之間」。建安十年（205年）仲長統過高幹之事，當屬其游學經歷中給世人留下深刻印象的一頁。此時，高幹為并州刺史，而上黨郡恰為并州轄制。據嚴耕望《中國地方行政制度史・秦漢地方行政制度》「終東漢之世，刺史奏事但因計吏，一如郡國守相也」〔註41〕由此可知，仲長統游學并州時身為并州刺史的高幹當在并州界內，與避地上黨隱居山阿的常林同處一州，故兩處單純在地理空間上當相距不遠。按此脈絡繼續探究，有必要查明作為并州刺史高幹的官署所在。考魏收《魏書》可

〔註38〕袁宏《後漢紀・孝獻皇帝紀》卷三十，北京：中華書局2002年版第574頁。

〔註39〕見袁宏《後漢紀・孝獻皇帝紀》卷第三十，北京：中華書局2002年版第574頁。

〔註40〕注：期間諸事因與文章中心無甚關聯故不復列舉。

〔註41〕嚴耕望《中國地方行政制度史・秦漢地方行政制度》，臺灣：中央研究院歷史語言所專刊之四十五A 2006年景印版五版第284頁。

知并州治所在「晉陽」〔註42〕，且《通典》亦有「並治晉陽」之語〔註43〕。
而晉陽乃屬并州轄制的太原郡之治所，且太原郡與同屬并州轄制的上黨郡相
鄰。因此，可以推知仲長統與常林共處上黨，包括仲長統過高幹實爲仲長統
游學并州活動的一部分。然而，具體時間還需做進一步考察。

　　既往的研究，多由於史料的有限而沒有對仲長統與常林共處上黨的時間
做深入考察，劉文英《王符評傳》後所附的《仲長統評傳》年表並未對此事
的時間做說明。或者，有些研究只是在論及仲長統交遊時簡單言及此事，而
對此事發生的時間亦未給出明確的判斷。〔註44〕從現有史料上看，仲長統與
常林共處上黨的時間似乎無法考定。然而，回溯原典還是可以從諸多瑣碎的
史料上理出一些頭緒的。

　　　　大司農常林與統共在上黨，爲臣道統性倜儻，敢直言，不矜小
　　節，每列郡命召，輒稱疾不就。〔註45〕

這則史料最有價值的地方在於，從常林的角度較爲客觀地評價了仲長統的性
格、氣質。另外，在言及仲長統的處世態度時，也從側面透露了各郡紛紛徵
辟仲長統的客觀事實。另外，需要注意的是仲長統在過高幹之時，因游學之
故似不大可能久居一地，且上文已述并州刺史高幹官署所在州郡與上黨郡毗
鄰，有鑒於此可以推斷仲長統與常林共處上黨的時間當與仲長統過高幹時間
相去不遠，應當在建安十年（205 年）左右。不過，既然有「左右」之分，自
然會有「前後」之別。那麼，仲長統與常林共處上黨究竟發生在他過高幹之
前，還是之後呢？

　　從常林評價仲長統率性不羈的言辭中可以發現，與常林共處上黨的仲長
統已經在并州之地頗有名氣了。因爲，常林的評語中有「每列郡命召」〔註46〕
之語。須知，在東漢一朝每州郡徵辟賢才多從當地有聲名的人士中揀選。趙
翼《廿二史劄記》「東漢尚名節」條明確指出「蓋當時薦舉徵辟，必採名譽」
〔註47〕。考《後漢書・仲長統傳》《三國志・魏書・劉劭傳》等史料，可知仲

〔註42〕魏收《魏書》卷一百六上志第五，清武英殿刻本。
〔註43〕杜佑《通典》卷一百七十一州郡一，清武英殿刻本。
〔註44〕見王洲明、楊霞《仲長統生平事蹟著述考》，《齊魯文化研究》2006 年第 258
　　　　～268 頁。
〔註45〕陳壽《三國志・魏書・劉劭傳》卷二十一，北京：中華書局 1982 年版第 620 頁。
〔註46〕陳壽《三國志・魏書・劉劭傳》卷二十一，北京：中華書局 1982 年版第 620 頁。
〔註47〕趙翼撰，曹光甫校點《廿二史劄記》，南京：鳳凰出版社 2008 年版第 67
　　　　頁。

長統雖二十餘歲開始游學青、徐、并、冀四州，但他眞正由一名普通的游學之人蛻變成一位知名之士的契機，至少就現有史料來看，應當就是過高幹一事，最終高幹兵敗被殺而仲長統則因有知人之明而爲并、冀二州士人所初識，聲名亦在并、冀之地逐漸擴展開來。故可以斷定仲長統與常林共處上黨一事，當發生在高幹叛亂之後。

並且，我們還應注意到一個細節，即常林並不是居住在上黨郡中如「長子」這樣的都會大邑，而是爲免遭兵禍「避地上黨，耕種山阿」〔註48〕。仲長統游學并州，雖不排除爲訪尋名士深入窮山僻壤的可能，但遊走於名都大聚之間似乎更合乎邏輯。因此，對於仲長統與避亂隱居的常林共處一地，較爲合理的解釋應該是爲了躲避兵禍。建安十一年（206年）三月後，高幹之亂平息，并、冀之地告別了紛擾的征戰。建安十二年（207年）作爲已經被曹操納入後方的并州之地漸趨穩定，一面出於充實各層權力機關以及籠絡民心的考慮；一面出於揀選師保之士培養世子的考慮，一定數量的并州名士進入到了國家政權中，並且據前文所述如王象、荀緯等人還得到了魏世子的禮遇。而作爲「領典樞機」直接向「最高權力」負責的尚書令荀彧，勢必與這些人才的選用和分配存在頗多關聯。這些并州名士得以舉薦並逐步進入權力核心，這一過程中勢必會與荀彧有所交接，而這種交接恰恰會使名聞并、冀的仲長統之聲名於有意無意間進入到尚書令荀彧的耳朵裏。於是，「好士愛奇」的荀彧將仲長統徵爲尚書郎便在情理之中了。至此，可以推斷仲長統與常林共處上黨的時間，粗略地講應當在高幹起兵叛亂之後，即建安十年（205年）十一月後出於拜訪高士和暫避兵亂的雙重目的，仲長統便來到了常林的避居之處。建安十二年（207年）三月後，伴隨著一批并州士人的舉用，仲長統的聲名便爲尚書令荀彧所耳聞，故而被徵爲尚書郎。僅就荀彧徵辟仲長統一事的本質而言，仍屬建安十二年（207年）徵辟并州界內名士的範疇之內，故可斷定仲長統被徵辟爲尚書郎亦當在建安十二年（207年）。

三、任參軍事考

隨後，《後漢書‧仲長統傳》和《三國志‧魏書‧劉劭傳》皆言仲長統參丞相曹操軍事，最後「復還爲郎」。史家筆法頗爲簡省，從這些史料撰寫的筆法上來看，可以模糊地體會出這樣一個時間先後及長短的區別。即仲長統被

〔註48〕陳壽《三國志‧魏書‧常林傳》卷二十三，北京：中華書局1982年版第659頁。

尚書令荀彧徵辟爲尚書郎，之後又參丞相曹操軍事，隨後又回到了尚書郎的位置上。在這一過程中，由尚書郎到參丞相軍事的時間相對要長些，而由參丞相軍事到又還爲尚書郎的時間則要明顯的短些。然而，單純地依靠這些模糊的字意來釐定一個人的生卒行年則未免太過草率。那麼，仲長統究竟於何年參曹操軍事，又是於何年復還爲尚書郎呢？儘管史料匱乏，但還應回歸原典從細節入手，做深入地分析和梳理。

　　仲長統參丞相曹操軍事，據《後漢書・仲長統傳》和《三國志・魏書・劉劭傳》所提供的史料可知，仲長統在參丞相曹操軍事之前的官職是「尚書郎」。翻閱《後漢書》《三國志》可知「參軍事」實際上只是一種「職事」而已。所謂「職事」，即有與此相對應的職務而沒有與此相對應的官職，故參軍事者皆另有官職。驗之《後漢書》《三國志》正文中載錄的二十九位「參軍事」者，此推斷當爲不誤。前述仲長統在參丞相軍事時的官職爲「尚書郎」。然而，驗之附表1所羅列《後漢書》《三國志》正文中載錄的曾爲「參軍事」者二十九人中，並未見一人是以「尚書郎」的身份爲參軍事的。當然，僅僅憑藉這一點就否定仲長統參丞相曹操軍事時的官職是「尚書郎」是遠遠不夠的。除此之外，在附表1所列的二十九人中，尚有參軍事之前任尚書或尚書令者。

　　（鄧艾）遷尚書郎……出參征西軍事，遷南安太守。〔註49〕

　　　　十七年，董昭等欲共進操爵國公，九錫備物，密以訪彧。彧曰：
　　「曹公本興義兵，以匡振漢朝，雖勳庸崇著，猶秉忠貞之節。君子
　　愛人以德，不宜如此。」事遂寢。操心不能平，會南征孫權，表請
　　勞彧軍于譙，因表留彧曰：「臣聞古之遣將，上設監督之重，下建副
　　二之任，所以尊嚴國命，謀而鮮過者也。臣今當濟江，奉辭伐罪，
　　宜有大使肅將王命。文武並用，自古有之。使持節侍中守尚書令萬
　　歲亭侯彧，國之望臣，德洽華夏，既停軍所次，便宜與臣俱進，宣
　　示國命，威懷醜虜。軍禮尚速，不及先請，臣輒留彧，依以爲重。」
　　書奏，帝從之，遂以彧爲侍中、光祿大夫，持節，參丞相軍事。至
　　濡須，彧病留壽春，操饋之食，發視，乃空器也，於是飲藥而卒。
　　時年五十。帝哀惜之，祖日爲之廢讌樂。諡曰敬侯。明年，操遂稱
　　魏公云。〔註50〕

〔註49〕陳壽《三國志・魏書・鄧艾傳》卷二十八，北京：中華書局1982年版第776頁。
〔註50〕范曄《後漢書・荀彧轉》卷七十，北京：中華書局1965年版第2290頁。

從第一則史料可知，鄧艾雖遷尙書郎，然而在要擔任參征西軍事時被委任的官職則是南安太守。且中平五年（188年）置郡的南安郡恰恰位於魏國邊鄙、迫近蜀國，常常是魏、屬兩國爭奪之地。〔註51〕一個「出」字言簡意賅地表達了官職由中央到地方的變化。

第二則材料較之第一則提供了更多的信息，原爲尙書令的荀彧反對董昭等人「欲共進操爵國公」，這一態度使曹操心懷不滿，適逢南征孫權，於是曹操上表漢獻帝請求荀彧隨軍，獻帝同意了曹操的請求。與第一則材料相同的是，荀彧並沒有以尙書令的官職徑直參軍事，而是任命荀彧爲侍中、光祿大夫之後方參曹操軍事。雖然，第一則材料中鄧艾所任官職爲州郡地方官，而第二則材料荀彧所任官職爲內朝之官，但這些官職以及包括附表 1 在內的諸多官職都具備尙書系統官員所不具備的一個特點——隨軍。地方州郡官職可以在所屬域界內或附近州郡活動，而其他朝中官職亦無過分明瞭的專人、專職、專事的責屬，故雖爲內朝之官亦可隨軍出征。而東漢一朝「雖置三公，事歸臺閣」〔註52〕尙書系統不僅屬於內朝，並且還是內朝的核心機構，且分工明確、權責清晰，因此評價擔任尙書令的荀彧有「領典樞機」〔註53〕之語。因此，可以推斷尙書系統的官員自不具備隨軍出征的條件，且驗之附表 1 中所列參軍事諸人，皆參與出征等軍事活動。

現在，將目光再轉回到仲長統，《後漢書·仲長統傳》和《三國志·魏書·劉劭傳》在言及仲長統參丞相曹操軍事時都沒有清楚地說明仲長統當時所任的官職。然而，這些有限的史料又都清晰地記錄了仲長統被徵辟之後所歷職位的變更，從尙書郎到參軍事又到復還爲尙書郎，線索非常清晰。因此，綜合相關史料並回歸當時的歷史場景，可以還原出這不爲人注意問題背後隱藏的另一種「眞實」。

建安十二年（207年）仲長統被「好士愛奇」的尙書令荀彧徵辟爲尙書郎後，二人義氣相投遂供職於尙書臺不曾遷、拜他職。建安十七年（212年）董昭等人「欲共進操爵國公」，一心尊漢的荀彧對此給予了強烈的批判，並導致此次提議就此擱置。仲長統對於此事的態度，應該是和荀彧保持一致的。這

〔註51〕太和二年（228年）「蜀大將諸葛亮寇邊，天水、南安、安定三郡吏民叛應亮。」見陳壽《三國志·魏書·明帝紀》卷三，北京：中華書局1982年版第94頁。
〔註52〕范曄《後漢書·仲長統傳》卷四十九，北京：中華書局1965年版第1657頁。
〔註53〕陳壽《三國志·魏書·劉劭傳》卷二十一，北京：中華書局1982年版第620頁。

麼說並不是因爲仲長統曾爲荀彧所提拔，而是在仲長統的文章中就有很明確的「尊君」思想。仲長統在論述人「才」和「位」的關係時並未如他一貫做派開篇便展開酣暢淋漓的議論，而是一反常態地引用了《周易·繫辭下》的「陽一君二臣，君子之道也；陰二君一臣，小人之道也。」〔註54〕作爲開篇之語。這種引經據典的論述方式在仲長統之文中當屬特例〔註55〕。雖然，文章是圍繞人「才」和「位」的關係來談的，但這種一反常態的開篇，反而恰恰契合了仲長統適逢混亂時代隱晦的「尊君」思想。除此之外，仲長統的「忠君」思想亦有他證：

> 人之事君也，言無大小，無所怨也，事無勞逸，無所避也，其
> 見識知也則不恃恩寵而加敬，其見遺忘也則不懷怨恨而加勤，安危
> 不忘其志，險易不革其心，孜孜爲此，以沒其身，惡有爲此人君長
> 而憎之者也？〔註56〕

另外，仲長統入仕之途實由荀彧開啓，所以仲長統在一定程度上還可以看作荀彧的「故吏」。

因此，將仲長統由尚書郎到參軍事的「異樣變動」置於這種歷史背景下，可以推定尚書郎仲長統的參軍事，是作爲故尚書令荀彧的私人僚屬參軍事的。而這次隨行，曹操早已暗藏殺機，實爲將荀彧調歸自己麾下再伺機將其除掉。建安十七年（212年）十月曹操借南征孫權之機，將荀彧調入麾下。果不其然，軍至濡須荀彧病留壽春，其後被逼無奈之下憤然自殺。荀彧已死，作爲荀彧僚屬且只有職事而無官職的仲長統自然也沒有再留在軍中的必要，於是便「復還爲郎」了。

至此，荀彧由尚書令傳轉遷侍中、光祿大夫，約在建安十七年（212年）十月左右。身兼荀彧僚屬、故吏二重身份的仲長統參曹操軍事的時間亦當在此時。荀彧自殺的具體時間說法尚有些微差別，《後漢書·荀彧傳》卷七十繫於建安十七年（212年）；《三國志·魏書·荀彧傳》卷十亦繫於建安十七年（212年），此兩處皆言荀彧在軍至濡須時發病而留居壽春。然而，《三國志·魏書·武帝紀》卷一卻明確記載爲十八年（213年）「十八年，春，正月，進軍濡須口」，且《三國志·吳書·孫權傳》卷四七亦在「十八年正月，曹公攻濡須」。

〔註54〕嚴可均輯《全後漢文》卷八十八，北京：商務印書館1999年版第892頁。

〔註55〕此問題劉文英《王符評傳》後附《仲長統評傳》中已有提及，但尚未做進一步分析和論證。該問題會在後章中作專門論述。

〔註56〕嚴可均輯《全後漢文》卷八十九，北京：商務印書館1999年版第900頁。

鑒於《後漢書》和《三國志》成書時間的先後以及史傳中「帝紀」與「列傳」載錄時間詳略的區別。可以將荀彧自殺的時間鎖定爲建安十七年（212 年）歲末至建安十八年（213 年）年初。並且，《三國志·吳書·孫權傳》有載「十八年正月，曹公攻濡須」另據《三國志·魏書·武帝紀》載錄之語「十八年，春，正月，進軍濡須口」可知，「進軍濡須」並非於建安十七年（212 年）歲末，而是在建安十八年（213 年）年初。而荀彧是在進軍濡須之後身染重病而後留居壽春的。故據此可以判定，荀彧自殺事件當在建安十八年（213 年）之初。基於這一考證結果，可以推知仲長統「復拜爲郎」之事亦當在建安十八年（213 年）。

第四節　交遊考

高幹

仲長統二十餘歲時，游學青、徐、并、冀四州，於建安十年（205 年）過并州界，時爲并州刺史的高幹廣納四方之士，於是仲長統拜其門下。高幹對仲長統頗爲禮遇，也有共同暢談過天下大事。然而，仲長統並未在高幹門下逗留多久，因爲經過一段時間的交往，仲長統深刻地洞察到這位「素貴有名」的并州刺史，存在兩個重大的問題：其一，志大才疏；其二，不善識人。因此，性情率直的仲長統便直接告誡高幹「君有雄志而無雄才，好士而不能擇人，所以爲君深戒也。」於是，仲長統於建安十年（205 年）十月前便離開了高幹游學他處了。

常林

建安十年（205 年）仲長統離開并州刺史高幹後，高幹於十月起兵反叛，然而這股風潮旋即於翌年即建安十一年（206 年）三月便被撲滅，高幹亦被斬殺。雖然，仲長統已經預見高幹的反叛並毅然離開，但游學并州之行卻因此而不得不中斷。出於走訪名士和暫避兵亂的雙重目的，仲長統約在建安十年（205 年）末至建安十一年（206 年）間來到同屬并州轄制下的上黨郡，常林避亂隱居的山阿之處。此間與常林相處，其率性倜儻、默語無常的特異性格給常林留下了深刻的印象。隨著建安十一年（206 年）三月後，高幹之亂已經平息，并州之地漸漸恢復平靜的同時，曾直言勸誡高幹的仲長統之聲名也逐漸爲并、冀二州士人所熟識。至此，仲長統的聲名越來越大，以致於「每列

郡命召，輒稱疾不就」〔註57〕，也許讀到這裡會覺得仲長統淡薄名利，然而，後來的事情卻有力地證明了與其說仲長統淡薄名利，莫不如說他在等一個更高規格的邀請。不久，建安十二年（207年）三月後，一批并州士人進入到了各級權力機構中，伴隨著這批并州士人的注入，仲長統的聲名也爲尚書令荀彧所耳聞，於是仲長統在是年應荀彧之征入拜尚書郎。

荀彧

自建安十二年（207年）仲長統入拜尚書郎後，一直追隨尚書令荀彧而未遷他職，且兩人在尊漢的立場上都是相同的。然而，這一態度終於觸怒了權力日益膨脹的丞相曹操。建安十七年（212年）董昭等人「欲共進操爵國公」，而尚書令荀彧對此事則持堅決的反對態度，並最終使此事擱淺。曹操因此懷恨在心，恰逢建安十七年（212年）十月南征孫權，於是曹操上表漢獻帝請荀彧爲參軍事隨軍南征，仲長統作爲荀彧的下屬和幕僚也同樣以參軍事之名隨軍南征。建安十八年（213年）正月，曹操大軍至濡須，荀彧因病居壽春，被逼自盡。荀彧已除，仲長統旋即「復還爲郎」了。

繆襲

對於繆襲與仲長統的交遊不僅在仲長統的傳記中載錄很少，甚至遍覽《後漢書》《三國志》關於繆襲本人之載錄也不過五條而已，而其中較有價值的僅爲三條，現列於下：

> 劭同時東海繆襲亦有才學，多所述敘，官至尚書、光祿勳。〔註58〕

且該條下亦有注文：

> 《文章志》曰：襲，字熙伯。辟御史大夫府，歷事魏四世。正
> 始六年，年六十卒。〔註59〕

> （黃初中）歆稱病乞退，讓位於寧。帝不許。臨當大會，乃遣
> 散騎常侍繆襲奉詔喻指曰：「……」。〔註60〕

《三國志・魏書・劉劭傳》卷二一注文載繆襲年六十卒於正始六年（245年），據此可知繆襲當生於中平三年（186年）。故生於光和三年（180年）的仲長統要比繆襲年長六歲。仲長統在復還爲尚書郎後無「再遷」、「再拜」之舉，

〔註57〕陳壽《三國志・魏書・劉劭傳》卷二十一，北京：中華書局1982年版第620頁。
〔註58〕陳壽《三國志・魏書・劉劭傳》卷二十一，北京：中華書局1982年版第620頁。
〔註59〕陳壽《三國志・魏書・劉劭傳》卷二十一，北京：中華書局1982年版第620頁。
〔註60〕陳壽《三國志・魏書・華歆傳》卷十三，北京：中華書局1982年版第404頁。

而繆襲亦曾任尙書，故此二人結識於尙書臺存在較大可能。當然由於史料的有限，此種說辭實爲推斷之語。洪飴孫《後漢書三國志補表三十種・三國職官表》尙書條下並未對繆襲任尙書時間做任何考訂〔註61〕。另外，需要注意的是，《三國志・魏書・劉劭傳》注文中所提供的仲長統相關史料是來源於繆襲的「《昌言》表」。而繆襲撰寫「《昌言》表」的大致時間也是可以通過一些常識和其中文辭的一些特點來推定的。首先，根據常識上表進書一類事件似當發生在被薦者辭世一年之內，而不當間隔太久。而後，在繆襲「《昌言》表」中有「漢帝在許」〔註62〕之語。此四字雖輕描淡寫，但據此語可以窺知繆襲在上「《昌言》表」時已歷漢魏鼎革。試想，如果當時仍爲漢家天下，又安敢稱獻帝爲「漢帝」呢？所以，從這四字即可判斷此時漢獻帝已經禪位於魏文帝。考《後漢書・孝獻帝紀》及《後漢紀・孝獻帝紀》皆言禪位之日爲「十月乙卯」〔註63〕。故可推斷繆襲上「《昌言》表」的時間當在延康元年（220年）十月之後，且不晚於黃初元年（221年）。

鄧義〔註64〕

仲長統與鄧義交接之事，唯見於《後漢書・祭祀志下》卷九十九的注文中。所謂注文中的二人交接之事，實是一段關於「句龍即是社主，或云是配」〔註65〕的辯論。在這段文字中，開篇部分交代了爭論的主要人物，

〔註61〕洪飴孫《三國職官表》，見宋熊方等《後漢書三國志補表三十種》，北京：中華書局1984年版第1439頁。

〔註62〕陳壽《三國志・魏書・劉劭傳》卷二十一，北京：中華書局1982年版第620頁。

〔註63〕見范曄《後漢書・孝獻帝紀》卷九，北京：中華書局1965年版第390頁。及袁宏《後漢紀・孝獻帝紀》卷三十，北京：中華書局2002年版第588頁。

〔註64〕注：鄧義，姓名載錄不一。《三國志・魏書・劉表傳》卷六作鄧義，而《三國志・魏書・武帝紀》卷一、《後漢書・祭祀志》卷九十九、《後漢書・劉表傳》卷七十四下皆作鄧義。治史者對此觀點不同，兩說皆錄未做論斷者：（清）惠棟《後漢書補注》卷十七、卷二十一；（清）沈家本《讀史瑣言》；（清）康發祥《三國志補義》卷二；王先謙《續漢志集解・祭祀志下》第九、《後漢書集解》卷七十四下皆錄兩說。以鄧義爲是者有：（清）潘眉《三國志考證》卷一；清梁章鉅《三國志旁證》卷二引潘眉語以鄧義爲是；（清）錢大昭《後漢書辨疑》卷十；（元）郝經《續後漢書》卷二十五；（清）王太岳《四庫全書考證》卷三十六。由於史料有限，尚不能做出準確論斷，姑用鄧義之名。

〔註65〕范曄《後漢書・祭祀志下》卷九十九，北京：中華書局1965年版第3202～3203頁。

之後部分因爭論的中心與其行年關係不大且篇幅過長，故只將開篇部分摘引於下：

> 自漢諸儒論句龍即是社主，或云是配，其議甚眾。後荀彧問仲長統以社所祭者何神也？統答所祭者土神也。侍中鄧義以爲不然而難之，或令統答焉。〔註66〕

從這段文字可以看出，爭論的雙方是仲長統和鄧義，而在這場爭論中荀彧在一定程度上起到了主持人的作用。據「或令統答焉」可知荀彧與仲長統之間是上下級關係，「侍中鄧義」又明確交代了鄧義的官職爲侍中。基於前文的考證結果，仲長統於建安十二年（207 年）被尙書令荀彧徵辟爲尙書郎。由此可以粗略地推定此次爭論當在建安十二年（207 年）之後至建安十七年（212 年）十月之間。而鄧義的「侍中」身份，又爲這次爭論時間的進一步釐定提供了線索：

> （建安十三年）秋，七月，公南征劉表。八月，表卒，其子琮代屯襄陽，劉備屯樊。九月，公到新野，琮遂降，備走夏口。公進軍江陵，下令荊州吏民，與之更始。乃論荊州服從之功，侯者十五人，以劉表大將文聘爲江夏太守，使統本兵，引用荊州名士韓嵩、鄧義等。〔註67〕

此段文字已明確交代了曹操得荊州之後表用了鄧義等名士，然而究竟對鄧義委以何官何職？《後漢書・劉表傳》有「操以爲侍中」〔註68〕之語。由此，可以推知鄧義任侍中當在建安十三年（208 年）九月之後。而自從建安十二年（207 年）仲長統被徵辟爲尙書郎以來，荀彧擔任的官職就是尙書令。直到建安十七年（212 年）十月，才由尙書令轉爲侍中、光祿大夫。因此，較爲保守地推測，侍中鄧義與仲長統的這場辯論應當發生在建安十三年（208年）九月後至建安十七年（212 年）十月前的這段時間。由於史料有限，所以只能將此事的發生時間置於該時間段內。當然，也可以依據現有史料做相對大膽的猜測。因《後漢書・祭祀志下》注文中載錄的這段論辯中只言及了鄧義的官職——侍中，而並未言及仲長統乃至荀彧的官職。考諸史傳，原來從建安十三年（208 年）九月至建安十七年（212 年）十月間，荀彧的並非

〔註66〕范曄《後漢書・祭祀志下》卷九十九，北京：中華書局 1965 年版第 3202～3203 頁。

〔註67〕陳壽《三國志・魏書・武帝紀》卷一，北京：中華書局 1982 年版第 30 頁。

〔註68〕范曄《後漢書・劉表傳》卷七十四下，北京：中華書局 1965 年版第 2424 頁。

一直擔任尚書令之職務。據《三國志·魏書·荀彧傳》建安十二年（207年）條下注文：

> 《彧別傳》曰：太祖又表曰：「昔袁紹侵入郊甸，戰於官渡。時兵少糧盡，圖欲還許，書與彧議，彧不聽臣。建宜住之便，恢進討之規，更起臣心，易其愚慮，遂摧大逆，覆取其眾。此彧睹勝敗之機，略不世出也。及紹破敗，臣糧亦盡，以爲河北未易圖也，欲南討劉表。彧復止臣，陳其得失，臣用反斾，遂吞凶族，克平四州。向使臣退於官渡，紹必鼓行而前，有傾覆之形，無克捷之勢。後若南征，委棄兗、豫，利既難要，將失本據。彧之二策，以亡爲存，以禍致福，謀殊功異，臣所不及也。是以先帝貴指縱之功，薄搏獲之賞；古人尚帷幄之規，下攻拔之捷。前所賞錄，未副彧巍巍之勳，乞重平議，疇其戶邑。」彧深辭讓，太祖報之曰：「君之策謀，非但所表二事。前後謙沖，欲慕魯連先生乎？此聖人達節者所不貴也。昔介子推有言『竊人之財，猶謂之盜』，況君密謀安眾，光顯於孤者以百數乎！以二事相還而復辭之，何取謙亮之多邪！」太祖欲表彧爲三公，彧使荀攸深讓，至於十數，太祖乃止。〔註69〕

曹操對於屢建功勳的荀彧大加褒獎，並且意欲「表彧爲三公」，最後終究因爲荀彧的執意推讓使得曹操打消了這一想法。然而，此段文字中的推讓「至於十數」之語雖不免有史家誇張、渲染之筆法，但客觀上不能否認表請次數之多，以及前後歷時之長。也就是說，建安十二年（207年）以來曹操統轄的北方四州漸趨穩定，鑒於荀彧之前的卓著功績，曹操一直有意將荀彧推居三公之位。而這一美意在漫長的表請與婉拒「至於十數」的往復間，終因荀彧堅決的態度而終止。以常理推知，雖然這場「至於十數」的往復之舉載錄於建安十二年（207年）條下，但其前後所歷時日當不止於建安十二年（207年）一年之內。按此推測，建安十三年（208年）曹操平定荆州之時舉用當地名士劉先〔註70〕爲尚書令，亦當出於此種考慮。

〔註69〕 陳壽《三國志·魏書·荀彧傳》卷十，北京：中華書局1982年版第316～317頁。
〔註70〕 按，劉先，范曄《後漢書·劉表傳》卷七十四下原作劉光，陳壽《三國志·蜀書·劉璋傳》卷三十一注引張璠語亦原作劉光。而張璠《八家後漢書輯注·後漢紀》、范曄《後漢書·劉表傳》卷七十四下、陳壽《三國志·魏書·劉表傳》卷六皆作「劉先」，本文從中華書局1965年版《後漢書》和中華書局1982年版《三國志》勘誤之結果及張璠《後漢紀》（見《八家後漢書輯注》）之文作劉先。

太祖軍到襄陽，琮舉州降，備走奔夏口。太祖以琮爲青州刺史，
封列侯。蒯越等侯者十五人，越爲光祿勳；嵩，大鴻臚；羲，侍中；
先，尚書令；其餘多至大官。〔註71〕

綜合以上分析結果和史料，可以推知曹操在平定荊州後，一方面仍有意推舉
荀彧出任三公之職，另一方面已經在開始安排劉先作爲荀彧的繼任者出任尚
書令了。因此，可以推知在這段時間中荀彧似暫時不擔任尚書令之職務。據
此來看，在鄧羲與仲長統論辯的過程中只言荀彧之名而未言及其官職，似恰
恰對應了此特殊時段——建安十三年（208 年）左右。所以，據此大膽猜測並
結合有限史料推斷，可以將侍中鄧羲與仲長統論辯一事的時間大致定在建安
十三年（208 年）九月之後。

當然，此推斷在很大程度上尚屬推測。不過這一推測，從某種意義上講
亦是對現有史料盡到最大限度地利用了。

至此，綜合以上諸多考證結果，可以對仲長統的生卒行年做如下總結：

光和三年（180 年），仲長統生；

建安十年（205 年），仲長統約二十六歲，過并州刺史高幹；

建安十一年（206 年）～建安十二年（207 年）上半年，仲長統約二十七
歲～二十八歲，與常林共處上黨；

建安十二年（207 年）下半年，仲長統約二十八歲，被尚書令荀彧徵辟爲
尚書郎；

建安十三年（208 年）九月後，仲長統與侍中鄧羲就「句龍」究竟社「主」
還是「配」的問題展開了論辯；

建安十七年（212 年），仲長統約三十三歲，參丞相曹操軍事；

建安十八年（213 年），仲長統約三十四歲，復還爲尚書郎；

延康元年（220 年），仲長統四十一歲，卒。

延康元年（220 年）～黃初元年（221 年），仲長統友人繆襲撰「《昌言》
表」。

由於史料的匱乏，對仲長統的生卒行年只能梳理至此種程度。不過，從
這簡短的年表還是可以看出些許值得深思的問題。仲長統二十餘歲時意氣風
發游學青、徐、并、冀四州，這股「銳意」可以從現存《昌言》的多數篇目

〔註71〕陳壽《三國志·魏書·劉表傳》卷六，北京：中華書局 1982 年版第 214～215
頁。

中體會出來。年輕的仲長統在等待一個時機來大顯身手。因此，在二十六歲過并州刺史高幹之後，雖一時聲名鵲起「列郡命召」，但皆「稱疾不就」。仲長統的這種看似不合乎邏輯的舉動很容易讓人結合他的特異性格，進而順理成章地認爲：「在一般學子看來，州郡命召，這不正是入仕做官的好機會嗎？可是仲長統卻偏偏「稱疾不就」。這不僅表明了他對當權者的鄙視，也顯示了他獨立自處的人格。〔註72〕」但是，結合以上梳理的仲長統行年，可以清楚地發現其「稱疾不就」後不久便應尚書令荀彧的徵辟出任尚書郎了。這種前後行爲的巨大反差似乎都在生動地向我們講述著一個眞眞切切的仲長統：意氣風發、率性狂放，時值年輕氣盛之際——憤世而不出世，越是痛斥這昏聵的世道，越說明他對世事的關注與執著，保有著一腔熱忱，希望著有朝一日能夠有所作爲。因此，對於胸懷「澄清天下之志」的仲長統而言，地方諸郡的命召都不足以扣動他的心弦，而此時協助曹操蕩平北方且在漢廷「領典樞機」的尚書令荀彧之辟命，終於讓仲長統看了到施展個人才華的可能，於是，仲長統便頗爲爽快地出任尚書郎了。所以，結合行年再看仲長統的「稱疾不就」。方能深刻地體會到這並非「對當權者的鄙視」抑或人格的「獨立自處」，而是仲長統在等待機遇的到來。如果只注意到此段時間仲長統的「稱疾不就」，就單純地認爲仲長統「豈羨夫入帝王之門」逍遙出世，進而將《樂志論》的創作時間定於此時段則未免草率了些。〔註73〕從考證的行年結果來看，對仲長統人生影響最大的要屬兩件事。其一，建安十二年（207年）被尚書令荀彧徵辟爲尚書郎，二十餘歲的仲長統年少行運登車攬轡有澄清天下之志。《昌言》篇章似當作於仲長統供職於許之後。其二，建安十八年（213年）荀彧自殺，此事件對仲長統的人生影響頗大。至此，從行年表可以看出仲長統的政治生命便被劃上了無情的句號，從此之後無任何「再遷」、「再拜」他職的記錄。另外，曹操篡漢已然明朗，而胸懷忠君之念的仲長統儘管頗有才識，卻已然爲曹操所疏遠。仲長統面對著個人前途和漢朝命運雙重絕望的殘酷現實，心中長久以來鬱積的憤然之情加之絕望的催化，最終發酵成了出世的淡

〔註72〕劉文英《王符評傳》附《仲長統評傳》，南京：南京大學出版社1993年版第296頁。

〔註73〕王洲明、楊霞《仲長統生平事蹟著述考》，認爲仲長統《樂志論》作於此時期，見《齊魯文化研究》2006年第五輯第261頁，而劉文英《仲長統評傳》則認爲《樂志論》當作於許昌出仕期間，見劉文英《仲長統評傳》南京：南京大學出版社1993年版第361頁。

然和超脫。因此，如若單純從《樂志論》所表達的情感出發，《樂志論》很有可能作於建安十八年之後（213 年）。當然，要判斷一篇作品寫作時間又不可盡從其表達的思想情感出發，關於《樂志論》具體寫作時間的推測會在討論仲長統著述一章進行專題分析。

　　另外，從現存的文獻中似乎可以看出，仲長統的性格在出仕爲官之後發生了些許的變化。

　　　　（繆）襲撰統《昌言》表，稱統字公理，少好學，博涉書記，
　　　　贍於文辭。年二十餘，游學青、徐、并、冀之間，與交者多異之。
　　　　并州刺史高幹素貴有名，招致四方遊士，多歸焉。統過幹，幹善待
　　　　遇之，訪以世事。統謂幹曰：「君有雄志而無雄才，好士而不能擇人，
　　　　所以爲君深戒也。」幹雅自多，不納統言。統去之，無幾而幹敗。
　　　　并、冀之士，以是識統。大司農常林與統共在上黨，爲臣道統性倜
　　　　儻，敢直言，不矜小節，每列郡命召，輒稱疾不就。默語無常，時
　　　　人或謂之狂。〔註74〕

此段文字爲《三國志・魏書・劉劭傳》裴注之文，雖爲裴注但全文頗似直接轉引繆襲上表之原文，這其中值得玩味的是，繆襲本爲仲長統出任尚書郎後之好友，然而，在論述仲長統氣質性格時，卻隻字未提，倒是借大司農常林之語方才道出了仲長統「性倜儻，敢直言，不矜小節……默語無常，時人或謂之狂。」的性格特質，繆襲之運筆應該是想借常林揭示出一個不爲人知的仲長統。因爲，翻閱《全後漢文》舉薦他人之文中，表述被薦者氣質性格皆以作者主觀角度數語概之，更無轉述他人品評之邏輯。也就是說，在許同朝爲官好友繆襲印象中的仲長統與大司農常林避居上黨時相處之仲長統，在氣質性格上已然有了很大的不同。

─────────────

〔註74〕陳壽《三國志・魏書・劉劭傳》卷二十一，北京：中華書局 1982 年版第 620
　　　頁。

第二章　仲長統的時代觀與士風觀

第一節　仲長統時代觀研究

　　在漢末諸子中，仲長統的時代觀是較爲特殊的。這種特殊的時代觀，不能不說與其特殊的行年經歷有著深刻的內在關聯。據前文考證可知，仲長統赴許出任漢廷尚書郎當在建安十二年（207 年）下半年。此時，自建安元年（196 年）獻帝遷許以來，漢廷「寄人籬下」已歷十二載。最終，仲長統個人生命與東漢王朝的命運又在同一年——延康元年（220 年）宣告結束。因此，單純就行年經歷來看，無論是時代早於他的崔寔、還是年長他三十餘歲的荀悅〔註1〕，在對王朝興替、時代變換的感觸上，至少就其所處時代而言，都沒有辦法達到仲長統那樣的深刻。恰如劉文英評價的那樣：「由於《昌言》是在東漢已經名存實亡的時候撰寫的，這就使他有可能對兩漢四百年的興亡更全面更深刻的總結。〔註2〕」所以，作於在許爲官時期的《昌言》，不可能不帶有這一特殊時代與眾不同的氣息。當然，我們更應該看到仲長統思想的特殊性，即便同時代有著同樣經歷的人，能在思想上達到仲長統這樣深度的亦不多見。比如，在論述歷代王朝如何奪得天下的問題上，幾乎與仲長統同處一個時代的傅幹，其《王命論》中所闡述的王朝興替思想就與仲長統有著本質不同：

〔註1〕范曄《後漢書・荀淑傳》卷六十二載荀悅「年六十二，建安十四年卒。」見
　　　　范曄《後漢書・荀淑傳》卷六十二，北京：中華書局1965年版第2063頁。
〔註2〕劉文英《仲長統評傳》南京：南京大學出版社1993年版第300頁。

　　昔在唐虞之禪，列於帝典。殷、周之代，敍於《詩》、《書》。天之曆數，昭焉著明。周篤后稷、公劉，積行仁，至乎文、武，遂成王業。雖五德殊運，或禪或征，其變化應天，與時消息，其道一也。故雖有威力，非天命不授，雖有運命，非功烈不章。我高祖襲唐之統，受命龍興，討秦滅項，光有萬國。世祖攘亂，奮復帝宇，人鬼協謀，徵祥煥然。皆順乎天而應乎人也。然而帝王之起，必有天命瑞應自然之符，明統顯祚豐懿之業，加以茂德成功賢智之助，而後君臨兆民，爲神民所保祐，永世所尊崇。未見運敍無紀次，勳澤不加於民，而可力爭覬覦神器者也。豪傑見二祖無尺地之階，爲專智力，乘釁而起，不知在祚聖哲，帝王自有眞也。哀哉非徒，暗於將來，又不考之於既往矣。自開闢以來，奸雄妄動，不識天命，勇如蚩尤，強如共工，威如夷羿，皆從分橫裂，爲天下戒，又況淺智小才，勇不足畏，強不足憚，未有成資，而敢失順，視不軌之事也哉！夫行潦之流，不致江海之深，丘垤之資，不成太山之高，魚鱉之類，不希而龍之軌，一官之守，不經天人之變。當王莽之末，英雄四起，而鄧禹、耿弇，識世祖之福祚，嬴糧間行，進其策謀，遂荷骨附之任，享佐命之寵。張玄慕蘇秦、蒯通之業，周旋囂、述，西說竇融，言未及終，而梁統已誅之矣。禹、弇見命祚之兆，其福如彼。張玄蔽逆順之理，其禍如此。審斯二事，趣捨之分明矣。且世祖之興有四：一曰帝皇之正統，二曰形相多異表，三曰體文而知武，四曰履信而好士。加之以聰明獨斷，達於事機，發策如神應，視遠如見近。偏旅首進，摧莽軍百萬之眾，單師獨征，平河北萬里之功，識鄧隆之將敗，知劉興之必死，然猶乾乾日昃，博采訓咨。拔吳漢於小尹，擢馬武於行伍，寵功臣以兼國之爵，顯卓茂以非次之位。言語政事、文學之士，咸盡其材，致之宰相，權勇畢力於征伐，搢紳悉心於左右，此其所以成大業也。高祖方娠，有雲龍之表，其始入秦，五星同軌，以旅於東井，在天之符也。世祖之征符，其詳可聞也。其初育則靈光鑒於室嶇，嘉禾滋於邑壤，其望舊廬有火光之異，其渡呼沱有河合之應，西門君惠光識其譚，強華獻符，於裏同驗，劉歆改名而隕其身，王長錯卦而見吉兆，故王遵謂之天授，非人力也。覽廢興之運會，觀徵瑞之攸祚，審天應之萌兆，察人物之所附，念功

成而道退，無非次而妄據。後之人誠能昭然遠覽，曠然深悟，收莽、述之暗惑，忠鄧、駐慮，好謀而要成，臨事而知懼，距張玄之邪說，思在三之明數，則福祿衍於無窮，奕世不失其通路矣。〔註3〕

仲長統對歷代王朝如何奪取天下有著自己的思考：

> 豪傑之當天命者，未始有天下之分者也。無天下之分，故戰爭者競起焉。於斯之時，並僞假天威，矯據方圖，擁甲兵與我角才智，程勇力與我競雌雄，不知去就，疑誤天下，蓋不可數也。角知者皆窮，角力者皆負，形不堪復伉，勢不足復校，乃始羈首繫頸，就我之銜絏耳。夫或曾爲我之尊長矣，或曾與我爲等儕矣，或曾臣虜我矣。或曾執囚我矣。彼之蔚蔚，皆匈詈腹詛，幸我之不成，而以奮其前志，詎肯用此爲終死之分邪？〔註4〕

傅幹的王朝興替思想，走的是中規中矩的儒家言說套路，「三統」痕跡頗爲明顯，且其中有條隱隱的伏線，這條伏線就是天數，也就是天命〔註5〕。歷朝歷代的變換更迭都是在天數的安排下實現的，天數是強大的、不可動搖的、更是早已注定的。在天數面前「故雖有威力，非天命不授，雖有運命，非功烈不章。」縱然威可懾人、力可制人，但如果不合乎天數的安排最終也無法奪得天下。即便享有一己之小運小命，不務累德積功遵循天數成就盛德大業，同樣無所收穫。而在仲長統的言說中，最爲直接的觀感是，文風從傅幹的典雅博恰陡然間變得直露冷峻了。雖然，在仲長統的言說中出現了天命的字樣，但這裡的天命能否就直接等同於傅幹《天命論》中的天數呢？這一問題是值得注意的！仲長統此文中的天命二字，似乎更大程度上只是出於表述方便的目的借用該詞而已。這樣做其實是爲了突出該豪傑是那個在歷史上最終奪得天下的豪傑。進而反觀這個在歷史上曾經奪得天下的豪傑，是如何擊敗眾多對手的。簡而言之，仲長統文中的天命只是一個成功者的身份標籤而已，已經不再包含著天數等過於複雜的意涵了。在拋棄了天數的特殊「關照」後，仲長統用簡單且直白的文字述說了豪傑擊敗眾多對手的簡單過程。首先，在群雄並起時眾多豪傑都「沒名沒分」地魚龍混雜在一起，而後爲了擴大自己的影響紛紛採用佯裝自己受命於天等種種蠱惑人心的手段，搞得小民雲裏霧裏。而後，再憑藉自己強大的軍隊和高超的謀略使「角知者皆窮，角力者皆

〔註3〕嚴可均《全後漢文》卷八十一，北京：商務印書館1999年版第816頁。
〔註4〕嚴可均《全後漢文》卷八十八，北京：商務印書館1999年版第889頁。
〔註5〕注：爲避免敘述中文辭混淆，下文論述傅幹思想時仍作「天數」。

負，形不堪復伉，勢不足復校」再也沒有可以與之相抗衡的對手了。最後，在奪得天下之人的眼中，那些曾經的長輩、平輩、上級乃至拘押過他的獄吏全都一下子變成他的臣子了。對這些人而言，身份的巨大逆轉，給他們帶來的只有內心深刻的扭曲，是無論如何也不願意接受這一現實的，所以，心中永遠無法接受，然而現實的殘酷又使得他們無力抗拒。可以看出，仲長統雖也使用了天命的字眼兒，但在行文中不過是個身份標籤罷了，因爲，在仲長統看來，真正使一個豪傑從眾多豪傑中脫穎而出的深刻原因根本就不是什麼天命，而是實實在在的智和力。說白了就是看誰的軍隊多、誰的計謀高，僅此而已。天命抑或天數的神聖性和神秘性外衣，被仲長統三言兩語便扯了個乾淨，只剩下赤裸裸的兩樣東西，一個叫智，另一個叫力。

天命既然可以簡單粗暴地靠智和力來奪取，那麼，歷代王朝開創時費盡心機設計出一整套詮釋自身合理性的理論體系都因此而發生動搖，神秘性被揭開後神聖性也便隨之消失了。所以，在仲長統的思想中自然不會存在對某個新立王朝的讚頌，因爲，在他看來歷代王朝的建立都是這個道理，沒什麼值得稱道的。所以，傅乾和仲長統才會對歷代王朝的興替產生了完全不同的情感指向。傅幹，秉承著儒家正統思想，熱情洋溢地歌頌著每一代新興王朝蒸蒸日上的蓬勃生氣。而仲長統因爲洞悉了豪傑奪得天下的「玄機」，所以言辭便顯得冰冷了許多。仲長統的這種認識，不能不說頗具法家意味，或者徑直可以這樣認爲，其王朝興替觀完全承襲了法家的經典思維模式。也正是有了這樣的思想基礎，才會產生那種將兩漢王朝冷靜地投射到歷史中進行剖析、比較的獨特視角。基於這種對王朝興替的冷靜分析，拋開了種種儒家思想中德與義的粉飾，才會對每代王朝從興到亡的規律，從宏觀上做出清晰地把握。仲長統的這種豪強奪得天下的觀念，在東漢至漢魏之際，實屬離經叛道的言論。完全背棄了儒家傳統的言說模式和歷史邏輯。然而，仲長統的這種思想，從較近的思想源流上來看，不能不說是受到了崔寔的影響。崔寔的言說得到了仲長統的推崇。〔註6〕崔寔在論說歷代王朝開國之君之所以得以立國，並未遵循傳統的儒家路數在天命層面上作文章，而是直陳賢臣，也就是人的重要性：

〔註6〕范曄《後漢書‧崔寔傳》卷五十二，有仲長統評價崔寔《政論》有「凡爲人主，宜寫一通，置之坐側。」之語，足見仲長統對崔寔之論推崇有加。見《後漢書‧崔寔傳》卷五十二，北京：中華書局1965年版第1725頁。

　　　　自堯、舜之帝，湯、武之王，皆賴明哲之佐，博物之臣。故皋

　　陶陳謨而唐、虞以興，伊、箕作訓而殷，周用隆。及繼體之君，欲

　　立中興之功者，曷嘗不賴賢哲之謀乎！〔註7〕

據此，可以看出從崔寔開始，在思考王朝興替過程中已經開始跳出了儒家傳統天命觀念的約束，從相對切實的人的角度做出分析和思考。建寧年間崔寔辭世之後，東漢末年的動亂再次說明了天命在人力面前是多麼的脆弱。至建安九年、十年曹操蕩平袁紹勢力後，更使有識之士注意到了人的重要性：

　　　　曹操比於袁紹，則名微而眾寡，然操遂能克紹，以弱為強者，

　　非惟天時，抑亦人謀也。〔註8〕

至建安十二年（207 年）仲長統入許為官之時，北方州郡幾乎全部納入曹操轄制之下，塵埃落定之後，仲長統不能不對這些巨大的變化進行深刻的反思。他在關注人的基礎上，更看到了「人謀」在豪傑爭鬥中最直接的表現形式就是智的較量和力的角逐。所以，仲長統言說中的天命觀，已經與儒家天命觀全然不同了，只是空有天命之名而無絲毫之實了，能夠決定奪得天下的關鍵唯有智和力罷了。其實，這種思想在東漢有識之士心中當為不言自明之理，從偶而的隻言片語中是可以發現這一點的，張衡在《請禁絕圖讖疏》中曾言「自漢取秦，用兵力戰，功業遂成，可謂大事。」〔註9〕也就是說，腐儒之外的有識之士是深刻明白力戰得天下的道理的，不過是因其有違儒家聖制故而緘口不言罷了。

　　這便是仲長統的天命觀，是對歷代開國之君奪得天下本質最直接的揭露。然而，這種說辭，在其所處的時代堪稱特例。縱觀嚴可均輯《全後漢文》中漢魏之際言及天命諸文中的天命觀念，近乎全部秉承著儒家傳統的言說範式。而且，越是與國體牽涉過深的文章越是不敢越雷池一步。從光武帝掃平諸強後便有議者「奏上尊號」：

　　　　漢遭王莽，宗廟廢絕，豪傑憤怒兆人塗炭。王與伯升首舉義兵，

　　更始因其資以據帝位，而不能奉承大統，敗亂綱紀，盜賊日多，群

　　生危蹙。大王初征昆陽，王莽自潰；後拔邯鄲，北州弭定；參分天

　　下而有其二，跨州據土，帶甲百萬。言武力則莫之敢抗，論文德則

　　無所與辭。臣聞帝王不可以久曠，天命不可以謙拒，惟大王以社稷

〔註7〕嚴可均《全後漢文》卷四十六，北京：商務印書館1999年版第461頁。

〔註8〕陳壽《三國志・蜀書・諸葛亮傳》卷三十五，北京：中華書局1982年版第912頁。

〔註9〕嚴可均《全後漢文》卷五十四，北京：商務印書館1999年版第556頁。

為計，萬姓為心。〔註10〕

該文仍遵循傳統的有德、有功最終勢必得天命的言說邏輯。其中，一句「天命不可以謙拒」，在神聖性和神秘性之外更指出天命的不可抗拒性。雖然，此等關乎王朝興立的言說多少有些造作之嫌，但從東漢開國直至漢獻帝禪位於魏文帝曹丕，這種頗具儀式性的文章卻仍一成不變地墨守著這種傳統的天命觀念。東漢氣數將盡之時，華歆等人上書言禪位之事也是秉承著這種觀念的：

相國華歆、太尉賈詡、御史大夫王朗及九卿上言曰：

臣等被召到，伏見太史丞許芝、左中朗將李伏所上圖讖符命，侍中劉廙等宣敘眾心，人靈同謀。又漢朝知陛下聖化通於神明，聖德參於虞夏，因瑞應之備至，聽曆數之所在，遂獻璽綬，固讓尊號。能言之倫，莫不抃舞。河圖洛書，天命瑞應。人事協於天時，民言協於天敘。而陛下性秉勞謙，體尚克讓，明詔懇切，未肯聽許。臣妾小人，莫不伊邑。臣等聞自古及今，有天下者，不常在乎一姓。考以德勢，則盛衰在乎強弱；論以終始，則廢興在乎期運。唐虞曆數，不在厥子，而在舜禹。舜禹雖懷克讓之意，迫群后執玉帛而朝之，兆民懷欣戴而歸之，率土揚歌謠而詠之。故其守節之拘，不可得而常處；達節之權，不可得而久避，是以或遜位而不吝，或受禪而不辭。不吝者未必厭皇寵，不辭者未必渴帝祚，各迫天命，而不得以已。既禪之後，則唐氏之子，為賓於有虞。虞氏之冑，為客於夏代。然則禪代之義，非獨受之者實應天福，授之者亦與有餘慶焉！漢自章和之後，世多變故，稍以陵遲，洎乎孝靈。不恒其心，虐賢害仁，聚斂無度，政在嬖豎，視民如讎，遂令上天震怒，百姓從風如歸。當時則四海鼎沸，既沒則禍發宮庭。寵勢並竭，帝室遂卑。若在帝舜之末節，猶擇聖代而授之。荊人抱玉璞，猶思良工而刊之。況漢國既往，莫之能匡。推器移君，委之聖哲，固其宜也。漢朝委質，既願禪禮之速定也。天祚率土，必將有主。主率土者，非陛下其孰能任之？所謂論德無與為比，考功無推讓矣。天命不可久稽，民望不可久違。臣等淒淒，不勝大願，伏請陛下割撝謙之志，修受禪之禮，副人神之意，慰外內之願。〔註11〕

<hr>

〔註10〕嚴可均《全後漢文》卷九十七，北京：商務印書館 1999 年版第 975 頁。
〔註11〕嚴可均《全三國文》卷二十二，北京：商務印書館 1999 年版第 211～212 頁。

延康元年（220 年）冬十一月的禪位冊命，也仍是秉承這一傳統的：

> 咨爾魏王：昔者帝堯禪位於虞舜，舜亦以命禹，天命不于常，惟歸有德。漢道陵遲，世失其序，降及朕躬，大亂茲昏，群凶肆逆，宇內顛覆。賴武王神武，拯茲難於四方，惟清區夏，以保綏我宗廟，豈予一人獲乂，俾九服實受其賜。今王欽承前緒，光于乃德，恢文武之大業，昭爾考之弘烈。皇靈降瑞，人神告徵，誕惟亮采，師錫朕命，僉曰爾度克協于虞舜，用率我唐典，敬遜爾位。於戲！天之曆數在爾躬，允執其中，天祿永終；君其祗順大禮，饗茲萬國，以肅承天命。」〔註12〕

綜上可知，東漢至魏晉之際天命觀的主流還是遵循著儒家的思想範式，尤其是涉及到王朝國本的言說，更加嚴格地墨守這一言說範式。即便漢獻帝在曹氏的劫奪之下被迫禪位已為天下人所盡知，可仍要謹守這一套路，而未予絲毫損益。不能不說，至漢魏易代之際的天命觀，已經由一種嚴密的思想體系徑直嬗變為一種政治上的遊戲規則而已。時人縱觀漢魏更迭，不能不對此有深刻地理解，而曹操更是在建安元年迎獻帝至許時，就已明白在這亂世奪得天下靠的是實實在在的智和力，天命不過是說辭罷了。曹操的言行更加有力地證明了天命是多麼的蒼白無力，從建安元年（196 年）的「自為司空」〔註13〕，到建安九年（204 年）的「自領冀州牧」〔註14〕，又建安十五年（210 年）十二月《己亥令》有曰：

> 身為宰相，人臣之貴已極，意望已過矣。今孤言此，若為自大，欲人言盡，故無諱耳。設使國家無有孤，不知當幾人稱帝，幾人稱王。或者，人見孤強盛，又性不信天命之事，恐私心相評，言有不遜之志，妄相忖度，每用耿耿。〔註15〕

頗具諷刺意味的是，一句「人見孤強盛，又性不信天命之事，恐私心相評，言有不遜之志，妄相忖度，每用耿耿。」本欲用自身的耿耿之行來除去眾人之「疑慮」，希望以此來「逆向地」維持天命脆弱的合理性。由此，足見當時

〔註12〕陳壽《三國志・魏書・文帝紀》卷二，北京：中華書局 1982 年版第 62 頁。
〔註13〕范曄《後漢書・孝獻皇帝紀》卷九，北京：中華書局 1965 年版第 380 頁。
〔註14〕范曄《後漢書・孝獻皇帝紀》卷九，北京：中華書局 1965 年版第 383 頁。
〔註15〕陳壽《三國志・魏書・武帝紀》卷一，「建安十五年春」條下注引《魏武故事》載公十二月《己亥令》云云。見陳壽《三國志・魏書・武帝紀》卷一，北京：中華書局 1982 年版第 32 頁。

人們已經普遍對傳統的天命之說產生了動搖乃至懷疑，當然，這其中最不信天命的應該就屬曹操本人了。恰如田餘慶評論的那樣：「曹操哪能不想做皇帝呢？但是他怕背千古罵名，不敢做皇帝。用司馬光的話說，就是「豈其志之不欲哉？猶畏名義而自抑也」。……曹操稱道天命，也很有意思。他自己本來不信天命，可是怕別人因此說他有「不遜之志」。因此在《明志令》中他就把這個問題反覆解釋，想表明自己的志向是清白的。他的解釋委婉曲折，欲蓋彌彰。」〔註16〕因此，對於根本不信天命的曹操而言，為了日後能讓自己的子嗣順理成章地奪得大寶，與其挖空心思地炮製出一套注定被世人批駁和詬病的王朝易代理論，莫不如承襲已經為漢儒所深信不疑的儒家天命論，雖然有違他一貫「離經叛道」的做派，但卻沒有比這更好的選擇。在這種遮遮掩掩卻心嚮往之的扭曲心態下，大肆頌揚傳統的天命觀其實是給曹操以最好的掩護和支持。然而，仲長統一番直露的說辭恰恰成了那個時代最不和諧的聲音。曹操及其眾多僚屬心照不宣地達成的默契，就這樣被仲長統的三言兩語戳破。仲長統「敢直言」的個性，使他有了敢於說出「真相」的可能，然而，這番說辭極有可能是說者無心，而聽者有意，曹操極力修飾的心思就這樣被漢廷的一個區區尚書郎把握得如此精當，自然只能是吃了啞巴虧。當然，仲長統在許的仕進之路也同樣順理成章地永遠止步於此了。或許，仲長統縱然能了然世事，但卻無法洞察人心吧。

綜上，可知仲長統的天命論在漢末之際不僅打破了儒家傳統的言說範式，更戳穿了曹操對其野心的重重掩飾。故而可知，王夫之對仲長統的批評之語有失允當：

> 而推論存亡迭代，治亂周復，舉而規之天道，則將使曹氏思篡
> 奪之情，亦援天以自信而長其逆。〔註17〕

王氏持論，僅關注於仲氏言說之流弊，而忽略了曹氏言行之矯飾，故認為仲氏之論「將使曹氏思篡奪之情，亦援天以自信而長其逆」。殊不知，仲氏之論在其所處的時代不但沒有成為曹氏篡逆之鼓吹，反而直接將曹氏的種種掩飾全部戳破。要之，這不只是戳破曹氏種種掩飾那麼簡單，更是對兩漢以來的名教觀念的動搖。縱然，在漢末之際儒家名教受到了一定程度的衝擊，但是在現實層面名教的地位仍是不可替代的，唐長孺對這一問題的洞察是頗為深

〔註16〕 田餘慶《秦漢魏晉史探微》（重訂本），北京：中華書局2004年版第143頁。
〔註17〕 王夫之《讀通鑒論》卷九，北京：中華書局1975年版第251～252頁。

刻的：「儒家的道德倫理仍是統治者維持現存秩序所必需的思想武器。東漢以來的世家大族本是在日益發展的封建經濟基礎之上通過名教之治以取得政治地位的……爲了維護自己的政治優勢，從學門、儒族發育起來的世家大族絕不願意破壞名教。」〔註18〕如果儒家傳統的天命觀是那個時代名教的核心組成部分的話，那麼仲長統所動搖的自然也是那個時代名教觀念的根本了。從這個角度來看，仲長統是漢魏之際在言說中旗幟鮮明地衝擊名教根柢的急先鋒。縱然，在兩漢時代士人們已經開始了對名教的最高核心——天，及其至高無上的特性產生了懷疑，其中一個典型的反映便是趙翼《廿二史劄記》「漢儒言災異」條中指出的那樣：

> 降及後世，機智競興，權術是尚，一若天下事皆可以人力致而天無權。即有志圖治著，亦徒詳其法制禁令，爲人事之防，而無復有求端於天之意。故自漢以後，無復援災異以規時政者。間或日食求言，亦只奉行故事，而人情意見，但覺天自天，人自人，空虛寥廓，與人無涉。〔註19〕

雖然趙氏只是圍繞奏疏中援引災異以規時政而言，但是從這一側面可以看出，經歷了兩漢之後，士人們心目中天的概念發生了根本性的變化。從董仲舒的堅信上天警懼人事，到兩漢之後的「天自天，人自人，空虛寥廓，與人無涉。」這是一個漫長的心態轉變歷程，兩漢皆在儒家學術的「保駕護航」下走向崩潰，使人們不得不重新審視現實層面的社會規律。然而，時值漢魏之際，就在士人內心幾乎都認清現實而在說辭上仍「奉行故事」的時候，敢直言的仲長統打破了這種權力體制內部自上而下的「默契」。嚴格地講，仲長統絕不是看透真相的第一人，但他卻是權力體制內部敢於道出真相的第一人！這種由無聲腹誹到公開揭露的轉變，對漢魏乃至漢晉間殘存的儒家思想給予了沉重的打擊。當然，更應當看到，縱然儒家天命觀在當時乃至後來的歷朝歷代已經完全失去了其內在推演的邏輯基礎，但是，似乎沒有哪種說辭能比這種「奉行故事」的方法更能闡明興立者的合法，維護繼體者的穩定了。

正所謂「法莫如顯而術不欲現」〔註20〕。仲長統的對豪傑奪得天下的言

〔註18〕唐長孺《魏晉玄學的形成與發展》，見《魏晉南北朝隋唐史三論》，北京：中華書局2011年版第69頁。
〔註19〕趙翼《廿二史劄記》卷二，南京：鳳凰出版社2008年版第27頁。
〔註20〕（清）王先慎撰，鍾哲點校《韓非子集解·難三》卷十六，北京：中華書局1998年版第380頁。

說終究還是法家「術」之層面的論述，是萬萬不能公諸於世的。所以，無論從其言說對曹操掩飾的揭露而言；還是從其言說本身的性質而言，都使當時在上位者既不情願且更不可能援引其學說以佐世用。另外，我們還可以從仲長統對待儒家名教的另類態度，來逆向推理他的家世出身。雖然現存史料中沒有關於仲長統家世的載錄，但是根據這種狂生的論說態度，恰好可以說明他並非出身世家大族，而應當是來自於一個相對普通的底層家庭。

以上是對仲長統天命觀涉及諸多問題的分析。然而，仲長統時代觀的形成並不僅僅就基於他的天命觀，更有賴於他對歷朝歷代從盛到衰內部相同規律的深刻把握。在仲長統看來，各個朝代雖然有著諸多不同，但是從盛到衰的注定命運卻是完全一致的：

> 及繼體之時，民心定矣。普天之下，賴我而得生育，由我而得富貴，安居樂業，長養子孫，天下宴然，皆歸心於我矣。豪傑之心既絕，士民之志已定，貴有常家，尊在一人。當此之時，雖下愚之才居之，猶能使恩同天地，威侔鬼神。暴風疾霆，不足以方其怒；陽春時雨，不足以喻其澤；周、孔數千，無所復角其聖；賁、育百萬，無所復奮其勇矣。彼後嗣之愚主，見天下莫敢與之違，自謂若天地之不可亡也，乃奔其私嗜，騁其邪欲，君臣宣淫，上下同惡。目極角觝之觀，耳窮鄭、衛之聲。入則耽於婦人而不反，出則馳於田獵而不還。荒廢庶政，棄亡人物，澶漫彌流，無所底極。信任親愛者，盡佞諂容說之人也；寵貴隆豐者，盡后妃姬妾之家也。使餓狼守庖廚，饑虎牧牢豚，遂至熬天下之脂膏，斫生人之骨髓，怨毒無聊，禍亂並起，中國擾攘，四夷侵叛，土崩瓦解，一朝而去。昔之為我哺乳之子孫者，今盡是我飲血之寇讎也。至於運徙勢去，猶不覺悟者，豈非富貴生不仁，沉溺致愚疾邪？存亡以之迭代，政亂從此周復，天道常然之大數也。〔註21〕

仲長統的這段文字在言說順序上是承接「豪傑之當天命者」一段的，講的是一個王朝如何從新立逐漸走向崩潰。大體上分為三個比較明顯的階段：首先，王朝新立之時，天下人心思定，只要國君能夠讓天下小民安居樂業便會贏得最廣泛的支持，即便此時繼位者愚鈍不堪，其地位也不會有絲毫動搖。而後的君主發現，天下吏民無人敢違背自己的意志，便不加節制地日益驕縱起來，

〔註21〕嚴可均《全後漢文》卷八十八，北京：商務印書館1999年版第889～890頁。

以爲可以永享如此穩固的江山社稷。最後，一味地放縱與享樂徹底腐蝕了君
主的心志，更使佞倖之人充斥朝野、敗壞風氣、殘虐下民，導致王朝最終走
向全面崩潰。在仲長統看來，這一規律是「存亡以之迭代，政亂從此周復，
天道常然之大數也。」是歷代王朝都無法跳出的死局。仲長統通過對一代王
朝開國之君、繼體之君、亡國之君心態和行爲的揣摩與揭示，以及王朝各個
時期人心的分析，指出了君主專制王朝的種種弊端。然而，仲長統更冷靜地
看到，這些同君主專制相伴的種種弊端，是這種制度所與生俱來的一種宿命，
是無法迴避和克服的，且東漢王朝又在這條專制的不歸路上走得太遠：

> 光武皇帝慍數世之失權，忿強臣之竊命，矯枉過直，政不任下，
> 雖置三公，事歸臺閣。〔註22〕

因此，在心態上，仲長統對君主專制國家的宿命了然於胸的同時，更對這種
體制下政權的未來並不抱有太過美好的期望。也就是說，在其所處的時代，
面對君主專制制度下的國家，仲長統對當下和未來已經不再抱有任何期望
了。這種認識的加深，在一定程度上還是受到了崔寔的影響，崔寔也對王朝
崩潰的有著自己的分析：

> 凡天下之所以不治者，常由世主承平日久，俗漸弊而不寤，政
> 浸衰而不改，習亂安危，逸不自睹。或荒耽嗜欲，不恤萬機；或耳
> 蔽箴誨，厭僞忽眞；或猶豫岐路，莫適所從；或見信之佐，括囊守
> 祿；或疏遠之臣，言以賤廢。是以王綱縱馳於上，智士鬱伊於下。
> 悲夫！且守文之君，繼陵遲之緒，譬諸乘弊車矣。當求巧工，使輯
> 治之，折則接之，緩則楔之，補琢換易，可復爲新。新新不已，用
> 之無窮。若遂不治，因而乘之，摧拉捌裂，亦無可奈何矣。〔註23〕

崔寔也同樣看到了天下「承平日久」之後，君主或是沉溺嗜欲或是被掩蔽耳
目，最終導致朝政大壞天下變亂。然而，崔寔對這些表象的分析可謂細緻入
微，卻並未再進一步追問爲何「承平日久」之後君主便要沉溺嗜欲、會被掩
蔽耳目？所以，可以看出仲長統在對君主專制國家下的君主心態變化有著更
爲透徹地把握。當然，也恰恰是因爲崔寔還沒有足夠認清這一點，所以崔寔
仍認爲君主制度經過「巧工」的修補後仍可以「新新不已，用之無窮」。這其
中的「巧工」便是能夠傾力輔佐君主的賢德之人。雖然，崔寔也指出，如果

〔註22〕嚴可均《全後漢文》卷八十八，北京：商務印書館1999年版第894頁。
〔註23〕嚴可均《全後漢文》卷四十六，北京：商務印書館1999年版第462頁。

仍不思悔改，那麼「摧拉捌裂」也是無可奈何之事了。綜觀崔寔論述，可以
很切實地感到崔寔對君主制王朝的未來還是充滿信心的。然而，東漢末年的
荀悅在揭示了君主專制制度的弊端時，就要深刻得多了：

> 秦承其弊，不能正其制以求其中，而遂廢諸侯，改爲郡縣，以
> 一威權，以專天下。其意主以自爲，非以爲民。深淺之慮，德量之
> 殊，豈不遠哉？故秦得擅其海內之勢，無所拘忌，肆淫奢行，暴虐
> 天下，然十四年而滅亡。故人主失道，則天下遍被其害，百姓一亂，
> 則魚爛土崩，莫之匡救，賢人君子，復無息肩，眾庶無所遷徙。此
> 民主俱害，上下兩危。〔註24〕

對於君主專制制度帶來的災難，荀悅的言說較之崔寔更爲深刻，不過卻仍對
兩漢王朝有所迴護，東漢中期以來的種種亂象在某種程度上並不遜於暴秦，
儘管在文字上只言秦之暴而不言漢之酷，但通曉此理之人焉能不明秦、漢實
則一理而然。不過，荀悅認識到了君主專制制度的危害，卻提出了更爲「古
樸」的解決辦法──分封制。這顯然是儒士好古心態下的產物。〔註25〕縱然，
荀悅從正反兩方面加以論證了分封制度較之君主專制制度是如何的優越，但
事實上當下的形式已經不再具備推行分封制度的可能，儒生迂腐的一面生動
地呈現在世人面前。

綜上，東漢中期以後，伴隨著君主集權制東漢王朝的徹底衰落，專制國
家的矛盾日益顯露，崔寔、荀悅等都試圖從儒家的立場出發適當地結合各派
思想，開出療救的方劑。在對待君主專制制度的弊病上，從崔寔到荀悅的認
識上確有越發深刻之勢，而在對如何革除弊端上不能不說反而有越發理想化
的傾向。因此，可以看出時值東漢末年，儒學走向衰微的內在必然。面對日
益變亂的現實，儒家學說日趨捉襟見肘，謹遵儒家思想只能走向看問題看得
越深入，給出的答案就會越荒謬的怪圈。從崔寔到荀悅對待君主制弊端的認
識和給出的解決辦法，都在說明著這一點。因此，仲長統跳出了儒家思想的
束縛，開始眞正用自己的頭腦去思考問題，而不再是《書》曰、《詩》云、《春
秋》有言。所以，在仲長統看來，君主制度下的歷代王朝都無法跳出自身宿
命的死局，往者如斯，來者亦如斯，歷代王朝都不過是簡單重複這一規律罷

〔註24〕 荀悅《漢紀‧孝惠皇帝紀》卷五，見張烈點校《兩漢紀》（上）北京：中華書
　　　　局 2002 年版第 73 頁。
〔註25〕 下文對《昌言》文學及思想性分析章節，會對荀悅此種心態作更爲細緻地解
　　　　說。

了。正是有了這種基調，仲長統才會較爲客觀地將兩漢王朝從極其崇高的地位降到普通王朝的級別，放入歷史時空中與歷代前朝作相對公允的比較。

這種去除兩漢王朝神聖性，將其降爲普通王朝的態度，在東漢以來的文章中是極其少見的。恰恰是因爲有了這種冷靜的心態，才會客觀地看到歷代王朝的得失和歷史演進的理路。而這種比較的結果，卻讓仲長統更爲心痛：

> 昔春秋之時，周氏之亂世也。逮乎戰國，則又甚矣。秦政乘并兼之勢，放虎狼之心，屠裂天下，吞食生人，暴虐不已，以招楚漢用兵之苦，甚於戰國之時也。漢二百年而遭王莽之亂，計其殘夷滅亡之數，又複倍乎秦、項矣。以及今日，名都空而不居，百里絕而無民者，不可勝數。此則又甚於亡新之時也。悲夫！不及五百年，大難三起，中間之亂，尚不數焉。變而彌猜，下而加酷，推此以往，可及於盡矣。嗟乎！不知來世聖人救此之道，將何用也？又不知天若窮此之數，欲何至邪？〔註26〕

讀過這段文字，也許會使人不自覺地聯想到了趙壹的《刺世疾邪賦》：

> 伊五帝之不同禮，三王亦又不同樂，數極自然變化，非是故相反駁，德政不能救世溷亂，賞罰豈足懲時清濁？春秋時禍敗之始，載國愈復增其荼毒，秦、漢無以相逾越，乃更加其怨酷。寧計生民之命，爲利己而自足。於茲迄今，情僞萬方。佞諂日熾，剛克消亡。舐痔結駟，正色徒行。嫗媮名勢，撫拍豪強。偃蹇反俗，立致咎殃。捷懾逐物，日富月昌。渾然同惑，孰溫孰涼。邪夫顯進，直士幽藏。原斯瘼之攸興，實執政之匪賢。女謁掩其視聽兮，近習秉其威權，所好則鑽皮出其毛羽，所惡則洗垢求其瘢痕。雖欲竭誠而盡忠，路絕嶮而靡緣，九重既不可啓，又群吠之狺狺，安危亡於旦夕，肆嗜欲於目前。奚異涉海之失柂，坐積薪而待燃。納由於閃榆，孰知辨其蚩妍。故法禁屈撓於勢族，恩澤不逮於單門。寧飢寒於堯舜之荒歲兮，不飽暖於當今之豐年。乘理雖死而非亡，違義雖生而匪存。有秦客者，乃爲詩曰：河清不可俟，人命不可延。順風激靡草，富貴者稱賢。文籍雖滿腹，不如一囊錢。伊優北堂上，抗髒倚門邊。魯生聞此辭，繫而作歌曰：勢家多所宜，咳唾自成珠。被褐懷金玉，蘭蕙化爲芻，賢者雖獨悟，所困在群愚。且各守爾分，勿復空馳驅。

〔註26〕嚴可均《全後漢文》卷八十八，北京：商務印書館1999年版第891頁。

哀哉復哀哉，此是命矣夫！〔註27〕

綜合兩文，不難看出趙壹的《刺世疾邪賦》無論在感情基調上還是在憤世層面上都在做「疾」和「刺」的文章。對世道的種種不公統統批駁，乃至有「謾罵」之嫌。並且，由於賦這種文體的局限，使得趙壹在鋪陳、抒情上雖更勝一籌，但在論事、析理上卻遠遠沒有仲長統來得深刻和透徹。所以，趙壹認為王朝一代不如一代的觀感，在很大程度上是來源於對東漢王朝不滿的憤激之情；而仲長統的結論，則是基於對君主專制王朝弊病的深入分析，以及對歷代變亂規模的相互比較而得出的。仲長統看來，每代王朝都無法逃脫注定滅亡的宿命，然而真正的歷史又不是理論上的循環重複，而是現實中災難一次次地累加，讓人痛心的是每一次王朝的崩潰都要比上一次王朝的崩潰帶給社會更大的創傷。仲長統由兩漢王朝的崩潰看到了歷代王朝必然走向崩潰的宿命，而後又綜觀歷史，看到了每一代王朝崩潰給社會帶來的災難都要大於之前王崩潰所帶來的災難。因此，可以看出，仲長統的時代觀是一種徹底絕望的時代觀。該觀點在中國古代思想史上，具有相當重要的意義，因為，「推其言中之意，殆無異於對專制政體與儒家治術同時作破產之宣告。此誠儒家思想開宗以來空前未睹之巨變。」〔註28〕而這種巨變必將預示著一個在思想上與兩漢時代迥異之時代的必然到來。

此外，更值得注意的是，仲長統在論述君主專制王朝弊端的時候，在指代君主的言辭上多用「下愚之才」、「彼後嗣之愚主」等詞，這一「離經叛道」之舉又頗有劃時代之意義。東漢以來，伴隨著王權的日益膨脹，王權的詮釋從西漢以來的「聖王」嬗變為東漢以來的「王聖」，士人們在心態和性格方面與西漢時期出現了本質的不同，曲利麗在其博士論文《從「聖王」到「王聖」——論「王命論」意識形態下東漢文化精神之變遷》中對此問題有較為透徹地把握：「總的來說西漢士人在面對王權的時候，堅守服務於「道」而不僅服務於「勢」，努力按照理想來改造現實，呈現出了一種「外王型」的人生姿態。而到了兩漢之際，經學理想破產，「王命論」興起，士人在王聖的光環下開始安於幫忙之臣妾角色，追求在大一統政治格局下戴著鐐銬舞蹈，人生形態趨於內斂謹慎。」〔註29〕漢魏之際為官之士人在這「風雲變幻之際」都近乎謹

〔註27〕嚴可均《全後漢文》卷八十二，北京：商務印書館1999年版第826頁。

〔註28〕蕭公權《中國政治思想史》，北京：商務印書館2011年版第322頁。

〔註29〕曲利麗《從「聖王」到「王聖」——論「王命論」意識形態下東漢文化精神之變遷》，北京師範大學2010年第187頁。

小愼微地恪守著「內聖」的信條，明知漢室終遭傾覆，卻都在大談天命運數，雖偶有「逆流之舉」也是出於一家一姓之私而少了幾分西漢士人的凜然浩氣。而此時潛在的當權者以及世家大族都在爲保持自身既得利益的穩定而刻意地宣揚儒家正統觀念。所以，可以說漢魏之際的社會風氣可謂上下一心的「和諧」，在上位者爲維護其統治地位不得不再次搬起儒家正統思想詮釋自身地位的合法性和必然性，而臣服於權力的士人們則出於自身安危的考慮，也都在言行上應和著在上位者的這種言不由衷的「號召」。就在權力體系內部都出於某種「默契」而上下一心維持著一種微妙「和諧」的時候，一個「不和諧」的音符出現了——這便是仲長統！

　　仲長統是近乎當時唯一一個身居權力內部，處於眾人高唱儒家天命觀念之時，態度明確地站出來直接否定天命存在的底層士人；又是唯一一個身居權力內部，在眾人讚頌曹魏之德且對終將取代東漢王朝的魏王朝充滿希望之時，心灰意冷地徑直指出了君主專制王朝都注定走向滅亡的人。這種深刻與絕望、率直與狂放是其同世、同階層之人所遠遠不及和萬萬不敢的。要之，仲長統絕望的時代觀絕不僅僅是對王朝歷史的悲觀絕望，更是對時代與個人的雙重絕望。仲長統所處的漢魏之際，恰恰是儒家傳統思想瀕臨崩潰的前夜且不無「迴光返照」之像。然而，恰恰是他洞悉一切的言說打破了其所處時代作爲權力體制內部之人所應謹守的「戒條」。遷至許地寄人籬下的東漢朝廷，不敢啓用頗多尊君思想的仲長統；而曹魏系統，更不可能啓用這樣一個不僅尊君且公然顛覆儒家名教，將王朝更迭敘述得如此赤裸裸並對君主專制王朝徹底否定的仲長統。於是，仲長統縱然負有大才，只能空懷報國之志而不得施展。此外，從仲長統自身的分析來看，這個世道本來就「亂世長而化世短」，且「亂世則小人貴寵，君子困賤。」即便「逮及清世，則復入於矯枉過正之檢。老者耄矣，不能及寬饒之俗；少者方壯，將復困於衰亂之時。」〔註30〕對君子而言無論亂世還是治世都毫無希望可言。如果說東漢中期的王充尚將個人進退歸於運命，那麼仲長統對君子之人的處境則是全然不抱希望了。

　　仲長統終篇的「嗟乎！不知來世聖人救此之道，將何用也？又不知天若窮此之數，欲何至邪？」表面上看來，仲長統是將這些無解謎題交給後來之人。殊不知，此處的疑問不是爲後人而設，而是對天下當世之人、後來之人乃至其自我內心的絕望反問。縱然，仲長統的思想頗多離經叛道色彩，但不

〔註30〕嚴可均《全後漢文》卷八十八，北京：商務印書館 1999 年版第 890～891 頁。

能否認他在思想深處還是保有著儒家士人天然的入世思想，他底層的出身和深刻的思想使其能夠洞察到東漢王朝乃至歷代王朝的種種弊端，憑藉著這股沛然的才氣使他得到了荀彧的賞識和重用進而躋身權力體系之中。然而，他「敢直言，不拘小節」的狂生性格以及對天下蒼生的熱切關注，又使他成為了那個時代權力體系中近乎唯一一個敢於打破時代遊戲規則的底層士人。質而論之，仲長統是在傳統儒家思想主導下綜合法家學說，以底層士人的身份力圖效忠於即將退出歷史舞臺東漢王朝的一個特異案例。而此時的歷史現實是，一個由世家大族支持的新興政權即將登上歷史舞臺。因此，仲長統的言說論斷越是深刻，就越是為那個時代所不容，當然也就越是得不到重用。這種情形，其實是儒家學說在面對東漢末年的變局時呈現出的軟弱和無力，預示著依託大一統王權存在的儒家學說走向衰微的必然。仲長統在文末的哀歎，除了對時代和王朝的哀歎外，更是對自身的哀歎。因為，仲長統似乎看不透抑或理解不了，為何朝野上下之士人皆要遵守這種不忠、不義、不明、不智的「默契」。在他所處時代，仲長統覺得也許只有他自己，才能擁有這樣的才學和魄力去直擊那個時代的癥結。然而，這種特立獨行之舉只會使他陷入看得越清楚、說得越明白，反而越遭受冷遇和排擠的尷尬局面。而在這種大的「默契」氛圍之下，仲長統又難免會產生「舉世渾濁而我獨清，眾人皆醉而我獨醒」〔註31〕的孤獨與憤懣之情。所以，才會有「每論說古今世俗行事，發憤歎息」〔註32〕這樣鬱結而壓抑的濃重情感。

綜上，仲長統的時代觀是以其天命觀和王朝興衰循環論為基礎的，在對君主專制制度絕望的同時，加之自身的出身以及特異的性格使其思想和行為與他所處的時代形成了根本性的衝突，所以，仲長統絕望的時代觀不僅是對時代的絕望，更是對自身才華不得施展的憤懣和無奈。

第二節　仲長統對漢末士風的批判

仲長統對漢末社會諸多方面的問題都做出了獨立的分析，並給出了解決問題的辦法。如《昌言》中涉及的時代觀問題、土地制度問題、賦稅制度問題乃至宰輔制度問題等等，可謂包羅萬象。在仲長統的言說中，不僅有對社會宏觀問題的深刻思考，更有對世道人心乃至士風的冷靜批判。因此，在這

〔註31〕司馬遷《史記・屈原賈生列傳》卷八十四，北京：中華書局1959年版第2486頁。
〔註32〕陳壽《三國志・魏書・劉劭傳》卷二十一，北京：中華書局1982年版第620頁。

一章中便要就仲長統與漢末士風問題進行細緻地討論。在分析仲長統對其所
處時代士風批判之前，有必要對漢末的士風做初步論析。

　　對於東漢末年的士風，我們可以從顧炎武《日知錄》中的兩則評價說起。
顧炎武《日知錄》在言及兩漢風俗時，對漢末黨錮之風亦從范曄之論，對黨
錮士人頗多贊許之詞：

> 　　至其末造，朝政混濁，國事日非，而黨錮之流，獨行之輩，依
> 仁蹈義，捨命不渝，「風雨如晦，雞鳴不已」，三代以下風俗之美，
> 無尚於東京者。故范曄之論，以為「桓、靈之間，君道秕僻，朝綱
> 日陵，國隙屢咎，自中智以下，靡不審其崩離。而權強之臣息其窺
> 盜之謀，豪俊之夫屈於鄙生之議」，「所以傾而未頹，決而未潰，皆
> 仁人君子心力之為。」可謂知者矣。〔註33〕

顧炎武對東漢桓、靈之世的黨人予以高度的肯定和讚頌，指出東漢王朝之所
以「傾而未頹，決而未潰。」皆賴黨人君子之力。之後，顧炎武認為黨人君
子之風的破壞實是因為曹操「唯才是舉」不論德行的人才選舉辦法。又指出，
東漢黨人君子的節義之氣自蔡邕已開衰微之端了：

> 　　東京之末，節義衰而文章盛，自蔡邕始。其仕董卓，無守；卓死
> 驚焉，無識。觀其集中濫作碑頌，則平日之為人可知矣。以其文采富
> 而交遊多，故後人為立佳傳。嗟呼，士君子處衰季之朝，常以負一世
> 之名，而轉移天下之風氣者，視伯喈之為人，其誡之哉！〔註34〕

如果說在上位的曹操破壞了這種高舉節義的士風，那麼緣何在曹操執掌大權
之前就已經出現了像蔡邕這樣的「無守」、「無識」的節義衰頹之人呢？之所
以顧炎武之論會造成一些前後牴牾，是因為看到了漢末士風的表象而沒有對
這種表象下的問題有更深刻地把握。相較之下，王夫之《讀通鑑論》中的持
論則看到了黨人君子之風的「死穴」：

> 　　然則諸君子與姦人爭興廢，而非為君與社稷捐軀命以爭存亡
> 乎！擊奸之力弱，而一鼓之氣易衰，其不敵凶慝而身與國俱斃，無
> 他，捨本攻末而細已甚也。〔註35〕

〔註33〕顧炎武《日知錄·兩漢風俗》卷五，見（清）顧炎武著，黃汝成集釋，欒保
　　　　群、呂宗力校點《日知錄集釋》上海：上海古籍出版社 2006 年版第 753 頁。

〔註34〕顧炎武《日知錄·兩漢風俗》卷五，見（清）顧炎武著，黃汝成集釋，欒保
　　　　群、呂宗力校點《日知錄集釋》上海：上海古籍出版社 2006 年版第 754 頁。

〔註35〕（清）王夫之《讀通鑑論》卷八，北京：中華書局 1975 年版第 216 頁。

顧炎武言其表而王夫之言其裏，所謂漢末黨人君子之風看似轟轟烈烈，但是究其本質實是黨人領袖在與「濁流」的鬥爭中不得章法，失之「婞直」。那麼，天下雲集的廣大君子義士又眞正秉承了領袖們的這種「婞直」之氣了嗎？歷史已提供了最好的答案，第二次黨禍時如張儉這般的黨人領袖亦「亡命天下」了。所以，不禁會追問，爲何黨人君子常常陷入人多而勢不重，名高而功難成的怪圈呢？也許，除了黨人領袖的「舍本攻末」外，廣大下層士人的風氣也是值得分析的。

在此，並不是要對黨人名士之風有所否定。而是要對龐大的黨人群體做出相對合理的層次劃分。如果將天下正直的士人都可以劃歸黨人範疇的話，那麼自然要有領袖與非領袖之分。黨人群體中的領袖自然體現出更多的名士之氣，相比之下，黨人群體中占絕大多數的底層士人，也就是非領袖部分，無論在社會地位還是影響力上都要遠遠遜於黨人領袖，所以在很大程度上他們對黨人領袖的追慕很難說是一種全然無功利性的。因爲，我們翻檢史料時不可否認「鴻都門學」中也聚集著大量的士人；外戚、宦官周圍也圍繞著大量士人；同樣，黨人領袖周圍也有大量的追隨者。對士人而言，儘管品格有高下之分，但無論追隨何方勢力，究其本質而言都是爲了求取仕進之機。當然，士風日下之時，追隨黨人領袖的這支就變得光明正大且「上流」得多。因爲，漢末社會各地人物品鑒的權力掌握在黨人名士的手中，而這種權力直接左右的是底層士人的仕進之路。因此，東漢士人中廣泛結交、拜謁名士的交遊風氣在「清流」形成之時便已興起。所以說，東漢士風的形成與東漢社會的人才選拔制度有著直接的關聯，趙翼在《廿二史劄記》「東漢尙名節」條中便有深刻評述：

> 蓋當時薦舉選辟，必採名譽，故凡可以得名者，必全力以赴之，好爲苟難，遂成風俗。〔註36〕

足見東漢之世的「尙名節」多半是出於「利薦舉」的目的，所以，廣大的底層士人爲了爭得個人仕進之機，便會不惜一切追求名和譽。縱然，趙翼也看到了東漢王朝在選用人才時也有「召用不論資格」〔註37〕但這種不論資格拔擢底層士人的舉動依然靠的是士人的聲名和稱譽。在仕進之路和利益之門的雙重趨勢下，也就可以理解爲何「名節」會在東漢一世佔有如此高的地位了。

〔註36〕 （清）趙翼撰，曹光甫校點《廿二史劄記》，南京：鳳凰出版社 2008 年版第67 頁。

〔註37〕 （清）趙翼《廿二史劄記》中有「召用不論資格」條，見（清）趙翼撰，曹光甫校點《廿二史劄記》，南京：鳳凰出版社 2008 年版第 69 頁。

然而，聲名和稱譽不會憑空產生，所以東漢的交遊之風便大行其道了。從獲取聲名和稱譽的不同手法來看，交遊風氣主要的表現形式有兩種：其一，士人之間通過互相標舉來提高自身聲望；其二，士人通過拜謁當世名士並獲得名士的稱譽來提高自身聲望。這兩種交遊形式都要面對著不同的問題。對於第一種形式而言，就士人之間的相互標榜而論，普通的底層士人爲了盡力擴大自己聲名和影響，自然不可能久居一地，因此常常要奔走天下盡力擴大自身的交際範圍以期能廣播聲名。當然，應當看到的是，這種奔走天下的交遊方式多半又會以游學或者拜謁名士的形式出現。對於第二種形式而言，通過拜謁名士，並希望籍此得到名士的肯定和稱譽使自己聲名大振的亦不爲少數，恰如范曄在《後漢書》卷六十一後論曰云云中指出的「權門貴士，請謁繁興」。在當時是否能夠得到名士的稱譽暫且不論，就是能夠與名士有所交接亦足以在底層士人間擁有無上的榮耀，如士人得到黨人名士李膺的接見便被眾人稱爲「登龍門」：

> 是時朝庭日亂，綱紀頹阤，膺獨持風裁，以聲名自高。士有被
> 其容接者，名爲登龍門。〔註38〕

在這種形式和風氣之下，勢必會出現幾種衍生的問題。即享有天下盛譽的名士在客觀上數量要遠遠少於廣大的底層士人，而在心態上爲保持自身名士的地位亦不會與普通士人隨意交接。從「登龍門」即可看出底層士人與名士交接之榮耀，更能看出底層士人與名士交接的艱難。因此，才會有趙壹拜皇甫規登門而不得入，高彪訪經義於馬融而不得通。另外，除去名士與士人的分別外，更要看到東漢中晚期以來，以世家大族爲基礎的門閥社會逐漸確立起來，而黨人名士又皆有世家大族的背景〔註39〕，所以，表面上的這種差別更折射出士人背後社會層級的巨大差別。然而，由於利益所出，仍然有大量的士人加入到奔走交遊拜謁名士的行列中。〔註40〕因此，這種赤裸裸地爲了得

〔註38〕范曄《後漢書・李膺傳》卷六十七，北京：中華書局1965年版第2195頁。
〔註39〕見（臺灣）金發根《東漢黨錮人物的分析》，《中研院歷史語言所研究集刊》（歷史編）北京：中華書局2009年版第1217～1270頁。
〔註40〕余英時在《漢魏之際士之新自覺與新思潮》中以東漢晚期「清流」、「濁流」對立局面爲切入點討論漢末士風。在暢談士大夫群體自覺之時也注意到了漢末交遊結黨之風的諸多流弊，但在中心論點上仍然放在了標舉士大夫高尚的氣格上，而不認爲士大夫交遊是「悉出自利己之動機」。見余英時《漢魏之際士之新自覺與新思潮》，余英時《士與中國文化》，上海：上海人民出版社2003年版。

到聲名和稱譽進而得到仕進之機的病態交遊方式遭到了仲長統的深刻批判。

仲長統首先批評天下士人的「三俗」與「三可賤」：

> 天下士有三俗：選士而論族姓閥閱，一俗；交遊趨富貴之門，二俗；畏服不接於貴尊，三俗；天下之士有三可賤：慕名而不知實，一可賤；不敢正是非於富貴，二可賤；向盛背衰，三可賤。〔註41〕

而後，仲長統不僅指出了當下士人中普遍存在的不良風氣，也同樣指出了治學方面存在的三種不良風氣：

> 天下學士有三奸焉：實不知，詳不言，一也；竊他人之記，以成己說，二也；受無名者，移知者，三也。〔註42〕

從上面引用的兩則材料可以看出，第一則材料批評的是其所處時代不良的交遊觀念；第二則材料批評的是其所處時代不良的治學態度。雖然兩則材料批評的問題有本質不同，一個是交遊問題、一個是治學問題，但就其所處時代而言，也不可否認不良治學風氣亦受不良交遊風氣影響頗多。因此，首先要對東漢末年的交遊之風作簡要的敘述和分析。在仲長統之前，一些有識之士就已經開始旗幟鮮明地揭露這種不良風氣，並表達了自己的態度。東漢中期的王充，在《自紀篇》中便表達了自己的交友態度：

> 充為人清重，遊必擇友，不好苟交。所友位雖微卑，年雖幼稚，行苟離俗，比與之友。好傑友雅徒，不泛結俗才。〔註43〕

當然，王充的這種思想在其所處的時代尚為個案。至東漢末期，伴隨著「清流」、「濁流」的對立，黨人名士佔據了時代道德的高地，清議也成為了時代輿論的主流，因此天下眾多底層士人出於變亂時代個人利益的現實考慮，便都加入到了遊走天下、廣謁名士的風潮中。這便相繼有人站出來，對這種追名逐利的浮華士風大加撻伐。

桓帝朝之劉梁就曾對這種不良的士風所有批判：

> （劉梁）常疾世多利交，以邪曲相黨，乃著《破群論》。時之覽者，以為「仲尼作《春秋》，亂臣知懼，今此論之作，俗士豈不愧心」。
> 〔註44〕

〔註41〕嚴可均《全後漢文》卷八十九，北京：商務印書館1999年版第900頁。

〔註42〕嚴可均《全後漢文》卷八十九，北京：商務印書館1999年版第900頁。

〔註43〕黃暉校釋《論衡校釋・自紀篇》（附劉盼遂集解）卷三十，北京：中華書局1990年版第1190頁。

〔註44〕范曄《後漢書・劉梁傳》卷八十下，北京：中華書局1965年版第2635頁。

雖然「其文不存」，但能感覺到劉梁已經深刻地指出了當時士風好交遊的根本原因——無他，只是利益罷了。所以他又著《辯和同論》希望以「義」和「道」來對糾正世間存在的問題，當然也包括這種功利性交遊。

同爲桓帝朝的朱穆《絕交論》「亦矯時之作」：

> 或曰：「子絕存問，不見客，亦不答也。何故？」曰：「古者進退趨業，無私遊之交，相見以公朝，享公以禮紀，否則朋徒受習而已。」曰：「人將疾子，如何？」曰：「寧受疾。」曰：「受疾可乎？」曰：「世之務交遊也久矣，不敢於業，不忌於君，犯禮以追之，背公以從之。其愈者則孺子之愛也，其甚者則求蔽過竊譽，以贍其私。利進義退，公輕私重，居勞於聽也。或於道而求其私，贍矣。是故遂往不反，而莫敢止焉是川瀆並決而莫敢之塞，遊家而莫之禁也。《詩》云：「『威儀棣棣，不可選也。』後生將復何述？而吾不才，焉能規此？實悼無行，子道多闕，臣事多尤，思覆白圭，重考古言，以補往過。時無孔堂，思兼則滯，匪有也，則亦焉興？是以敢受疾也，不亦可乎？」〔註45〕

朱穆的《絕交論》同樣看到了天下士人交遊多出於「利」而非「義」的情形，而這種情形由來已久，且近乎天下士人近乎皆以此爲務，於是，朱穆斷然擺出了「絕交」的態度。同樣的言說還有徐幹《中論》中的《遣交》篇，因文字頗多且內容同爲揭露之論故不復摘引。

其實，對於這一問題，王符從人才舉薦的弊端上揭露得更爲深刻：

> 舉世多黨而用私，競比質而行趨華。貢士者，非復依其質幹，准其材行也，直虛造空美，掃地洞說。〔註46〕

王符的言說雖然指出的是當世人才舉薦制度上骯髒的一面，但也從一個側面說出了天下士人皆奔走交遊的眞實目的就是求取仕進之機，後世競相交遊、浮華交會縱然變得體面得多，但其核心都是與東漢人才舉薦制度緊密相連的。

以上引述王充、王符、劉梁、朱穆、徐幹的言說和觀點，都說明了這些有識之士對這種浮華之風的厭惡和否定。不過，以上諸人的言說前後相繼，

〔註45〕嚴可均《全後漢文》卷二十八，北京：商務印書館1999年版第289頁。
〔註46〕（漢）王符，（清）汪繼培箋，彭鐸校正《潛夫論箋校正・實貢》卷三，北京：中華書局1985年版第152頁。

但是在本質上並沒有太多的創見，多止步於揭露交遊爲「利」，而沒有深入的分析。

至此，再反觀仲長統的言說：

> 天下士有三俗：選士而論族姓閥閱，一俗；交遊趨富貴之門，二俗；畏服不接於貴尊，三俗；天下之士有三可賤：慕名而不知實，一可賤；不敢正是非於富貴，二可賤；向盛背衰，三可賤。〔註47〕

可以發現，仲長統對士人交遊之「俗」與「可賤」做了較爲具體地逐條分析，這是仲長統行文的一大特點。或許，會以荀悅《申鑒》爲例反駁。因爲，荀悅《申鑒》的文章中分條論述堪爲其慣用行文之法。質而論之，兩者雖然在表象上相似，但是思想上卻有本質區別。荀悅是坐而論道式的陳述儒家說教，條理羅列一尊古制、聖教，不過是對經典教條的再次搬弄而已。而仲長統的分條論述，則是基於對交遊行爲中出於不同位置士人不同心態的準確把握，這是仲長統在漢末「小諸子」中有別於他人的一個重要特點。

東漢末年諸如王符、崔寔、荀悅、徐幹等人在論述問題時多秉承「就事論事」的路數，在論述過程中多重論理而不重析人。而仲長統的一大特點在於，於論理之中而能析人！《後漢書》《三國志》載仲長統早年游學過并州刺史高幹一事。仲長統因看出高幹的弱點而對高幹直言相勸——「君有雄志而無雄才，好士而不能擇人，所以爲君深戒也。」〔註48〕而後高幹果如仲長統所料反叛兵敗、死於非命。可見仲長統頗有「知人之明」，並且仲長統的這種知人之明並不限於當世之人，仲長統亦將這種對人心態的敏銳洞察用來揣摩古人內心的情感變化上：

> 彼後嗣之愚主，見天下莫敢與之違，自謂若天地之不可亡也，乃奔其私嗜，騁其邪欲，君臣宣淫，上下同惡。目極角觝之觀，耳窮鄭、衛之聲。入則耽於婦人，出則馳於田獵。荒廢庶政，棄亡人物，澶漫彌流，無所底極。信任親愛者，盡佞諂容說之人也；寵貴隆豐者，盡后妃姬妾之家也。使餓狼守庖廚，饑虎牧牢豚，遂至熬天下之脂膏，斮生人之骨髓。怨毒無聊，禍亂並起，中國擾攘，四夷侵叛，土崩瓦解，一朝而去。昔之爲我哺乳之子孫者，今盡是我飲血之寇讎也。至於運徙勢去，猶不覺悟者，豈非富貴生不仁，沉

〔註47〕嚴可均《全後漢文》卷八十九，北京：商務印書館1999年版第900頁。
〔註48〕范曄《後漢書・仲長統傳》卷四十九，北京：中華書局1965年版第1644頁。

　　溺致愚疾邪？存亡以之迭代，政亂從此周復，天道常然之大數也。
〔註49〕

這段文字既可以看成是王朝中衰的過程，也可以看成是繼體之君日益驕縱心態膨脹的過程。對昏亂之君的心態把握可謂臻於極致。同樣，仲長統亦將這種善於把握心態的敏感，用到分析士風上。指出了底層士人有出於功利目的而攀附權貴的心態，又指出了底層士人因為自身與名士家世背景的巨大落差，內心感到自卑而不敢與權貴交接的心態，再以這兩種心態為基礎，提出了「三可賤」。其一為：「慕名而不知實」，這句批評頗多內涵，或為對士人不知人的批評，或為士人因受過分功利心態的趨使而只在意名士之名，而不關心名士是否「盛名之下其實難副」，也許仲長統側重的應該是第二種吧，因為這種心態的功利心更強；其二為「不敢正是非於富貴」，這種士人的內心更為不堪，為得到仕進之機竟對權貴曲意逢迎，以權貴之是非為是非，全然喪失了獨立的人格和尊嚴；其三為，「向盛背衰」，這一批判更加深刻地揭露了士人交遊中功利目的的明確和強烈，甚至毫無恩義可言，盛者眾人爭而附之，衰者眾人競相棄之，反覆之快士人之節操已蕩然無存。綜上，可以看出仲長統簡短文字中清晰的層次和條理。先由分析不同人的心態入手，再進而沿著人的心態去分析其行為，這樣分析得來的「不堪」似乎要更加透徹和深刻。

　　這種先分析士人的內心，再分析其行為的言說模式，在某種程度上有戰國諸子散文的影子。仲長統的批評看似篇幅簡短、文辭洗練，但就批駁的方式和深度而言，可謂字字如刀槍、句句如斧鉞，對當世流俗之人可謂作「誅心之論」。這些都證明了史傳中仲長統「性俶儻，敢直言，不拘小節」的評述亦頗為精當。仲長統從一開始就以獨樹一幟、不甘流俗的形象出現，對世道人心有著深刻的洞察和犀利的揭示，至少在入仕許都之前，一直是以孤傲冷峻不向世俗低頭的「狂生」形象呈現在世人面前。這種「狂」並不是指他的行為，因為史傳中並沒有載錄仲長統有何乖張之行，因此這種「狂」也許是指其性格的耿介和思想的冷峻。

〔註49〕嚴可均《全後漢文》卷八十八，北京：商務印書館1999年版第890頁。

第三章　仲長統著述分類

第一節　明清時期仲長統著述的輯錄情況

在討論仲長統著述問題之前，首先要明確一個問題：《昌言》不等於仲長統著述，也就是說《昌言》不過是仲長統著述的一部分而已。在分析仲長統著述時，還應從篇幅較爲可觀的《昌言》入手，先廓清《昌言》的涵蓋範圍，而後再進一步對其他散佚文字做具體地定位和評判。

當下對《昌言》流傳、散佚和輯錄過程梳理的專項研究略顯不足〔註1〕，《兩漢全書》所錄《昌言》〔註2〕以及中華書局《新編諸子集成》本《政論校注　昌言校注》〔註3〕基本上仍是承襲清嚴可均《全後漢文》卷八十八列於輯錄《昌言》之前的按語，現將嚴可均按語轉引如下：

> 謹按：《隋志》雜家，「《仲長子昌言》十卷，錄一卷。漢尚書郎仲長統撰。」《舊唐志》作十卷，「新唐志」移入儒家，亦十卷。《崇文總目》稱，「今所存十五篇，分爲二卷，餘皆亡。」《郡齋讀書志》、《直齋書錄解題》不著錄。明陳第《世善堂書目》有二卷。其刻本

〔註1〕關於仲長統著述的專項研究除嚴可均《全後漢文》卷八十八之按語外，現有蘇曉威之碩士論文《仲長統〈昌言〉研究》，廣西師範大學 2005 年。對仲長統《昌言》的流傳問題做了專項梳理，不過仍過多用力於明清時期的輯錄情況，對唐後明前這一時期的輯錄狀況未做交代。

〔註2〕董治安主編《兩漢全書》，濟南：山東大學出版社 2009 年版第 31 冊第 18097 頁。

〔註3〕崔寔撰，仲長統撰，孫啓治校注《政論校注、昌言校注》，北京：中華書局 2012 年版第 252 頁。

僅見明胡維新《兩京遺編》，有《理亂》、《損益》、《法誡》三篇；歸
有光《諸子匯函》有《理亂》《損益》二篇，皆出本傳，無所增多，
則北宋十五篇本又復佚失。今從《群書治要》寫出九篇益以本傳三
篇，以《意林》次第之，刺取各書引見，補正脫訛，定著二卷。其
遺文墜句，於原次無考，依各書先後附於末。本傳「統，山陽高平
人，著論三十四篇十餘萬言」，今此搜輯，才萬餘言，亡者蓋十八九。
而《治要》所載，又頗刪節，斷續佝離，殆所不免。然其闡陳善道，
指柯時弊，劖切之忱，踔屬震盪之氣，有不容摩滅者。繆熙伯方之
董、賈、劉、揚，非過譽也。

據嚴可均按語可知：其一，宏觀上來看歷代對仲長統《昌言》的認知，是一
個從唐宋以來的「子部」之學過度到明清以來的「集部」之學的過程。即人
們關注的重點逐漸從《昌言》政論散文的思想性轉移到了批判的文學性。其
二，仲長統《昌言》在篇目上存在兩次大規模的散佚。從東漢末年成書至唐
初編纂《隋志》時似並未散佚。然而，在從唐至宋的過程中開始大量散佚，
至北宋時僅剩十五篇，此爲第一次散佚；其後北宋的十五篇本至明代僅剩《理
亂》《損益》《法誡》三篇與《群書治要》中摘抄出的九段文字以及《意林》
和《齊民要素》中保存的「遺文墜句」，此爲第二次散佚。嚴可均的按語較爲
具體地交代了《昌言》的散佚過程，而後又陳述了其輯錄《昌言》的過程。
嚴可均從自身的角度講述了《昌言》是如何輯錄而成的，但由於《全後漢文》
的體例和性質自然不能另交代前人對仲長統《昌言》的輯錄成果。所以，在
討論仲長統《昌言》的流傳情況時，是很有必要交代下前人，更確切地說也
就是嚴可均之前的學人對仲長統《昌言》的輯錄情況的。

在嚴可均編纂《全上古三代秦漢三國六朝文》之前，已有諸多學人著手
編纂先秦至六朝這一時段的文章選集。明張燮《七十二家集》〔註4〕、明張溥
《漢魏六朝百三名家集》〔註5〕、明張運泰《漢魏六十名家》〔註6〕（又名《漢
魏名文乘》）等皆爲明中葉之後編纂的選集。當然，除以上這些選集之外更有

〔註4〕 （明）張燮《七十二家集》二百四十六卷附錄七十二卷（續四庫本）影印國
　　　 家圖書館藏明末刻本，上海：上海古籍出版社。
〔註5〕 （明）張溥《漢魏六朝百三家集》景文淵閣四庫全書本，臺北：臺灣商務印
　　　 書館。
〔註6〕 （明）張運泰《漢魏六十名家》明末刻本，國家圖書館古籍部藏。另，北京
　　　 大學圖書館、揚州大學圖書館瘦西湖分館文史研究室皆有藏本，題名皆爲《漢
　　　 魏名文乘》。

如明梅鼎祚編纂的遠起上古近訖隋朝，堪稱鴻篇巨製的《歷代文紀》〔註7〕。不可否認，嚴可均《全上古三代秦漢三國六朝文》的編纂亦是在借鑒前人的基礎上完成的。然而翻檢《四庫全書》收錄的張溥《漢魏六朝百三名家集》、梅鼎祚《東漢文紀》，《續四庫全書》收錄的張燮《七十二家集》，以及單行的張運泰、余元熹《漢魏六十名家》後，發現以上諸家文集中只有《東漢文紀》和《漢魏六十名家》收錄了仲長統《昌言》，而像廣爲人知的《七十二家集》以及《漢魏六朝百三名家集》卻並沒有將仲長統《昌言》收錄其中。

　　明梅鼎祚《歷代文紀·東漢文紀》收錄了仲長統的《昌言》。梅鼎祚《東漢文紀》在收錄仲長統的著述時已經在簡單摘抄范曄《後漢書》中保存的《樂志論》《理亂篇》《損益篇》《法誡篇》《答侍中鄧義社神難》之外還載錄了《尹文子序》，另外還做了簡要的輯錄工作，從其他典籍中輯錄了三條《昌言》佚文。現將三條輯錄的佚文列於此處：

　　　　今爲宮室者，崇臺數十層，長階十百仞，延袤連浮雲，上樹九
　　文（「文」當爲「丈」）旗，珠文（「文」當爲「玉」）翡翠以爲飾，
　　連帷爲城，結帳爲宮，起臺榭則高數百丈，壁帶珠玉，土帶緹錦。

　　　　今人主不思甘露降醴泉湧而患枇杷荔枝之腐亦鄙矣。

　　　　道德仁義，天性也。織之以成其物，練之以致其情，瑩之以發
　　其光。

並且，值得注意的是，梅鼎祚在收錄仲長統《昌言》時，並不是簡單地將仲長統整篇作品和輯錄散句一併歸於《昌言》名下，而是僅將《理亂篇》《損益篇》《法誡篇》和輯錄的三條佚文歸於《昌言》之中，《樂志論》《答侍中鄧義社神難》和《尹文子序》皆各自獨立成篇。

　　張運泰、余元熹《漢魏六十名家》也將仲長統《昌言》收錄其中，但無論是在篇目數量上，還是在條目劃分上都與梅鼎祚《東漢文紀》存在較爲明顯的差異。張運泰、余元熹《漢魏六十名家》收錄篇目爲《理亂篇》《損益篇》《辨社主》《法誡篇》《樂志論》，皆爲《後漢書·仲長統傳》及《後漢書·祭祀志》中載錄之文，並未做任何輯錄工作。並且，以上諸篇皆列於《昌言》條目之下，諸篇前後編排與集首目錄層級設定皆可印證此論。因此，可以推知張運泰、余元熹在編纂《昌言》時，認爲以上作品皆爲仲

〔註7〕　（明）梅鼎祚《歷代文紀·東漢文紀》三十二卷，景文淵閣四庫全書本，臺
　　　　北：臺灣商務印書館。

長統《昌言》集中之文。不能不說，這一論斷是過於武斷的，關於這一問題會在後文中予以專項論述。另外，因為張運泰、余元熹《漢魏六十名家》對載錄文章多有評騭，所以對其中的《昌言》之文亦有點評。因此，在綜合比較梅鼎祚《東漢文紀》和張運泰、余元熹《漢魏六十名家》的基礎上不難看出，雖然張運泰、余元熹《漢魏六十名家》的編纂時間較晚，但僅就仲長統《昌言》收錄情況而言，從典籍傳承的角度來看當以梅鼎祚《東漢文紀》為優。梅鼎祚《東漢文紀》中對仲長統《昌言》的收錄不僅完成了一定的輯佚工作，並且還在收錄仲長統著述時刻意將《昌言》系統作品與非《昌言》系統作品在編目上做了明確地區分，也就是說梅鼎祚在輯錄仲長統著述的時候已經意識到了《昌言》作品是不能完全等同於仲長統著述這一重要問題。這一認識雖沒有得到後來張運泰、余元熹等人的重視，但在對後人整理研究仲長統著述起到了至關重要的作用。另外，梅鼎祚《東漢文紀》較張運泰、余元熹《漢魏六十名家》還有一處為優，即對仲長統《昌言》的存佚情況有較為清楚的認識。張運泰、余元熹《漢魏六十名家》所錄《昌言》前之題錄中有言「著《昌言》三十四篇，今存十五篇」顯然，這一論斷並沒有遵循《昌言》流傳至明時北宋十五篇本已經散佚的事實。梅鼎祚《東漢文紀》所錄《昌言》雖沒有題錄文字對《昌言》的存佚情況予以明確交代，但其列於《昌言》條下的輯錄文字就已經在客觀上說明了《昌言》除其所錄《理亂》《損益》《法誡》三篇外存在散佚情況。相較之下，至少梅鼎祚的輯錄方法要更為穩妥。

然而，梅鼎祚《東漢文紀》所錄仲長統著述能夠做到條理清晰亦並非首創，在梅鼎祚之前已有人對仲長統著述做了初步整理，雖然篇幅上不及後人豐富，但在條目列舉上卻為後人所借鑒，這便是明胡維新的《兩京遺編》〔註8〕。《兩京遺編》收錄仲長統著述從篇目到各篇層級關係上都處理得頗為妥當。《兩京遺編》在收錄仲長統著述時已經意識到了仲長統的著述分為《昌言》系統與非《昌言》系統兩個部分，所以對仲長統著述並未含混地以《昌言》之名統統囊括其中，而是名之以「仲長統論」，其意自然為仲長統之論述，在其名下將《樂志論》獨立成篇並未列入《昌言》之中，而《昌言》所包括的篇目仍為《理亂篇》《損益篇》《法誡篇》三篇。胡維新《兩京遺編》本《仲長統論》的最大貢獻在於收錄仲長統論述時就已經對仲長統著述中的《昌言》

〔註8〕（明）胡維新《兩京遺編·仲長統論》叢書集成初編本。

系統與非《昌言》系統做出了明確地區分。這一明確的認識不僅影響了其後的梅鼎祚，更爲後來的嚴可均所承襲。

綜上，從相對宏觀的時間先後順序進行爬梳會發現，明朝嘉、萬時期編訂刊刻的《兩京遺編》與《歷代文紀》在收錄仲長統著述時都能做到將仲長統著述與《昌言》明確區分，即對仲長統的著述系統劃分爲明確的《昌言》系統和非《昌言》系統兩個部分。這種對仲長統著述的清晰認識，並沒有爲明末清初張運泰、余元熹所重視，於是刊刻於明末的《漢魏六十名家》在對待仲長統著述問題上便顯得過於「粗糙」，將所有仲長統著述一併列入《昌言》名目之下。明末書商這種欠妥的做法，終於在清初嚴可均編纂《全後漢文》時得到了糾正。嚴可均在編纂各家作品時，以人物提繫其作品〔註9〕，巧妙地迴避掉了作品集名稱涵蓋範圍有限的弊端。嚴可均在輯錄仲長統著述時將其分爲三部分，列於《全後漢文》卷八十七的部分爲《答鄧義社難》和《尹文子序》；列於《全後漢文》卷八十八的部分爲《昌言上》，包括從《群書治要》中摘抄出的一段文字〔註10〕和從范曄《後漢書・仲長統傳》中抄錄出《理亂篇》《損益篇》《法誡篇》；列於《全後漢文》卷八十九的部分爲《昌言下》，包括從《後漢書・仲長統傳》抄錄《樂志論》1篇、《意林》14條、《群書治要》8條、《抱朴子》2條、《太平御覽》6條、《博物志》2條、《齊民要素》4條、《北堂書鈔》1條、《文選》28條、《長短經》1條、《藝文類聚》1條〔註11〕。可以看出，嚴可均對仲長統著述的輯錄工作較之梅鼎祚有了長足的進展，基本上對散見於各類典籍中的仲長統著述完成了比較全面地輯錄。《兩漢全書》本《昌言》和中華書局《新編諸子集成》本《昌言校注》皆直接承襲了嚴可均的輯錄成果。

此外，值得一提的是，現在幾乎所有研究仲長統著述的相關成果，在仲長統著述的流傳問題大體上都沒有超出嚴可均按語的框架。尤其在仲長統著述輯錄與再次成書的問題上，都近乎一致地以明代中期胡維新的《兩京遺編》作爲梳理的起點。而胡維新輯錄之前的情況，也就是說唐之後、明之前這段時間的情況由於史料的匱乏皆無所收穫。單純地依靠《中國叢

〔註9〕此種方法梅鼎祚在編纂《歷代文紀》時已在運用了。

〔註10〕似爲《德教篇》。

〔註11〕兩種或兩種以上文獻皆載錄同一條文字時，爲便於統計，歸入載錄佚文多者名下。以上統計數字皆依據嚴可均《全後漢文》卷八十七～八十九，北京：商務印書館1999年版第885～906頁。

書綜錄》〔註12〕和嚴靈峰《周秦漢魏諸子知見書目》〔註13〕的輻射範圍似乎
是遠遠不夠的。筆者通過翻檢大量類書文獻，發現將仲長統著述輯入集部之
舉並非肇自明代中期，而是始於南宋中期，南宋中期的陳鑑便已將仲長統之
文輯入其所編的《東漢文鑑》中了，且據清人倪燦《宋史藝文志補》：「陳鑑
《西漢文鑑》二十一卷，《東漢文鑑》十九卷。」〔註14〕另據清人陸心源《皕
宋樓藏書志》卷一百四十集部亦有：「《西漢文鑑》二十一卷，《東漢文鑑》
二十卷。宋石壁野人陳鑑編。」〔註15〕保守地講，《東漢文鑑》至清代亦基
本上得以保存，並不存在較大程度的散佚。當然，阮元在其《揅經室集・外
集》中亦指出：「明人《百川書志》《千頃堂書目》《絳雲樓書目》並載有宋
陳鑑《西漢文鑑》《東漢文鑑》，而《東漢文鑑》誤作十九卷。」〔註16〕也就
是說，二十卷與十九卷之別實繫傳抄之誤而非散佚。且考諸史料，可知陳
鑑《東漢文鑑》歷代傳承脈絡清晰，似無散佚之可能。《皕宋樓藏書志》卷
一百四十集部、《愛日精廬藏書志》卷三十五集部皆全文載錄了陳鑑《東漢
文鑑》之序〔註17〕，且該序文末有「端平甲午石壁野人建安陳鑑拜手稽首
謹書。」〔註18〕之語，可知陳鑑之《東漢文鑑》最早刊刻當不晚於南宋理
宗端平元年（1234年）。據明人邵寶《容春堂集・前集》中《重刊兩漢文鑑
序》可知至明代前期重刊時是在宋本的基礎上再做精校的〔註19〕，然重刻
時間並未交代。另據清人瞿鏞《鐵琴銅劍樓藏書目錄》可知陳鑑《東漢文
鑑》前有「宋刻巾箱本」而爲瞿鏞所見者正是明中葉重刻邵寶爲之序者，
且大體上指出刊刻時間爲明中期略前的弘治年間〔註20〕。此外，瞿鏞還指
出《東漢文鑑》除「宋刻巾箱本」、「弘治間翻刻本」（以下簡稱「弘治本」）
外尚有「至正間刻本」（以下簡稱「至正本」），「至正本」與「弘治本」基
本上都是秉承「宋刻巾箱本」的體例的，行款略有不同，「至正本」半頁二

〔註12〕 上海圖書館編《中國叢書綜錄》，上海：上海古籍出版社1982年版。
〔註13〕 嚴靈峰《周秦漢魏諸子知見書目》，臺北：正中書局1978年版。
〔註14〕 （清）倪燦《宋史藝文志補》，清光緒廣雅書局叢書本。
〔註15〕 （清）陸心源《皕宋樓藏書志》卷一百四十，清光緒萬卷樓藏本。
〔註16〕 （清）阮元《揅經室集・外集》卷五，四部叢刊景清道光本。
〔註17〕 （清）張金吾《愛日精廬藏書志》卷三十五，清光緒十三年吳縣靈芬閣集字
　　　　版校印本。
〔註18〕 （清）陸心源《皕宋樓藏書志》卷一百四十，清光緒萬卷樓藏本。
〔註19〕 見（明）邵寶《容春堂集・前集》卷十四，文淵閣四庫全書本。
〔註20〕 見（清）瞿鏞《鐵琴銅劍樓藏書目錄》卷二十三集部五，清光緒常熟瞿氏家
　　　　塾刻本。

十一行，每行二十一字〔註21〕。現存宛委別藏本《東漢文鑑》半頁九行，每行十八字〔註22〕，顯然不屬於「至正本」一系。

　　陳鑑《東漢文鑑》以朝代直接提繫作品而非作家，仲長統著述皆列於卷十九「獻帝朝」條目之下，分為「昌言論」、「樂志論」和「述志論」三部分，其中「昌言論」部分包括《理亂》《損益》《法誡》三篇。由此可以看出，早在南宋時期陳鑑在編纂《東漢文鑑》時，雖然只是從史傳中摘抄原文尚未開始輯錄散佚文句的工作〔註23〕，但是在對仲長統著述分類的問題上已經有頗為明確的認識了。在陳鑑看來，《理亂》《損益》《法誡》三篇屬於《昌言》系統，而《樂志論》和《述志詩》則各自成篇獨立於《昌言》之外，屬於非《昌言》系統。

第二節　仲長統非《昌言》系統著述考論

一、《山陽先賢傳》並非仲長統所作

　　此外，關於仲長統著述仍有很重要的一點有待辨明，即《山陽先賢傳》究竟是否為仲長統所作？產生此一問題的根源在於《舊唐書》和《新唐書》提供了兩則全新的關於仲長統著述之信息。《舊唐書·經籍志上》有明確記載：「《兗州山陽先賢贊》一卷，仲長統撰」〔註24〕。《新唐書·藝文志二》亦有同樣記載：「仲長統《山陽先賢傳》一卷」〔註25〕。按，仲長統卒於「獻帝遜位之歲」——延康元年（220），若仲長統確著有《山陽先賢傳》而其離世之後至《舊唐書》《新唐書》編修之前的諸多正史《三國志》《晉書》《宋書》《南齊書》《梁書》《陳書》《魏書》《北齊書》《周書》《隋書》《南史》《北史》皆

〔註21〕見（清）瞿鏞《鐵琴銅劍樓藏書目錄》卷二十三集部五，清光緒常熟瞿氏家塾刻本。

〔註22〕見（清）阮元輯《東漢文鑑》宛委別藏本，南京：江蘇古籍出版社1988年版影印。

〔註23〕關於這一點，《皕宋樓藏書志》和《愛日精廬藏書志》載錄的陳鑑之序皆有明確交代，陳氏指出其編纂之文即摘抄史傳之文，見（清）陸心源《皕宋樓藏書志》卷一百四十，清光緒萬卷樓藏本；以及（清）張金吾《愛日精廬藏書志》卷三十五，清光緒十三年吳縣靈芬閣集字版校印本。

〔註24〕《舊唐書·經籍志上》卷四十六，北京：中華書局1975年版第2001頁。

〔註25〕《新唐書·藝文志二》卷五十八，北京：中華書局1975年版第1479頁。按，此處載錄書名雖與《舊唐書·經籍志上》所錄書名少「兗州」二字，但依常理推斷當為一書不誤。

無載錄，此種情況實爲可疑。然而，鑒於《後漢書》《三國志》提供的史料可知仲長統籍貫爲「山陽高平」，斯此再反觀《舊唐書》《新唐書》之記載加以常理推知，又頗有言之鑿鑿之感。鄭樵《通志》亦從此說「《山陽先賢傳》一卷，仲長統撰」〔註26〕然而，作家個人著述考定又不能僅以常理推之，且《元和姓纂》中已經明確載錄，《山陽先賢傳》的作者是長仲谷而非仲長統。所以，對此問題已有前人給出了自己的推理和判斷。首先，對此問題提出疑問的是清人章宗源，章宗源在其所著的《隋經籍志考證·雜傳》中指出：

> 《舊唐志》有仲長統《兗州山陽先賢贊》一卷，《新唐志》作《山
> 陽先賢傳》無「兗州」二字，據《元和姓纂》稱晉太宰參軍長仲谷
> 著《山陽先賢傳》。〔註27〕

兩種文獻出現了明確的差異，於是，章宗源似直接依據兩種文獻成書的先後直接認爲「《唐志》仲長統撰誤」〔註28〕。章氏發現產生問題的文獻差異，這是十分難得的，但僅僅以此就斷定《唐志》爲誤則未免有失之武斷之嫌。其後，清人姚振宗便對章宗源的觀點有所匡正，姚振宗分別在其所著的《後漢藝文志》和《隋書經籍志考證》中對這一問題給出了自己的分析：

> 《唐書·經籍志》：「《兗州山陽先賢贊》一卷，仲長統撰。」《藝
> 文志》：「仲長統《山陽先賢傳》一卷。」章宗源《隋志考證》曰：「據
> 《元和姓纂》稱晉太宰參軍長仲谷著《山陽先賢傳》則《唐志》作
> 仲長統誤。」〔註29〕

姚振宗認爲：「郡國傳記之書，大抵多後人以次注續不止一家，《兩唐志》既明載其書未有確證不當直斷其誤。」〔註30〕此外，姚振宗更在《隋書經籍志考證·史部·雜傳類》指出作爲章氏立論依據的《元和姓纂》存在問題：「按，

〔註26〕 鄭樵《通志·藝文略第三》卷六十五，北京：中華書局1987年版第778頁。
另，承襲《山陽先賢傳》爲仲長統所作者有（明）焦竑《國史經籍志》（明萬曆三十年刻本，見卷三「史類·傳記條」）；（清）侯康《補後漢書藝文志》（清光緒十七年廣雅書局刻本，見卷三「雜傳類」）；（清）沈炳震《唐書合鈔》（清嘉慶十八年海寧查世倓刻本，見卷七十三「雜傳」）

〔註27〕 （清）章宗源《隋書經籍志考證·雜傳》卷十三，清光緒元年湖北崇文書局刻三十三種叢書本。

〔註28〕 （清）章宗源《隋書經籍志考證·雜傳》卷十三，清光緒元年湖北崇文書局刻三十三種叢書本。（清）佚名《唐書藝文志注》卷二，清藕香簃鈔本，亦同於章氏推斷，但卻誤將《山陽先賢傳》與《兗州山陽先賢贊》辨爲兩書。

〔註29〕 （清）姚振宗《後漢藝文志·郡國傳記》卷二，民國刻適園叢書本。

〔註30〕 （清）姚振宗《後漢藝文志·郡國傳記》卷二，民國刻適園叢書本。

此稱長仲谷，據《姓纂》孫輯本之寫誤。」﹝註31﹞進而否定了章宗源之觀點，認爲《山陽先賢傳》與《兗州山陽先賢贊》實爲一書，雖未下明確斷語，但客觀上間接地認爲《山陽先賢傳》確係仲長統所作。

前人雖然都給出了自己的推理和論斷，但是從某種意義上來看尚屬於主觀思想較強的一種推理，而非基於客觀文獻史料的考證。就當下能夠見到的以仲長統爲研究對象的材料來看，並沒有哪位學者對這一問題做出詳細考證。臺灣學者韓復智在其文章《仲長統研究》中直接基於《舊唐書》和《新唐書》提供的史料，將《山陽先賢傳》歸入仲長統的著述系統之內﹝註32﹞，而並沒有予以專章辨明。對於《山陽先賢傳》究竟是否爲仲長統所著，還需進行詳細梳理與考證。

《山陽先賢傳》的作者，各種典籍已有不同的記錄。主要分歧源於《舊唐書》和《新唐書》皆載錄爲仲長統著，而《元和姓纂》載錄爲長仲谷著。從成書時間上來看，《元和姓纂》成書於唐代，《舊唐書》成書於五代，《新唐書》成書於北宋，因此，單純從成書時間先後上來看，成書於唐代的《元和姓纂》似更有可能接觸到全面且眞實的史料。但《舊唐書》《新唐書》又皆爲官修史書，以一己之力與官家編修相較，則《元和姓纂》又不免相形見絀了。所以，成書時間的先後是無法確定《山陽先賢傳》之作者的。

其次，《山陽先賢傳》的寫作時間亦有頗多疑點。結合上文分析的結果，仲長統卒於漢獻帝遜位之年——延康元年（220），而其後歷代諸多正史中皆不見關於《山陽先賢傳》的著錄，直至《舊唐書》《新唐書》編纂之時方才突然出現在史籍中，此爲疑點之一。此外，《（光緒）順天府志·人物志》「先賢」條開篇便對「先賢傳」的來歷做出簡要交代：

> 魏明帝時撰《海內先賢傳》，見於《舊唐志》。晉長仲谷撰《山陽先賢傳》見《元和姓纂》嗣是厥後著述甚多，大抵追述里閈，景仰名德遺言軼事甄採靡遺，所以傳前哲之風規示後人以法式……
> ﹝註33﹞

﹝註31﹞（清）姚振宗《隋書經籍志考證·史部·雜傳類》卷二十，民國鉛印師石山房叢書本。

﹝註32﹞韓復智《仲長統研究》，《臺灣大學歷史學系學報》第 8 期，1981 年 12 月第56～57 頁。

﹝註33﹞（清）張之洞《（光緒）順天府志·人物志》卷九十一「先賢」條，清光緒十二年刻十五年重印本。

這條史料提供了兩點重要信息，其一：《山陽先賢傳》為晉長仲谷所著；其二：《山陽先賢傳》的編著並非個人純然獨立的行為，而是屬於魏明帝時期編纂《海內先賢傳》風潮中之一種，且屬於編纂較早引領風潮者。如果我們將以上兩條信息，尤其是第二條信息結合《舊唐書》和《新唐書》提供的相關著錄信息便會發現，各地「先賢傳」類著述亦大量存在，但通過對大量著錄「先賢傳」編纂者生活年代分析，從較為嚴格意義上講最早出現的該類著作當為魏明帝之《海內先賢傳》〔註34〕。其他各類以地域為名的「先賢傳」大體上的編纂時間基本上都不早於這個時代。另外，驗之正史《三國志》不難發現，儘管《三國志》中沒有明確的記載這些以地域為名的「先賢傳」究竟作於何時？但可以從《三國志》的文字中尋得些許端倪，《三國志》中出現各種以地域為名的「先賢傳」共有 20 處，然而這 20 處出現的《三國志》注文之中而非《三國志》正文中。據史料可知，陳壽撰寫《三國志》在三分歸晉之時，而裴松之為《三國志》作注則在南朝劉宋之時，因此，可以推知該類「先賢傳」應當在陳壽撰寫《三國志》之時尚不多見，至南朝之時方大量湧現。另外，僅就《三國志》注文中所出現的「先賢傳」為例，不過《楚國先賢傳》《零陵先賢傳》《汝南先賢傳》三種，作者分別為晉張方、晉司馬彪、晉周斐，可以推知此類著述不過是地方名人傳記彙編，是在迎合兩晉之時風靡於世的「名士風度」而作、為彰顯個人風度而寫的，也就是說這種「先賢傳」類的作品是兩晉時代的產物。因此，活躍於建安年間、卒於「獻帝遜位之歲」的仲長統，能夠超越時代局限頗有先見之明地編纂《山陽先賢傳》，這種可能性似乎不大。

綜上，可以推定《山陽先賢傳》並非仲長統所作，縱然《元和姓纂》所載《山陽先賢傳》作者為「長仲谷」，且「長仲谷」在史傳中尚無蹤跡未詳其人，但亦不能因此而將《山陽先賢傳》強納入仲長統名下。所以，仲長統的著述中並不包括《山陽先賢傳》，《舊唐書‧經籍志上》與《新唐書‧藝文志二》關於此條的著錄皆誤。

二、《樂志論》不屬於《昌言》系統

至此，可以對仲長統的著述進行全面地考察，《山陽先賢傳》已不屬於仲長統之著述系統，仲長統的著述仍為前文分析的分為兩大系統，即《昌言》

〔註34〕《舊唐書‧經籍志上》卷四十六，北京：中華書局 1975 年版第 2000 頁。

系統與非《昌言》系統。那麼，仲長統的《樂志論》究竟是屬於哪一系統呢？前人的態度並不一致，明胡維新《兩京遺編》本《仲長統論》將《樂志論》獨立於《昌言》系統之外；明梅鼎祚《歷代文紀》輯錄仲長統著述時亦將《樂志論》獨立於《昌言》系統之外；明末張運泰、余元熹《漢魏六十名家》輯錄仲長統作品是直接將《樂志論》併入《昌言》系統之中；清嚴可均《全上古三代秦漢三國六朝文・全後漢文》同樣將《樂志論》併入《昌言》系統之中。今人研究仲長統著述，基本上都以嚴可均輯本文爲主。所以，今人一般都將《樂志論》默認爲《昌言》固有之篇目，而不曾予以質疑，尤其是嚴可均《全後漢文》在將《樂志論》併入《昌言》還加有按語，故鮮有人再對此存疑了。行文至此，爲辨明《樂志論》的歸屬問題，現將嚴可均按語摘引於此：

> 《本傳》「統常以爲凡遊帝王者，欲以立身揚名耳，而名不常存，人生易滅，優游偃仰，可以自娛，欲卜居清曠，以樂其志，論之曰」云云。據《文選・閑居賦》注引《昌言》曰：「溝池自周，竹木自環。」今此有「溝池環匝，竹木周布」二語，知即三十四篇之一，疑在《自敘篇》，或當以「卜居」名篇。胡維新《兩京遺編》題爲《樂志論》，而出之《昌言》外，非也。〔註35〕

嚴可均以《文選・閑居賦》注文爲據將「溝池自周，竹木自環。」文獻來源定作《昌言》，便以此逆推包含此句的《樂志論》亦屬《昌言》範疇之內。嚴可均之論從此句入手，可謂引經據典頗爲縝密，使後人堅信《樂志論》確係《昌言》之篇目。然而，嚴氏之論似仍存有兩個疑點。首先，嚴可均在參考文獻時有「舍近求遠」之嫌。關於仲長統個人生卒行年及其著述等信息皆保存在編纂於西晉初年的陳壽《三國志》正文以及南朝劉宋時期的《三國志》裴松之注文中，和編纂於南朝劉宋時期的范曄《後漢書》正文和唐朝初年的《後漢書》李賢注文中。從史料編纂的先後關係上來看，拋開《三國志》和《後漢書》不論而僅以唐朝初年稍早於李賢的李善注文便逕直斷定《樂志論》的歸屬問題，則未免失之武斷了。因爲，驗之《三國志・魏書・劉劭傳》與《後漢書・仲長統傳》，兩則史料對《樂志論》篇目歸屬問題皆隻字未提，而李善將《樂志論》文中之句逕直歸爲《昌言》之文，不知出此論斷有何憑據。

〔註35〕嚴可均《全後漢文》卷八十九，北京：商務印書館1999年版第904頁。

其次，關於仲長統《昌言》收錄作品的性質《三國志》與《後漢書》皆有明確交代，《三國志·魏書·劉劭傳》注有云：「統每論說古今世俗行事，發憤歎息，輒以爲論，名曰《昌言》，凡二十四篇。」〔註36〕同樣，《後漢書·仲長統傳》亦有相似載錄：「每論說古今及時俗行事，恒發憤歎息。因著論名曰《昌言》，凡三十四篇，十餘萬言。」〔註37〕結合這兩條相似的材料不難看出，仲長統的《昌言》不僅僅是簡單意義上的個人著述作品合集，而是仲長統因仕途不暢而內心壓抑，又目睹弊政叢生的現實，將個人不平之鳴的苦悶與抨擊社會頑疾的激憤在一代狂生滾燙熱忱中，鎔鑄研磨成的一組音調清唳乃至尖銳的編鍾石磬。從《理亂篇》到《損益篇》再到《法誡篇》，透射出來的對時代的絕望和抨擊顯而易見，包括從《群書治要》中輯錄出的九段文字亦是秉承著這一大的情感基調的。然而，反觀《樂志論》則不難發現那種忘卻世俗醉心山水的恬淡釋然之情與現存《昌言》其他篇目的情感基調是完全相背離的。即便按嚴氏所述將《樂志論》理解爲《昌言》的《自敘篇》，那麼，作爲一部飽含憤慨和絕望之情的政論散文集，這篇清新自然的《自敘》似乎又顯得那麼格格不入。

最後，根據後章中對仲長統政論散文言說模式的分析，仲長統政論散文慣用的言說模式是「以事證理——以理驗世」〔註38〕，也就是說，依據現在散佚的殘篇墜句只能斷定仲長統對此事件的觀點，若想依據這些殘缺的信息「逆推」仲長統篇章的言說重點則幾乎是不大現實的。因此，退一步講，即便「溝池自周，竹木自環。」一句確係出自《昌言》，也不能就以此推定該句所在篇章就一定是《樂志論》，況且在文字上與《樂志論》原文尚有些微差異。因此，綜合以上分析可知嚴可均將《樂志論》併入《昌言》之中似爲不妥，胡維新《兩京遺編》和梅鼎祚《歷代文紀》所採用的將《樂志論》獨立於《昌言》系統之外的做法是比較審慎且值得肯定的，另早在南宋年間的陳鑑亦是這樣劃分的。

至此，可以對仲長統著述的問題做出總結。其一，《山陽先賢傳》並非由仲長統所撰；其二，仲長統的著述分爲《昌言》系統和非《昌言》系統兩部分，且《樂志論》當屬於非《昌言》系統；其三，後人對仲長統著述的評價，

〔註36〕陳壽《三國志·魏書·劉劭傳》卷二十一，北京：中華書局1982年版第620頁。
〔註37〕范曄《後漢書·仲長統傳》卷四十九，北京：中華書局1965年版第1646頁。
〔註38〕關於該論斷，下文第五章中「言說模式」一節有專題論述。

經歷了一個由唐宋時期「子部之學」到明清時期「集部之學」的轉變過程，在這一過程中仲長統著述（尤其是政論散文）抨擊社會弊病的思想性漸漸弱化，而縱橫恣肆飽含絕望憤慨之情的文學性日趨增強。

其實，以上總結的第三點亦是個人創作樣式逐漸豐富、社會對作家認識日趨全面的產物。結合《三國志》和《後漢書》等現存史料不難看出，仲長統的著述，僅就性質本身而言，就已經屬於「別集」而非「子書」了。從某種意義上講，針砭時弊情感激憤的《昌言》自然應當屬「子部」無疑。然而，仲長統在《昌言》之外亦有《樂志論》《答鄧義社主難》《尹文子序》〔註39〕和《見志詩》二首，或仍有其它詩文但最終不幸散佚沒能得以保存。但這些著述首先在仲長統的時代，僅在規模篇製上就無法與「三十四篇，十餘萬言」的《昌言》相提並論了。其次，仲長統離世後《三國志・魏書・劉劭傳》注文中有明確記載：「襲撰統《昌言》表」也就是說，仲長統離世後，其好友繆襲首先向魏文帝推舉的是仲長統政論味道頗濃的《昌言》而非其他作品。因此，在後來的文獻傳承中仲長統的這部地地道道「子部之學」的《昌言》便逐漸成爲了仲長統所有著述的代名詞。因此，才會有後來李善爲《文選・閑居賦》作注時徑直將仲長統之言辭徑直歸入《昌言》範圍之內。也許在李善使用材料之時，直接將仲長統「以樂其志」之文不假思索地視爲《昌言》之屬了。客觀地講，發生這種情況的可能性是極大的。另外，需要的注意的是，別集的興盛肇自東漢末年，這一興盛的背後是文人開始偏重展現個人才情，因此，個人作品的種類日趨多樣化，詩、賦、文、箴、碑等皆有涉獵甚至對書法和繪畫亦有心得，所以面對文人才情蓬勃發展的時代，傳統的以單一政論散文連綴成集的「子書」形式無論從文體上、還是從情感基調上自然都無法將一個人的所有作品全部涵蓋進來。這一分析，又再次說明了一部以針砭時弊爲主線的政論散文合集，無論從何種角度來看，都無法「摻入」一篇寄情山水樂享田園之文的。所以，從這個角度出發便可以更好地解釋爲何後人對仲長統的著述存在一個由「子部」向「集部」的轉移。自仲長統離世至唐宋之時，歷代典籍都將仲長統著述中「純而又純」的「子部」文獻《昌言》作爲傳承對象，而對其他著述並未給予太多關注，因此，這一時段可以稱爲《昌言》流傳的時代。當然，由於《昌言》作品本身或包含有不爲主流意識

〔註39〕按，嚴可均輯錄《尹文子序》後有按語，經辯證後嚴氏認爲此序係「後人妄改」，當以嚴說爲是，見嚴可均《全後漢文》卷八十七，北京：商務印書館1999年版第887頁。

形態所接受的離經叛道思想，因而在流傳過程中常遭「刪削」，以致到明清時期十餘萬言所剩不過十之一二。這種長久「刪削」的結果使得《昌言》日漸支離破碎，無論從體繫上還是從篇製上都太過「單薄」，而與仲長統同時代乃至其後的諸多人士的作品又大多是以「別集」形式存在的，於是明朝嘉萬時期的學人便開始了爲仲長統整理別集的努力。胡維新《兩京遺編》本《仲長統論》雖冠之以「論」，實則已與別集無異。而後，繼踵者雖然在篇目的歸類上出現了分歧，但大體上都是在豐富仲長統別集的方向上做著整理、輯佚的努力，直至嚴可均《全後漢文》的出現，方才爲這一過程劃上了較爲圓滿的句號。此過程中，作爲傳統「子部」文獻的《昌言》被迫與其他「集部」之作整合在一起，加之《昌言》中的文章除針砭時弊外其飽滿的情感、絕望的心態、犀利的筆觸又與其同時代的「子部」文章有著迥異的氣格，所以，仲長統的著述便逐漸地成爲了漢末別集中的一抹亮色了。

第四章 仲長統的社會改革思想

第一節 仲長統「抑兼併」思想論析

　　土地兼併問題一直伴隨著東漢王朝的始終。仲長統在《昌言》中對這一關乎東漢王朝興衰的社會癥結給出了自己獨到的見解。其「抑兼併」思想主要體現在《昌言》中《損益篇》的相關論說。

> 　　井田之變，豪人貨殖，館舍佈於州郡，田畝連於方國。身無半通青綸之命，而竊三辰龍章之服；不爲編戶一伍之長，而有千室名邑之役。榮樂過於封君，勢力侔於守令，財賂自營，犯法不坐。刺客死士，爲之投命。致使弱力少智之子，被穿帷敗，寄死不斂，冤枉窮困，不敢自理。雖亦由綱禁疏闊，蓋分田無限使之然也。今欲張太平之紀綱，立至化之基趾，齊民財之豐寡，正風俗之奢儉，非井田實莫由也。此變有所敗，而宜復者也。〔註1〕

> 　　今者土廣民稀，中地未墾；雖然，猶當限以大家，勿令過制。其地有草者，盡曰官田，力堪農事，乃聽受之。若聽其自取，後必爲奸也。〔註2〕

基於這兩則材料，尤其是第一則，很多人會自然而然地認爲仲長統解決土地兼併問題的方法只是想簡單地回到「井田」制度而已。但我們在研讀材料時有必要對該類材料側重的不同方面作細緻區分。在仲長統看來，自從「井田」

〔註1〕嚴可均《全後漢書文》卷八十八，北京：商務印書館 1999 年版第 891～892 頁。
〔註2〕嚴可均《全後漢書文》卷八十八，北京：商務印書館 1999 年版第 892 頁。

制度遭到破壞以來，地方豪強大肆兼併土地的行為就已開始，而消除「兼併」最理想的方法莫過於重新回歸「井田」制度了。但僅僅基於此便徑直認為仲長統想通過提倡「井田」制度來解決長久困擾東漢王朝的土地兼併問題，未免有失嚴謹。須知，仲長統對此問題的另一段評論則是實實在在地立足當下世事，並從操作層面提出了具體的解決辦法，期望通過這種「限夫田」的策略來達到「斷兼併」的最終目標。所以，我們應當對仲長統的「抑兼併」策略有較為直接的認識：

　　　　這種辦法不是什麼「井田制」，而同崔寔所提出的辦法一樣，乃是一種「均田制」或「限田制」。〔註3〕

然而，這種理解也只是相對準確地闡明了仲長統「抑兼併」的現實操作方法，而並不能完全等價於仲長統的「抑兼併」思想。回歸原典，從仲長統的《損益篇》出發不難看出，上述兩則「抑兼併」之文各有側重。上一則，仲長統以「井田制」的破壞為根據，極言這種變動帶來的土地兼併嚴重、貧富分化懸殊等不良社會影響，從而再次突出「井田制」的完美。下一則，仲長統面對親身所處的當下現實，提出採用「限以大家」和「官田授民」的雙重策略來抑制土地兼併。結合以上這兩點分析和原典材料可以得出四點結論：一，仲長統推崇「井田制」，並堅持認為「井田制」是解決土地兼併問題的不二選擇；二，仲長統對其所處時代的土地兼併問題提出的解決方法是「限以大家」和「官田授民」；三，仲長統推崇的制度和現實中制定的策略是完全不同的；四，仲長統提出解決現實土地兼併問題的客觀社會背景是「土廣民稀」，即歷經戰亂之後當時的土地兼併狀況已經算不上東漢歷史上最為嚴重的時期了，社會上出現了大量拋荒的耕地，在客觀上有推行井田制度的可能。

　　綜合這四點，我們可以注意到仲長統「抑兼併」思想中的一個內在的「倒退」。在純粹地縱論古今土地制度高下時首推「井田制」，而面對其自身所處的時代時，仲長統卻並未將其讚頌不已的「井田制」作為應對策略，而是僅僅搬出「限以大家」和「官田授民」等相對寬緩的手段。並且，需要注意的是，這一時代仲長統所見的北方各州郡土地兼併程度經過了東漢末年的多次兵亂，已經遠不及東漢王朝土地兼併最嚴重的時期了，甚至還出現了「土廣人稀」的局面。因此，仲長統的「井田」構想，「雖然有這種主張，但並未提

〔註3〕劉文英《王符評傳》，南京：南京大學出版社1993年版第313頁。

出復井田的方案」〔註4〕，而是提出了限田的種種策略。這種言說前後的差異，不能不說是一種「倒退」。然而，只有體會到了這種「倒退」才會對仲長統的「抑兼併」思想有全面的認識。所謂仲長統的「抑兼併」思想，並不是簡單而盲目的推崇「井田古制」，即便在土地兼併已經相對緩和的建安年間，仲長統的策略仍是較爲客觀地基於現實條件，進而制定出相對「倒退」但較爲切實可行的方法。至此，可以從這種「堅信」與「倒退」中體會到仲長統「抑兼併」思想其實是一個兼顧「理想」與「現實」的有機統一體。推崇「井田制」而不流於迷信，推行「限田」而不淪爲短淺。不過，這些仍不是仲長統「抑兼併」思想的全部，其他部分會在後文中做詳細說明。這種二者兼顧的方法究竟對解決土地兼併問題能起到多大的作用，以及造成東漢土地兼併問題的深刻根源究竟是什麼？對於這些問題，也會在後文中作專章論述，此節僅從思想上進行分析和梳理。爲了更好地理解仲長統「抑兼併」思想在兩漢乃至漢魏的特殊地位，我們可以將兩漢以來「抑兼併」的諸家之論縱向鋪排開來，細緻地探查「抑兼併」思想發展演進的脈絡。

　　西漢武帝朝，處於西漢歷史上第一次大規模土地兼併浪潮之初的董仲舒提出「限民名田」之說：

> 古者稅民不過什一，其求易共；使民不過三日，其力易足。民財，內足以養老盡孝，外足以事上共稅，下足以畜妻子極愛，故民說從上。至秦則不然，用商鞅之法，改帝王之制，除井田，民得賣買，富者田連阡伯，貧者亡立錐之地。又顓川澤之利，管山林之饒，荒淫越制，逾侈以相高；邑有人君之尊，里有公侯之富，小民安得不困？又加月爲更卒，已復爲正，一歲屯戍，一歲力役，三十倍於古；田租口賦，鹽鐵之利，二十倍於古。或耕豪民之田，見稅什五。故貧民常衣牛馬之衣，而食犬彘之食。重以貪暴之吏，刑戮妄加，民愁亡聊，亡逃山林，轉爲盜賊，赭衣半道，斷獄歲以千萬數。漢興，循而未改，古井田法雖難卒行，宜少近古，限民名田，以澹不足，塞并兼之路。〔註5〕

西漢中後期，處於西漢歷史上第二次大規模土地兼併中期的師丹也提出「限民田奴婢」之論：

〔註4〕（臺灣）賴建成《井田辯：諸說辯駁》，臺北：學生書局2012年版第126頁。
〔註5〕嚴可均《全漢文》卷二十四，北京：商務印書館1999年版第238頁。

　　　　古之聖王莫不設井田，然後治乃可平。孝文皇帝承亡周亂秦兵
革之後，天下空虛，故務勸農桑，帥以節儉。民始充實，未有併兼
之害，故不爲民田及奴婢爲限。今累世承平，豪富吏民訾數鉅萬，
而貧弱愈困。蓋君子爲政，貴因循而重改作，然所以有改者，將以
救急也。亦未可詳，宜略爲限。〔註6〕

至西漢末，處於西漢歷史上第二次大規模土地兼併晚期的王莽亦有「限田禁
奴婢」之論：

　　　　古者，設廬井八家，一夫一婦田百畝，什一而稅，則國給民富
而頌聲作。此唐虞之道，三代所遵行也。秦爲無道，厚賦稅以自供
奉，罷民力以極欲，壞聖制，廢井田，是以兼併起，貪鄙生，強者
規田以千數，弱者曾無立錐之居。又置奴婢之市，與牛馬同闌，制
於民臣，顓斷其命。奸虐之人因緣爲利，至略賣人妻子，逆天心，
悖人倫，繆於「天地之性人爲貴」之義。《書》曰「予則奴戮女」，
唯不用命者，然後被此辜矣。漢氏減輕田租，三十而稅一，常有更
賦，罷癃咸出，而豪民侵陵，分田劫假。厥名三十稅一，實什稅五
也。父子夫婦終年耕芸，所得不足以自存。故富者犬馬餘菽粟，驕
而爲邪；貧者不厭糟糠，窮而爲奸。俱陷於辜，刑用不錯。予前在
大麓，始令天下公田口井時則有嘉禾之祥，遭反虜逆賊且止。今更
名天下田曰「王田」，奴婢曰「私屬」，皆不得賣買，其男口不盈八，
而田過一井者，分餘田予九族鄰里鄉黨。故無田，今當受田者，如
制度。敢有非井田聖制，無法惑眾者，投諸四裔，以禦魑魅，如皇
始祖考虞帝故事。〔註7〕

從以上三則西漢時期主要討論井田制度的材料，可以發現兩個問題：其一，
大肆稱頌「井田制」實則都是爲了推行「限田制」而鳴鑼開道的；其二，在
談及「井田」問題時往往將「什一而稅」與之相提並論。

　　細細品讀此三人的言說就會發現，作爲西漢武帝時期的董仲舒雖大力向
武帝兜售「獨尊儒術」理念，然而自身在面對民間土地兼併嚴重、小民大量
破產、國用累年不濟的情況下，還是從現實的層面出發，分別從「國」和「民」
的「收入」與「支出」問題上進行較爲切合實際地分析和思考。董仲舒雖然

〔註6〕嚴可均《全漢文》卷四十八，北京：商務印書館 1999 年版第 491 頁。
〔註7〕嚴可均《全漢文》卷五十九，北京：商務印書館 1999 年版第 607～608 頁。

是以「井田制」作爲「限民名田」的根據，但該篇言說實際上是以漢代稅賦制度作爲發端的，故開篇直言「古者稅民不過什一，其求易共；使民不過三日，其力易足。」〔註8〕。其文章借秦朝繁重的稅賦和徭役所帶來的惡果，進而委婉地指出西漢政權在稅收和徭役制度方面存在的嚴重問題。在這段論說中，雖然說董仲舒對秦代商鞅「除井田」的做法主觀上持反對態度，但亦不能否認董仲舒在面對這一重大歷史變革時，儘管在情感上存在著種種不滿，但還是在客觀上持接受態度的。這種複雜的情感可以從文中隱晦地察覺到。在董仲舒看來，「井田制」的破壞固然導致了土地兼併的開啓，但也只是發出了「小民安得不困」的追問。然而，在此種境況下更爲雪上加霜的是繁重徭役的接踵而至「又加月爲更卒，已復爲正，一歲屯戍，一歲力役，三十倍於古；田租口賦，鹽鐵之利，二十倍於古。」〔註9〕種種繁苛重斂的一再壓榨下最終使早已困窘不堪的貧病小民陷入「常衣牛馬之衣，而食犬彘之食」的悲慘境地，乃至爲生計去鋌而走險。在論述中，董仲舒偏重對西漢徭役之重的揭露。另外，董仲舒並未對如何恢復「井田」制度提出任何具有操作性的主張，只泛泛地說當「限民名田」而已。

　　至西漢中後期，儘管儒家思想已經完全居於統治地位。頭腦中充斥儒家理想的爲政者們，在應對社會現實問題上常常會脫離實際。但從師丹的話可以明確地體會到，縱然師丹面對土地兼併問題時也在大力鼓吹「井田」制度的優越，但在操作層面上更是毫無建樹，只以一句單薄的「亦未可詳，宜略爲限。」作爲結語。實則既無解決之辦法又乏堅決之態度，「宜略爲限」四字終篇是何其蒼白無力。不過，在大體上其思想仍當屬於「限田」的範疇。至西漢末期，儒家思想被推到了空前的地位。王莽「限田禁奴婢」之論，縱然也極力讚頌聖王古制，但與此同時也和董仲舒一樣，看到了導致小民貧困的更直接原因——「漢氏減輕田租，三十而稅一，常有更賦，罷癃咸出，而豪民侵陵，分田劫假。厥名三十稅一，實什稅五也。」「罷癃咸出」顏師古注引晉灼曰「雖老病者，皆復出口算」〔註10〕。即漢代的田租「三十而稅一」固然優於三代，但更賦之重常常使底層小民掙扎在破產的邊緣線上。並且，王莽在言說中較董仲舒更爲直接地指出了西漢之「賦」即「算」，也就是「人頭稅」的嚴酷。這可以說明，至西漢末期已經有人開始關注到算賦制度對小民

〔註 8〕嚴可均《全漢文》卷二十四，北京：商務印書館 1999 年版第 238 頁。
〔註 9〕嚴可均《全漢文》卷二十四，北京：商務印書館 1999 年版第 238 頁。
〔註10〕班固《漢書》卷二十四上，北京：中華書局 1962 年版第 1144 頁。

的巨大危害了，這一問題會在後章討論仲長統賦稅思想時作詳細論述。在言
說中，王莽偏重對西漢「更賦」苛重的揭露。另外，王莽在對待現實層面的
土地兼併問題時，則拿出了較爲具體且相當強硬的措施：

> 今更名天下田曰「王田」，奴婢曰「私屬」，皆不得賣買，其男
> 口不盈八，而田過一井者，分餘田予九族鄰里鄉黨。故無田，今當
> 受田者，如制度。敢有非井田聖制，無法惑眾者，投諸四裔，以禦
> 魑魅，如皇始祖考虞帝故事。〔註11〕

在王莽看來土地的最終所有者是國家，因而否定了土地的私有制度以及基於
這一制度產生的土地自由交易的權利。並在此基礎上嚴格控制個人擁有的土
地數量。對不足者授田，對過制者則毫不留情地「分餘田予九族鄰里鄉黨」。
與董仲舒和師丹的言說不同，王莽依託於他的地位使其思想得以全面推廣。
然而，據《王莽傳》可知這種荒唐的田制改革（以及其他一系列的制度改革）
的推行，對社會經濟造成了嚴重的危害。最終，王莽不得不「下詔諸食王田
及私屬皆得賣買，勿拘以法。」〔註12〕王莽之所以做出如此重大的讓步，在
很大程度上是因爲聽取了中郎區博的諫言：

> 井田雖聖王法，其廢久矣。周道既衰，而民不從。秦知順民之
> 心，可以獲大利也，故滅廬井而置阡陌，遂王諸夏，訖今海內未厭
> 其敝。今欲違民心，追復千載絕跡，雖堯舜復起，而無百年之漸，
> 弗能行也。天下初定，萬民新附，誠未可施行。〔註13〕

從區博的言說中可以看出，縱然井田是聖王古制，但時過境遷這種制度已經
不再適用於社會的發展。因此，從王莽推行「井田」遭到社會的強烈不滿以
及區博的建議可知：一則，隨著社會的發展，井田制度已經不再適用於現實
社會的生產和生活；二則，即使在儒家思想高漲的西漢末年，還是有一定數
量的士人能夠清醒地認識這種理想制度與現實社會的「脫節」。退一步講，即
使大多數士人尚未認識到這一點，推行井田制度給社會經濟生活造成的不
便，以及對大土地所有者造成的損害則是顯而易見的。最終，種種荒唐的舉
動最終將新莽政權推向了滅亡。因此，中興伊始光武便將井田等新莽之政一
概廢除。直至東漢中期，土地兼併再次成爲困擾東漢社會的重大問題。

〔註11〕嚴可均《全漢文》卷五十九，北京：商務印書館1999年版第607～608頁。
〔註12〕班固《漢書·食貨志上》卷二十四上，北京：中華書局1962年版第1144頁。
〔註13〕班固《漢書·王莽傳中》卷九十九中，北京：中華書局1962年版第4129～4130
頁。

東漢一代的士人對井田制度亦有自己的態度。荀悅在《前漢紀》中表達了自己的看法：

> 古者什一而稅，以爲天下之中正也。今漢民或百一而稅，可謂鮮矣，然豪強富人，占田逾侈，輸其賦太半，官收百一之稅，民收太半之賦，官家之惠優於三代，豪強之暴酷於亡秦，是上惠不通，威福分於豪強也。今不正其本，而務除租稅，適足以資富強。夫土地者，天下之本也，春秋之義，諸侯不得專封，大夫不得專地，今豪民占田，或至數百千頃，富過王侯，是自專封也，買賣由己，是自專地也。孝武時，董仲舒嘗言宜限民占田，至哀帝時，乃限民占田，不得過三十頃，雖有其制，卒不得施行。然三十頃有不平矣，且夫井田之制，宜於民眾之時，地廣民稀，勿爲可也。然欲廢之於寡，立之於眾，土地既富，列在豪強，卒而規之，並有怨心，則生紛亂，制度難行。由是觀之，若高帝初定天下，及光武中興之後，民人稀少，立之易矣。就未悉備井田之法，宜以口數占田，爲立科限，民得耕種，不得買賣，以贍民弱，以防兼併，且爲制度張本，不亦宜乎！雖古今異制，損益隨時，然紀綱大略，其致一也。〔註14〕

荀悅對土地兼併問題還是有較爲全面的認識的。首先，荀悅洞察到了漢代土地兼併問題中的一個悖謬的現象，即國家越是降低租稅而耕種豪強之田的小民被剝削的程度反而越是嚴重。而造成這種「悖謬」的原因就是豪強的存在。然而，究竟豪強是如何在國家和小民之間肆意盤剝牟取暴利的，荀悅並未言及。荀悅較西漢的董仲舒、師丹、王莽的深刻之處在於，荀悅洞察到了井田制度得以推行的現實條件必須是「地廣民稀」。但現實卻往往是地廣民稀時不懂得推行井田，最終到了地狹人眾土地兼併問題到了相當嚴重的時候才想起了井田制度。因此，「他悲歎漢高祖和漢光武帝在（他們有這個能力）的立國之初缺乏一種確立土地政策的良好意識。」〔註15〕然而，荀悅的這種悲歎也恰恰反應了他陷入單純邏輯推理的「死循環」而忽視了社會現實層面的問題。他預先設定了井田制度是一種地廣人稀時理所應當推行的土地制度，因此，才會對高祖、光武因缺乏遠見卓識沒有在開國之初推行井田制度而大加悲

〔註14〕張烈點校《漢紀・孝文皇帝紀下》卷八，北京：中華書局 2002 年版第 114～115 頁。

〔註15〕陳啓雲著，高專誠譯《荀悅與中古儒學》，瀋陽：遼寧大學出版社 2000 年版第 226 頁。

歎。但是，根據基本常識我們都知道，兩漢開國無論是出身草莽的漢高祖、還是頗曉經典的光武帝都未曾「授田」，這並不是因為統治者的見識問題，而是因為社會飽經戰亂、人口銳減，出現了大量的閒置土地，此時乃是聽任民力發展之時，民間既無限田之需要、國家亦無授田之必要。

其次，荀悅雖身處東漢末年，相去王莽敗亡已百有餘年。但荀悅對於王莽當年因強制推行井田等改革措施而觸動豪強利益並最終難逃覆滅的事實亦有深刻領會「卒而規之，並有怨心，則生紛亂」十二個字明確地道出了解決土地兼併問題所必須要面對的重重阻力和風險。有鑒於西漢滅亡的深刻教訓，這一層面的認識自然是前漢士人所不及的。當然，也正是因為荀悅認識到了這一點，進而親身經歷了東漢王朝的衰敗，於是其態度又產生了些許的變化。從《前漢紀·孝文皇帝紀下》荀悅的言說中，不難察覺出東漢末年士人們的意識中儒家聖制的影響還是相當深刻的。然而，當荀悅的這種對儒家聖制理想被殘酷現實擊碎時，他便不再迷信什麼井田聖制了。荀悅《申鑒》中的相關言說明確地體現了其思想的深刻轉變：

> 諸侯不專封。富人名田逾限，富過公侯，是自封也。大夫不專地，人買賣由己，是專地也。或曰：「復井田與？」曰：「否。專地非古也，井田非今也。」「然則如之何？」曰：「耕而勿有，以俟制度可也。」〔註16〕

然而，這種轉變也只是讓荀悅不再相信井田制度是療救土地兼併的不二法門，卻並未啟發荀悅進而得出更為有效的措施。在制定政策上，荀悅反而回到了王莽的層級上。王莽將天下田地一律名為「王田」不得買賣，荀悅承襲王莽的路數提出「耕而勿有」這一政策實則就是「修飾性」地剝奪了土地所有權，進而取消了基於此產生的土地私有制，以及在此制度下的土地自由買賣。而「以俟制度可也」則是面對東漢中期以來豪強大族林立的現實，而不得不暫時做出的妥協，以期將來能有更強有力的政權來推行其政策。而這種未明言的政策，以荀悅的言辭推測，應該還是「限田」——即在規定田地收歸國有不得買賣的前提下，限制每人耕地面積，多者損之、少者益之。荀悅之所以未予明言，應該還是遠憚王莽之敗、近懦豪強之威。總體而言，掌握了足夠多的「前車之鑒」並對當下豪強林立局勢有清楚認識的荀悅，在對待

〔註16〕 （漢）荀悅撰，（明）黃省曾注，孫啓治校補《申鑒注校補·時事》，北京：中華書局 2012 年版第 78 頁。

井田問題上，有了較為客觀且冷靜的態度。在荀悅看來，井田雖是「聖制」，但宜古不宜今，並且有其特殊的推行條件（地廣人稀），所以想借助井田來解決當下的土地兼併問題是不現實的。那麼，如何解決愈演愈烈的土地兼併問題呢？荀悅並沒有拿出什麼新的辦法。因為，荀悅懂得要盡可能地避免觸及豪強的既得利益，其解決土地兼併問題的方案可以看做是王莽方案的「改良版」。這種「改良」並不是真正意義上的改進和完善，而是懾於豪強威勢進而注重對豪強群體既得利益的承認，縱觀荀悅之論，小心翼翼的說辭中透露著幾分無奈和絕望。

　　時間上略晚於荀悅的司馬朗，對土地兼併問題有著不同的見解：

> 又以為宜復井田。任者以民各有累世之業，難中奪之，是以至今。今承大亂之後，民人分散，土業無主，皆為公田，宜及此時復之。議雖未施行，然州郡領兵，朗本意也。〔註17〕

司馬朗所處時代略晚於荀悅，但亦有重合的部分，據《三國志・魏書・司馬朗傳》載錄之文：

> （司馬朗）遷元城令，入為丞相主簿。朗以為天下土崩之勢，由秦滅五等之制，而郡國無蒐狩習戰之備故也。今雖五等未可復行，可令州郡並置兵，外備四夷，內威不軌，於策為長。又以為宜復井田。往者以民各有累世之業，難中奪之，是以至今。〔註18〕

據此可知，司馬朗進言宜復井田當為其「入為丞相主簿」之後。雖然具體時間無從確定，但大體上可以依據曹操行年稍加廓清。建安以來曹操先後出任了司空和丞相，曹操出任司空的時間是建安元年（196 年）〔註 19〕，出任丞相的時間則是建安十三年（208 年）。〔註 20〕因此，可以判斷司馬朗「入為丞相主簿」當不早於建安十三年（208 年）夏，而進言復井田之事更不會早於這個時間。值得注意的是，建安十三年（208 年）後的北方已經為

〔註17〕陳壽《三國志・魏書・司馬朗傳》卷十五，北京：中華書局 1982 年版第 467～468 頁。

〔註18〕陳壽《三國志・魏書・司馬朗傳》卷十五，北京：中華書局 1982 年版第 467 頁。

〔註19〕陳壽《三國志・魏書・武帝紀》卷一有「天子拜公司空」之語，見陳壽《三國志・魏書・武帝紀》卷一，北京：中華書局 1982 年版第 14 頁。

〔註20〕陳壽《三國志・魏書・武帝紀》卷一有「（建安十三年）漢罷三公官，置丞相、御史大夫。夏，六月，以公為丞相。」之語，見陳壽《三國志・魏書・武帝紀》卷一，北京：中華書局 1982 年版第 30 頁。

曹操所統一。在此過程中，人口總量因連年因戰爭而大量減少〔註21〕，耕地總面積雖然也會因荒置而有一定程度的衰減，但相對所剩的人口則大大增加了。大亂之後，土地出現了大量荒置現象，客觀上具備了推行井田的基本條件，所以，司馬朗才會直言不諱地力主恢復井田制度。雖然，司馬朗的態度要比荀悅更為激進和堅決，但在本質上司馬朗和荀悅都並未觸及到豪強的既得利益。司馬朗事實上承認了豪強的既有土地，他所推行井田制度也只是在無主之田上推行，而如何處理豪民之田呢？司馬朗則隻字未提！這樣，便可透徹地看出司馬朗井田之政的特色。司馬朗只是在王莽和荀悅的基礎上，對「公田」的概念給予了巧妙地詮釋——無主之田，即為公田。這樣一來，強宗豪族既有之田便因不在公田之列而得到了「默許」，換而言之也就是得到了事實層面上的承認和保護。所以，司馬朗的井田政策其實是以承認和保護豪強既得利益為前提的，看似比荀悅激進實則更為穩妥。另外，司馬朗的井田政策雖未有限田之名，但實則已有限田之實，尤其是在限制豪強上。無主之田即為公田，那麼豪強大家再欲侵吞公田則斷然不可。所以，在承認和保護了豪強既得利益的同時，更限制了豪強進一步吞併其他土地，故而有限田之實。

至此，兩漢以來借助井田來解決土地兼併問題的各種言說已經梳理分析完畢，各家的思想可以用表格形式簡明地展示出來：

	是否肯定井田聖制	是否認為井田制度適用於當下	是否遵照井田制度而制定政策	是否限田	對公田概念的界定	是否禁止土地買賣	是否直接影響豪強利益	所處時代人口數量增減情況
董仲舒	是	否	否	是	無	部分禁止	是	增加
師丹	是	否	否	略微限制	無	部分禁止	是	增加
王莽	是	是	是	是	天下之田	全部禁止	是	增加
荀悅	是	否	否	適當限制	天下之田	全部禁止	部分影響	減少

〔註21〕 袁祖亮主編 袁延勝著《中國人口通史·東漢卷》，北京：人民出版社2007年版第31～38頁有專章論述，自靈帝黃巾起義以來人口開始大量減少，並在第32頁指出「在漢魏之際又降到了歷史上的一個低谷」。

| 司馬朗 | 是 | 無主之田適用 | 否 | 局部限制 | 無主之田 | 全部禁止 | 否 | 大量減少 |
| 仲長統 | 是 | 無主之田適用 | 否 | 局部限制 | 無主之田 | 全部禁止 | 否 | 大量減少 |

綜合以上信息，再回過頭來反觀仲長統的抑兼併之策：

> 今者土廣民稀，中地未墾；雖然，猶當限以大家，勿令過制。
> 其地有革者，盡曰官田，力堪農事，乃聽受之。若聽其自取，後必
> 爲奸也。〔註22〕

結合仲長統《昌言·損益篇》中大段讚頌井田制度的論說，可以體會到仲長統的抑兼併思想並不能簡單地等同於井田思想。因爲仲長統的核心觀點並不是徑直回到「井田」制度，而是在高揚「井田」旗幟的同時去推行他的「限田」思想。綜合上表，可以看出仲長統抑兼併思想產生的歷史脈絡。首先，從西漢初年的董仲舒至東漢末年的仲長統，都不曾懷疑井田作爲一種制度的經典性和神聖性。然而，除去醉心儒家聖制的王莽，其他人都清楚地認識到這種聖王古制因去古已遠實難再行之於當下之世。因此，除王莽外的其他人在制定政策時，都未遵照井田制度，而是採取了更具可行性的限田政策。其次，對於如何制定限田政策的問題，從董仲舒至仲長統也存在一個政策從無到有、方法從激進到穩妥的演進過程。最爲明顯的便是對公田概念的重新詮釋。王莽爲推行其土地改革，率先引入公田之說，將天下之田全部名爲公田不得買賣且嚴加限制，這一政策極大地觸動了豪強大族的根本利益，最終導致了新莽政權的崩潰。東漢荀悅早期的思想頗類王莽之論，而後期由於對東漢社會有了較爲深刻的認識便改持「耕而勿有」之論了。實則是荀悅有感於當時社會豪強林立、皇權不振，故而在《申鑒》中僅言「耕而勿有，以俟制度可也。」並不想與豪強作正面衝突，故而展現出一種態度上的妥協。然而，儘管荀悅做出了這樣的妥協，但還是在很大程度上觸及到了豪強的利益。因爲，一旦宣佈天下之田皆爲公田，那麼豪族既有之田的所有權就會喪失，進而其私有土地便會因宣佈的諸多限制條款而受到裁抑。所以，荀悅的政策還是會直接地觸及到豪強的既得利益。而司馬朗和仲長統，在處理公田的問題上則要巧妙得多。他們都對公田概念做出了靈活的詮釋。司馬朗和仲長統所推行的限田，是一種「部分限田」或者「局部限田」（下文統稱爲「局部限田」）。雖然，師丹曾經提到過要「宜略爲限」，但

〔註22〕嚴可均《全後漢文》卷八十八，北京：商務印書館1999年版第894頁。

這種「略」究竟要如何略？略到何種程度？這些尺度都很難把握，並且史實已經證明，只要有「限」就會有打破這種「限」的人。〔註23〕司馬朗和仲長統吸收前人經驗，最終將「限田」改進成了「局部限田」。這種「局部限田」，實際上是將當世所有土地劃分爲兩部分，一部分爲「有主之田」在此姑且稱之爲「私田」，其他則爲「無主之田」即司馬朗、仲長統所謂的「公田」，所謂「有主之田」，即爲人所佔有的田地。東漢末年至魏晉之際戰亂不斷，百姓多流離失所，此時尙能佔有土地者則多爲強宗豪族，所以「私田」近乎可以等同於豪強之田。「局部限田」是將無主之田收爲公田後，再將公田依照一定的配額授與無地之民。小民手中有的只是土地的使用權而沒有所有權，因此也就無法完成土地的自由交易了，進而抑制了土地的再次兼併。雖然，這種策略仍然被冠之以「限田」之名，但是這種「限田」已不再等同於董仲舒、師丹以及荀悅的限田思想。從上表中可以清晰地看到，董仲舒、師丹和荀悅早期的限田思想都是針對天下全部之田的，即向貧而無田者授田，又爲富連阡陌者設限，若富者田產超出規制則理當予以褫奪。而司馬朗和仲長統的「局部限田」策略中，雖未見諸明文但實則已經承認且盡最大可能不觸及豪強的既得利益，也就是說，是在承認乃至保護豪強既得利益的同時，在無主之田上推行井田之制。之所以仲長統的「局部限田」政策要如此千方百計地避免觸及豪強的既得利益，是因爲豪強的勢力在兩漢「特別是東漢時期，豪族在鄉村的統治得到長足的發展。」〔註24〕而這種豪強勢力的發展勢必會直接影響到中央政權的穩定。這種地方豪強與中央政權的對立，並非在漢魏之際才凸顯出來，而是在西漢末年就已經顯露無疑。余英時就曾經深刻地指出：「從王莽政權的崩潰至東漢政權的建立這一期間，士族大姓的勢力表現得更爲顯著。我們對這一期間的劇烈政治變遷加以分析，便可以看出東漢政權與士族大姓之間的關係如何密切，而王莽失敗的根本原因亦可因之而益明。」〔註25〕兩漢之際全國各地起兵領袖近乎都是各地豪強。〔註26〕

〔註23〕 班固《漢書‧食貨志上》卷二十四上有「丁、傅用事，董賢隆貴，皆不便也。詔書且須後，遂寢不行。」之語，見班固《漢書‧食貨志上》卷二十四上，北京：中華書局1962年版第1143頁。

〔註24〕 （日）川勝義雄著，徐谷芃、李濟滄譯《六朝貴族制社會研究》，上海：上海古籍出版社2007年版第57頁。

〔註25〕 余英時《士與中國文化》，上海：上海人民出版社2003年版第207頁。

〔註26〕 余英時指出「兩漢更替之際的群雄並起，乃是全國性的，當時中國境內無處沒有豪傑聚眾起兵之事。」見余英時《士與中國文化》，上海：上海人民出版社2003年版第215頁。

也就是說，西漢末年全國各地的豪強們造了王莽的反，幾經征戰後歸附了同樣是豪強出身的光武帝劉秀。質而論之，東漢開國情況已經較西漢有頗多不同，建立東漢政權的是一群豪強而不再是什麼莽夫。至少西漢開國至武帝年間有近百年的漫長時間是用來摧抑舊貴族和成就新豪強的，而東漢開國便需要面對普天之下豪強林立的局面。這兩種迥異的開國局面，預示著兩種完全不同的豪強兼併速率。在土地兼併過程中，豪強階層的普遍存在就好比一種「加速度」的最終形成，西漢的土地兼併是在這種「加速度」逐漸增大的過程中逐步實現的；而東漢開國之時，這種兼併土地的「加速度」已經形成，若不加限制便會像脫韁野馬一般迅速吞併其輻射範圍之內的所有土地。光武帝深知其中利害，故有意徹查全國範圍內的戶數、人口構成以及各戶土地佔有情況──度田。光武帝曾於建武十五年（39年）下詔：

> 詔下州郡檢覈墾田頃畝及戶口年紀，又考實二千石長吏阿枉不平者。〔註27〕

翌年，也就是建武十六年（40年）一批「度田不實」的官員旋即被重辦：

> 秋九月，河南尹張伋及諸郡守十餘人，坐度田不實，皆下獄死。〔註28〕

然而，光武帝的這種徹查人口和土地的強硬措施遭到了地方豪強的極大反對，甚至引發了全國性的暴亂：

> （建武十六年）郡國大姓及兵長、群盜處處並起，攻劫在所，害殺長吏。郡縣追討，到則解散，去復屯結。青、徐、幽、冀四州尤甚。冬十月，遣使下郡國，聽群盜自相糾擿，五人共斬一人者，除其罪。吏雖逗留迴避故縱者，皆勿問，聽以禽討為效；其牧守令長坐界內盜賊而不收捕者，又以畏懦捐城委守者，皆不以為負，但取獲賊多少為殿最；唯蔽匿者乃罪之。於是更相追捕，賊並解散。徙其魁帥於它郡，賦田受稟，使安生業。自是牛馬放牧，邑門不閉。〔註29〕

此外，這種來自地方的抵抗並非全部以豪族大姓為主，有些地方則以小民為主：

> 是時，天下墾田多不以實，又戶口年紀互有增減。十五年，詔

〔註27〕范曄《後漢書‧光武帝紀下》卷一下，北京：中華書局1965年版第66頁。
〔註28〕范曄《後漢書‧光武帝紀下》卷一下，北京：中華書局1965年版第66頁。
〔註29〕范曄《後漢書‧光武帝紀下》卷一下，北京：中華書局1965年版第67頁。

下州郡檢覈其事,而刺史太守多不平均,或優饒豪右,侵刻羸弱,
百姓嗟怨,遮道號呼。時諸郡各遣使奏事,帝見陳留吏牘上有書,
視之,云「潁川、弘農可問,河南、南陽不可問」。帝詰吏由趣,吏
不肯服,抵言於長壽街上得之。帝怒。時顯宗爲東海公,年十二,
在幄後言曰:「吏受郡敕,當欲以墾田相方耳。」帝曰:「即如此,
何故言河南、南陽不可問?」對曰:「河南帝城,多近臣,南陽帝鄉,
多近親,田宅逾制,不可爲準。」帝令虎賁將詰問吏,吏乃實首服,
如顯宗對。於是遣謁者考實,具知姦狀。明年,隆坐徵下獄,其疇
輩十餘人皆死。〔註30〕

度田雖然深刻地觸動了地方上豪強大姓的利益,但是讓光武帝萬萬料想不到
的是他的剛性政策居然會被地方豪強們如此這般硬生生地給衝撞回來。田昌
五、安作璋主編的《秦漢史》就此次事件得出了深刻的結論:「度田本來是封
建政權特別是新建王朝的正常措施,隱瞞田畝和反隱瞞的兩種傾向的鬥爭也
是從封建制度產生以來一直存在的。……但是如東漢政府這樣由於度田而激
起大規模的社會騷動,則在中國歷史上是罕見的。他說明了在東漢初期,豪
強地主已經形成了同中央集權相抗衡的政治力量。」〔註31〕東漢初年地方豪
強大姓對光武帝新政的反抗如此激烈,也許是出於自西漢末年反抗王莽侵犯
自身利益的一種心理慣性。據上文可以發現光武帝解決此次事件的態度,與
其最初推行度田時大相徑庭,在很大程度上,光武帝是利用了人們大亂初平、
人心思定的心態,對亂民採用了分化瓦解的懷柔政策,對地方官吏令長採取
了最大限度的爭取和寬容,最終平定了此次叛亂。既往研究對這次叛亂的主
力軍有不同的理解:其中一派認爲這次叛亂的主力軍是底層小民;另一派認
爲這次叛亂的主力軍是地方豪強。〔註32〕縱然最終平息了叛亂,但不可否認

〔註30〕 范曄《後漢書·劉隆傳》卷二十二,北京:中華書局1965年版第780~781頁。
〔註31〕 田昌五,安作璋主編《秦漢史》,北京:人民出版社2008年版328~329頁。
〔註32〕 前者如楊聯陞《東漢的豪族》,北京:商務印書館2011年版第9頁指出「官吏
度田不實,農民橫被侵奪,起來暴動」,並認爲光武對豪強、大地主的態度是
「半推半就下不即不離」(第10頁);後者如田昌五,安作璋《秦漢史》,北京:
人民出版社2008年版第328~329頁,以及(臺灣)鄔紀萬《兩漢土地問題研
究》,《臺灣大學文史叢刊》之五十八1981年版第139頁指出「這些郡國大姓
自認利益受到侵犯,於是紛紛聚眾造反。」據《後漢書·劉隆傳》可知地方令
長勾結豪強欺壓小民之事當爲不假,而後光武帝斬殺京師及周邊郡國的阿曲官
吏卻更激起青、徐、幽、冀等若干州郡的叛亂浪潮,可知當時叛亂的主力當爲
地方豪強而非小民。小民叛亂似間或有之,但絕不可視爲這股叛亂的主流。

的是光武這次「度田」的努力，雖然有所成效，但終究還是失敗了。〔註 33〕
因爲，王朝新立之時光武帝必須既要對豪強限制又要不至於激怒豪強，面對
天下日益洶湧的反抗浪潮，光武只能採取開明的妥協。因此，如僅據《後漢
書・五行志》卷一百八之文：

> 十七年二月乙未晦，日有蝕之，在胃九度。胃爲廩倉。時諸郡
> 新坐租之後，天下憂怖，以穀爲言，故示象。

如若簡單依據這條史料就徑直認爲，光武的「度田」新政得到了徹底地貫徹，
則未免對東漢初年的社會現實缺乏深入體會。概而論之，光武的「度田」新
政是起到了一定的效果，客觀憑藉著個人高超的統御手段遏制住了豪強的兼
併勢頭，然而這種遏制並未從根本上對豪強階層做出任何實質性的削弱。所
以，豪強再次大肆兼併小民也只是個時間問題而已。東漢章帝朝後的情況實
實在在地證明了這一點。

　　總之，東漢開國的這次「度田」風潮影響之大幾乎到了動搖國本的程度。
因此，也就可以理解「在東漢，師丹和王莽的土地改革建議已成絕響；朝廷
甚至連規範或者限制私人佔有田產數量的想法都沒有了。」〔註 34〕所以，也
就可以體會到爲何東漢王朝要等到再次國本不保時，才會有荀悅、司馬朗、
仲長統等人站出來觸碰這一敏感問題了。

　　不過，應該注意到的是仲長統雖然在制定政策時極力避免觸碰到豪強的
既得利益，甚至在文辭上還有些承認和保護的味道，但是，這種「局部井田」
的策略在大方向上最終還是限制豪強的，且仲長統這一思想較之司馬朗要更
爲明確。值得注意的是，司馬朗在言說中已經將限制豪強的思想隱藏其中了，
而仲長統的言說則是冒著觸怒豪強的風險更將限制豪強的態度再次申明，這
種明知有百害而無一利的「多此一舉」不能不說恰是仲長統率性倜儻、敢於
直言狂生品性的直接展現。〔註 35〕

〔註 33〕對光武度田是否失敗存在兩種觀點：一種傳統觀點認爲是失敗的，見瞿同祖《漢
　　　　代社會結構》，上海：上海人民出版社 2007 年版第 206 頁；（臺灣）鄺紀萬《兩漢
　　　　土地問題研究》，《臺灣大學文史叢刊》之五十八 1981 年版第 140 頁；田昌五，安
　　　　作璋主編《秦漢史》，北京：人民出版社 2008 年版第 330 頁等。另一派如袁祖亮
　　　　主編 袁延勝著《中國人口通史・東漢卷》，北京：人民出版社 2007 年版第 108～
　　　　116 頁有《劉秀「度田」考述》進行專章陳述和論證，認爲如果從「抑強」的角度
　　　　出發，那麼接下來國家地方府庫豐盈的事實都有力地證明劉秀「度田」是成功的。
〔註 34〕瞿同祖《漢代社會結構》，上海：上海人民出版社 2007 年第 206 頁。
〔註 35〕「統性倜儻，敢直言，不矜小節，……，默語無常，時人或謂之狂生」，見陳
　　　　壽《三國志・魏書・劉劭傳》卷二十一。

　　至此，兩漢以來從董仲舒至仲長統「限田」思想演進的脈絡已梳理清楚。綿延兩漢近四百年的「井田」抑或「限田」思想，質而論之，即如何在盡最小可能觸及豪強利益的前提下，盡最大可能保證小民擁有土地，不致淪爲流民。仲長統的論說，綜合了前人的優劣，爲該思想的演進做出了階段性的總結。但對以上諸人的「限田」思想，應當有較爲客觀的認識，尤其是荀悅、司馬朗和仲長統，他們借助井田而提出的抑兼併政策實際上都是一種消極的策略，是一種治標不治本的辦法。在論說中，都過分地注重土地因買賣的自由流通，最終爲豪強大家所囤積的表面因果關係。基於此種認識，就單純地從流通的角度加以限制，剝奪了個人對土地的所有權或者交易權。並堅定地認爲一旦土地不存在買賣了，也就不存在破產和兼併了。若按此思維繼續思考下去的話，試問，如果小民因生活窘迫走投無路且土地又不得售賣，那結果當然不會是出賣土地，而是出賣家中除土地外的一切可賣之物，甚至包括妻子兒女了。

　　之所以造成這種治標不治本的局面，是因爲兩漢賦稅負擔過重，普通農戶在豐年僅能維持自存，一旦遭遇水旱螟蝗只有聽天由命——「就像站在深過下頜的水流之中，一有風浪就面臨滅頂之災。」〔註36〕

　　當然，以上包括仲長統在內的諸家言說雖然都針對土地兼併問題提出了各自的解決方案，但都是圍繞著如何在現有情況下將土地重新分配給失去土地的人，而同處於東漢中後期的崔寔則給出了一套全新的解決方法：

　　　　故古有移人通財，以贍蒸黎。今青、徐、兗、冀人稠土狹，不足相供，而三輔左右及涼、幽州內附近郡，皆土曠人稀，厥田宜稼，悉不肯墾發。小人之情，安土重遷，寧就饑餒，無適樂土之慮。故人之爲言暝也，謂暝暝無所知，猶群羊聚畜，需主者牧養處置，置之茂草則肥澤繁息，置之磽鹵則零丁耗減。是以景帝六年詔郡、國，令人得去磽狹，就肥寬。至武帝，遂徙關東貧人於隴西、北地、西河、上郡、會稽，凡七十二萬五千口，後加徙猾吏於關內。今宜復遵故事，徙貧人不能自業者於寬地，此亦開草闢土振人之術也。〔註37〕

解決土地兼併問題無非從「人」和「地」這兩個方面入手。傳統的做法都是在原有土地和人口的前提下考慮如何能夠給無田之人分配土地。而時代略早

〔註36〕李山《中國文化史》，北京：北京師範大學出版社 2007 年版第 407 頁。
〔註37〕崔寔著，孫啓治校注《政論校注》，北京：中華書局 2012 年版第 166～167 頁。

於仲長統，且深得仲長統敬佩和贊許的崔寔卻另闢蹊徑，從「人」的方面入手，徑直將大量流民遷徙至地廣人稀的邊鄙之地，並且還徵引了景帝、武帝故事以爲佐證。不能不說，崔寔的設想是極其大膽的，且富於理想性。將內地大量的過剩人口遷往邊地，在理論上固然是成立的，但在現實操作中的效果有會如何呢？並且，需要注意的是，崔寔引爲佐證的案例是西漢景帝、武帝時期的案例。此時，尚屬於第一次大規模土地兼併前期，社會上並未出現較爲普遍的豪強階層。而崔寔再次提議時，已經是東漢晚期了，社會上的豪強階層已然普遍存在且處於一種加速膨脹的態勢。另外，三輔之地屢遭羌亂，社會經濟遭到重創，民生早已凋敝不堪，這種情形下再重複西漢故事，無異於將大量破產之小民置於死地。許倬雲在《漢代農業》一書中就曾依據對兩漢時期農民戰爭爆發地點的總結進而分析認爲：

> 這些起義，除了三個例外（兩個在畿輔地區，一個在陳留），都
> 發生在核心經濟區以外。最容易爆發起義的地區是在今天的河北、
> 山東、安徽和湖北等省的地區，它們都處於陝西河南中心地帶的邊
> 緣。這種起義現象與土地極端集中現象的互相排斥，使得我們有可
> 能得出這樣的解釋，即核心經濟區裏集中了大型的都市中心和大量
> 的消費者，農民在此容易利用發達的市場體系，所以生計是可以得
> 到貼補的。〔註38〕

因此，許倬雲得出這樣的結論：「核心經濟區域裏先進的農業設施和活躍的市場經濟，可能在某種程度上彌補了土地兼併對農民造成的損害。」〔註39〕這一結論從經濟學的角度上來看自然是十分正確的，但是從社會的客觀現實出發又不可否認大凡人口稠密、經濟發達的社會區域其相應的政治、軍事配屬都要強於其他地域，因此，現實層面上政治和軍事的雙重影響亦不容忽略。

〔註38〕許倬雲《漢代農業》，南京：江蘇人民出版社2012年版第142頁。對此結論，
　　　　拋開單純經濟學的分析外，更應該看到所謂的「核心地區」不僅經濟發達，
　　　　並且還是國家的政治、軍事中心，因此，政治和軍事意義上的雙重核心身份，
　　　　又在客觀上保證了該地區的社會環境比其他地區相對穩定。當然，不可否認，
　　　　在核心地區由於大量人口的存在、市場經濟的發展，存在吸納一定勞動力的
　　　　可能。不過，更應當看到，在這些核心地區豪強大族依靠兼併土地而建立起
　　　　的莊園經濟，也在很大程度上吸納著這些從土地上剝離下來的勞動力。與此
　　　　同時，也不得不承認，這些被迫從土地上被剝離下來的勞動力，在走投無路
　　　　之時也希望借助豪強的庇護以求能維持生計。
〔註39〕許倬雲《漢代農業》，南京：江蘇人民出版社2012年版第144頁。

如若單純從經濟層面分析而忽略其他社會因素，那麼分析出的結果也不會令人信服。不過，此處僅以強調市場對小民的重要性來看，當爲不誤。

漢代的農業是以五口之家爲基礎的精耕細作農業，雖然在現實的商品交換中從某種意義上講處於被動地位，但在漢代賦稅制度的強迫下這種生產形式又無法徹底離開市場。縱然許倬雲所轉引的兩漢農民起義發生地點的表格（140～142）中並未出現三輔、幽、涼等州，但可以想見，大量破產小民被徙居於此後，當地萎縮乃至幾近消失的市場經濟又如何能擔當得起漢代稅賦制度下沉重的負擔呢？更要注意的是，三輔、幽、涼等州處於邊鄙之地，東漢末年本已戰亂不斷，客觀上已不大可能維持農民日常的穩定生產，即便能夠維持日常生產，邊地稅賦徭役的繁重又會直接砸到這些小民的頭上，使其永無翻身之日。因此，可以看出崔寔徙民之策雖源自西漢故事，但是時過境遷，此種策略實已無益於東漢末年的土地兼併問題。

另外，據《漢書‧武帝紀》卷六所載原文：

> 四年冬，有司言關東貧民徙隴西、北地、西河、上郡、會稽，凡七十二萬五千口。縣官衣食振業，用度不足，請收銀、錫造白金及皮幣以足用。〔註40〕

可知，即便將以上諸多經濟因素拋開不講，這種大規模的人口遷徙在兩漢國庫最爲充盈、中央集權最爲有力的武帝時期尚且略感財力不支，更何談國用連年不足、帝室衰微的東漢中後期呢。換而言之，這種在政府意志下的大規模人口遷徙是需要兩個必要條件的：其一，邊地不僅自然條件適合農耕，並且社會環境也要相對安定，至少不會妨礙到正常的農業生產；其二，政府要有雄厚的財政力量作爲後盾，不僅能給遷居邊地的百姓以必要的生活、生產資料，而且還要以較爲切實的利益刺激吸引百姓遷居於此。如果不能滿足以上兩點，那麼所謂「徙民」就是不折不扣的「虐民」。然而，這兩條西漢武帝時期尚且無法企及，若想在東漢末年重蹈舊事實屬奢望。〔註41〕因此，沿著這條思路繼續分析下去不難看出「徙民」政策自身邏輯上的悖謬。即國家在邊境安定、財政寬裕的狀況下，就通常情況而言社會上幾乎不會存在太多的流民。而一旦流民大量出現成爲社會癥結時，勢必不是因爲外患、就是因爲

〔註40〕班固《漢書‧武帝紀》卷六。

〔註41〕對於兩漢時期流民的遷徙與安置，（臺灣）羅彤華《漢代的流民問題》中「移徙政策」一節有詳細總結和論說，見羅彤華《漢代的流民問題》，臺北：學生書局1989年版第221～228頁。

天災，府庫也相應地會爲之耗竭，此時政府只能慨歎開支的巨大與囊中的窘迫了。

綜上，在對兩漢以來抑制土地兼併的諸家言說及其演變軌跡進行了全面分析後，可以看出仲長統的「局部限田」說，實是基於社會的客觀條件、借鑒前人經驗，在「限田」思想的大框架內，對東漢土地兼併的難題給出了理論層面的「最優解」。

以上從單純思想史的角度，對仲長統抑兼併的「局部限田」改革設想進行了分析，認爲仲長統的土地改革政策是理論層面上的「最優解」。那麼，這一「最優解」眞的能解答漢末社會現實的土地問題嗎？更確切地說，仲長統的抑制兼併政策究竟是否適用於他所處的那個時代？具有多大的現實價值？這些問題的答案，可以從他所處時代典型人物的觀點和社會主流思想的比較中尋得答案。

仲長統通過這種特殊言說模式所表達的思想，無論從形式上、還是從思想上都與他所處時代的主流言說模式和思想存在著巨大的差別。比如，同爲山陽高平之人、同生活於建安之世且爲「建安七子」之一的王粲，詩賦暫且不言，僅就政論散文而言，就可以看出明顯的差別，以王粲的《務本論》爲例：

> 古者之理國也，以本爲務；八政之於民也，以食爲首，是以黎民時雍，降福孔皆也。故仰司星辰以審其時，俯耕籍田以率其力，封祀農稷以神其事，祈穀報年以寵其功。設農師以監之，置田畯以董之，黎稷茂則喜而受賞，田不墾則怒而加罰。都不得有游民，室不得有懸耜。野積逾冬，奪者無罪；場功過限，竊者不刑，所以競之於閉藏也。先王籍田以方，任力以夫，議其老幼，度其遠近，種有常時，耘有常節，收有常期，此賞罰之本。種不當時，耘不及節，收不應期者，必加其罰。苗實逾等，必加其賞也。農益地闢，則吏受大賞也。農損地狹，則吏受重罰。夫火之災人也，甚於怠農；慎火之力也，輕於秬耘。通邑大都，有嚴令則火稀，無嚴令則燒者數，非賞罰不能濟也。

> 末世之吏，負青幡而布春冬，有觀農之名，無賞罰之實。[註42]

王粲與仲長統同屬建安年間之人，同樣見證了北方廣大地區自黃巾之亂至平

〔註42〕嚴可均《全後漢文》卷九十一，北京：商務印書館 1999 年版第 920～921 頁。

定袁紹以來人口大量減少、拋荒耕地大片出現的客觀現實。儘管仲長統對這一現實也有著清醒的認識：

> 以及今日，名都空而不居，百里絕而無民者，不可勝數。〔註43〕

> 今者土廣民稀，中地未墾。〔註44〕

然而，仲長統給出的卻是理念完全不同的另外一套措施：

> 今者土廣民稀，中地未墾；雖然，猶當限以大家，勿令過制。

> 其地有草者，盡曰官田，力堪農事，乃聽受之。若聽其自取，後必爲奸也。〔註45〕

不難看出，建安十三年（208年）後北方廣大地區基本上實現統一，在這一大的時代背景下，在對待國之根本的農業和土地問題上，王粲和仲長統的持論是完全不同的。前文在論及仲長統的抑兼併思想時已經明確地分析過，仲長統的抑兼併思想是基於現實的考慮，對兩漢以來的井田抑或限田思想做出了巧妙地改良。他的這種土地政策實際上是一種「局部限田」政策，是一種在最大限度上不觸及豪強既得利益的前提下，實現抑制豪強兼併的土地政策。其施政矛頭儘管經過重重修飾，但其核心思想並不是限民，而是抑強！這種思想就漢魏之際的具體社會情況而言，不僅顯得不合時宜甚至未免有杞人憂天之嫌。因爲，仲長統所處時代經大亂之後所剩人口已爲歷史上的最低點，仲長統在《理亂篇》篇中也正是因爲注意到了這一點才產生了絕望的時代觀。《後漢書·仲長統傳》中《理亂篇》下載錄李賢注文：

> 孝平帝時，凡郡國一百三，縣邑一千三百一十四，道三十四，侯國二百四十一。地東西九千三百二里，南北一萬三百六十八里。人戶一千二百二十三萬三千六十二，口五千九百五十九萬四千九百七十八。此漢家極盛之時。遭王莽喪亂，暨光武中興，海內人戶，準之於前，十裁二三，邊方蕭條，略無孑遺。孝靈遭黃巾之寇，獻帝嬰董卓之禍，英雄棋峙，白骨膏野，兵亂相尋三十餘年，三方既寧，萬不存一也。〔註46〕

〔註43〕嚴可均《全後漢文》卷八十八，北京：商務印書館1999年版第891頁。
〔註44〕嚴可均《全後漢文》卷八十八，北京：商務印書館1999年版第894頁。
〔註45〕嚴可均《全後漢文》卷八十八，北京：商務印書館1999年版第894頁。
〔註46〕范曄《後漢書·仲長統傳》卷四十九，北京：中華書局1965年版第1650頁。

已經深刻地指出了人口銳減的社會現實。同樣，《中國人口通史‧東漢卷》也指出「人口在漢魏之際又降到了歷史上的一個低谷」〔註47〕當然，著者也認爲該結論是以理推知，缺乏有力史料以資佐證。這種情況是很容易理解的，國家大亂三十餘年，與天下戶數、人口、錢糧賦稅直接相關的上計制度只得中斷，所以，自然不會留下什麼確鑿的「證據」了。按照仲長統的言說和李賢的注文，我們似乎可以得出這樣一個結論：至仲長統所處的時代，社會人口已經降低至西漢中期以來的歷史最低點了。也就是說，建安十二年（207 年）仲長統入許爲官以來北方漸趨平定，由於連年兵亂造成了人口銳減，所剩無幾之人口和大量拋荒之土地形成了強烈的反差。如果僅就人口數量和耕地面積而論，仲長統寫作《昌言》的時代應該是兩漢歷史上土地兼併最弱的時期。所以，最爲迫切的時代和社會問題是如何墾闢土地、發展農業、增殖人口、廣開稅源等問題。王粲《務本論》中的言說就表達了這種思想，所論內容無外乎農爲國之本，當上敬鬼神下盡人事，賞以勸農、罰以禁末等儒家傳統觀念。這種「王朝初興」之時的重農勸農思想不僅暗合時代發展的脈搏，更代表著那個時代思潮的主流。這種重農歸本、興業勸民以致太平的思想在徐幹《中論》的《民數》篇亦有體現：

> 治平在庶功興，庶功興在均事役，均事役在民數周，民數周爲國之本也。故先王周知其萬民眾寡之數，乃分九職焉。九職既分，則劬勞者可見，怠惰者可聞也，然而事役不均者，未之有也。事役既均，故民盡其心，而人竭其力，然而庶功不興者，未之有也。庶功既興，故國家殷富、大小不匱、百姓休和、下無怨疾焉，然而治不平者，未之有也。〔註48〕

徐幹側重興庶功，王粲側重勸農桑，本質上都是要發展民力，更準確地說就是鼓勵當下的小民盡可能多的去開墾土地、發展生產，使社會經濟盡快得到恢復，這種觀點即符合儒家的重農思想又切合當下的社會需要。所以，王粲的務本之論實際上是代表了當時社會的主流思想，而仲長統的限田、抑兼併之論則明顯是不合時宜的。此外，如果細讀王粲的言說會發現其言說在某些

〔註47〕 袁祖亮主編，袁延勝著《中國人口通史‧東漢卷》，北京：人民出版社 2007年版第 32 頁。此外，該問題唐長孺《魏晉時期人口的減耗》亦有專節論述，見唐長孺《魏晉南北朝隋唐史三編》，北京：中華書局 2011 年版第 20 頁。
〔註48〕 （日）池田秀三《徐幹中論校注》，《京都大學文學部研究紀要》1984 年版第196 頁。

具體問題上表達的態度甚至與仲長統的觀點存在嚴重的衝突。王粲爲了勸農，盡最大可能激發小民的生產熱情甚至徵引「野積逾多，奪者無罪；場功過限，竊者不刑。」〔註49〕的故事來說明應當調動一切因素使小民盡量廣闢土地，盡力農事，甚至標榜「農益地闢，則吏受大賞也；農損地狹，則吏受重罰。」〔註50〕將治下民人墾闢土地的規模和速度與地方官吏的賞罰直接掛鉤。全文洋溢著濃烈的重本勸農氣息，甚至支持毫無限制地開墾，土地開墾得越多就越會得到政府的褒獎，文中鼓勵乃至放任的思想頗爲明顯而無一絲一毫的限制之意。這與通過提倡「限民」進而實現「限豪強」的仲長統土地改革思想產生了根本的衝突。

當然，在看待這一問題上也要看到王粲是從勸農的角度闡發的，而仲長統則是從抑兼併的角度出發的。一個是從思想上調動小民的生產積極性；一個是從制度上抑制豪強兼併的必然性。儘管二人考慮的是兩個層面的問題，但是兩者的思想最後都要作用在具體的農業生產中。而農業生產又是與土地的分配情況緊密相連的，因此，看似兩個層面的思想最終都會對土地分配格局造成深遠的影響。

在討論二人思想對土地分配格局會造成何種深遠影響之前，有必要對二人所處的建安年間之社會現實做一番簡述。經過了長達三十餘年的動亂，東漢以來形成的豪強勢力從某種意義上看反而變得更加強大了。連年的災荒和兵亂使大量小民死於非命，而地方豪強無論在政治、經濟、乃至軍事方面都擁有著一定的力量，處於亂世之中豪強多足以自存，關於這一點可以從一種漢晉間特殊的建築類型——塢堡，該類建築數量的增加足以說明問題。臺灣學者金發根在其《塢堡溯源及兩漢的塢堡》一文中通過對史料分析統計指出：「黃巾之亂時豪右大姓已開始修建塢堡自保，在漢末三國時期塢堡在內郡已非常多見，到西晉永嘉之亂後，留在關中關東的豪右大姓藉以自保的建築或屯聚之地則多以塢堡爲名了。」〔註51〕遭逢社會混亂局面之時，豪強以其軍事和經濟上的優勢使自身得以保存下來，縱然有少部分未能幸免但相對於所剩無幾的小民而言，亂離之後豪強的勢力確實是變得更加強大了。借用前文討論仲長統抑兼併思想章節中的表述便是，

〔註49〕 嚴可均《全後漢文》卷九十一，北京：商務印書館1999年版第920～921頁。
〔註50〕 嚴可均《全後漢文》卷九十一，北京：商務印書館1999年版第920～921頁。
〔註51〕 （臺灣）金發根《塢堡溯源及兩漢的塢堡》，《中研院歷史語言所集刊論文類編》，北京：中華書局2009年版第219頁。

兵亂平息了、人口驟減了，但是導致土地兼併的「加速度」還在，並且這股「加速度」不但沒有削弱，反而還變得更強了。因此，鑒於當時特殊的社會現實，反觀王粲和仲長統的言說，孰優孰劣自然一目了然。王粲之說，固然是出於發展民力、恢復經濟的良好初衷，但是「民之於利也，若水於下也」〔註 52〕一心求利的不只有小民，更有豪強。如果一旦推行聽任民力之政，那麼劫後倖存之小民勢必會再次淪為各地豪強的俎上之肉。這一殘酷的現實恰如唐長孺在《西晉田制試釋》中指出的那樣：「荒蕪的無主之田是誰有力量誰占。所謂力量包括政治上與經濟上的；於是大小軍閥、豪門大族廣占土地，同時紛紛招來失去了土地的農民來耕種這些荒田。」〔註 53〕小民卑微的政治地位和窘困的經濟狀況，如何能夠抵抗競相逐利之軍閥與豪強呢？因此，可以說建安年間王粲等人所代表的務本重農、激發民力之論勢必再次加速土地的兼併和王朝的滅亡，所以斷不可行。當然，行文至此，還應當注意到另一不容忽視的問題。這其中頗值得玩味的是王粲出身世家，《三國志・魏書・王粲傳》載：「曾祖父龔，祖父暢，皆為漢三公。」〔註 54〕可見王粲屬於世家大族出身。王粲持此觀點，或出於對儒家學說的深刻信奉，或出於對自身階層利益的維護。當然，在對待較難把握的心態問題上不可妄加臆斷，但只要注意到一點即可，即王粲的這種觀點會使他所處的這個階層獲得切切事實的利益。

　　仲長統所持之論相比王粲等人的主流觀點要切中時弊得多。縱然社會現實情形是地廣人稀，但仲長統深刻地意識到了兼併土地的中堅力量仍然大量存在，且從某種意義上講似乎較之過去更加強大了。因此，仲長統觀點的高妙之處在於能夠「未雨綢繆」，在問題還沒有大量出現之前就有所防範了。並且，在前文仲長統抑兼併思想研究一章中就已指出，仲長統的抑兼併政策是兩漢以來，在理論上，最為切實穩妥的，在不觸及豪強利益的前提下，推行「局部限田」即防舊豪強之兼併，又止新豪強之產生，實為兩全其美之法。年長仲長統三十餘歲的荀悅在《前漢紀》中面對豪強兼併之烈，無可奈何之下唯有慨歎西、東兩漢開國之君值宜行之世而未行當行之法：

〔註 52〕蔣禮鴻撰《商君書錐指・君臣》，北京：中華書局 1986 年版第 131 頁。
〔註 53〕唐長孺《西晉田制試釋》，見唐長孺《魏晉南北朝史論叢》，北京：中華書局 2011 年版第 35～36 頁。
〔註 54〕陳壽《三國志・魏書・王粲傳》卷二十一，北京：中華書局 1982 年版第 597 頁。

> 由是觀之，若高帝初定天下，及光武中興之後，民人稀少，立
> 之易矣。就未悉備井田之法，宜以口數占田，爲立科限，民得耕種，
> 不得買賣，以贍民弱，以防兼併，且爲制度張本，不亦宜乎！雖古
> 今異制，損益隨時，然紀綱大略，其致一也。〔註55〕

至此，可以發現仲長統在一個全新時代單元即將開啓之際，已經深刻地領會了荀悅這種萬般無奈之下唯有苛責前世開國君主之失的鑒戒意義。因此，可以說仲長統的抑兼併理念是在現實層面上將荀悅求諸過往的設想一絲不苟地付諸實踐，使天下後世不會再苦於豪強兼併之苦了。以上便是對仲長統抑兼併的土地改革思想，通過與其所處時代的主流思想做純粹理論層面的比較後，證明了仲長統思想較之以王粲《務本論》爲代表的時代主流思想更爲深刻且富於遠見。那麼，仲長統的抑兼併思想在現實層面的價值又有多少呢？或者更爲直白地說，仲長統的抑兼併思想究竟能否付諸實踐，如果付諸實踐又會造成什麼樣的影響呢？對於這些問題，還應當再次回到仲長統所處的那個時代的主要矛盾上來。

仲長統所處建安時代的主要社會矛盾已經不再是東漢王朝與豪強階層的矛盾了，因爲漢末之亂東漢王朝已經名存實亡，而豪強階層又憑藉其自身經濟、軍事上的優勢得以自存且其階層實力在亂離之後又有所增益。此消彼長間，豪強階層已實難統御了，新興的曹魏政權也只能以拉攏的方式爭得豪強的支持。〔註56〕儘管曹操也曾打壓過一些豪強〔註57〕，但是曹操這一政策從本質上看，實際是借裁抑豪強之名行剪除異己之實，被打壓的豪強多曾隸屬於敵對陣營抑或本陣營中的異己之人，袁紹部下之豪強、劉表門下之大姓、弘農楊氏一宗等等，其打壓之豪強無外乎以上情形。所以，曹操縱然有推行專制全面裁抑豪強之心，但在現實中迫於豪強階層的強大勢力只得採取拉攏與收買的政策，況且軍旅連年征戰於外，更不希望因觸動豪強的利益而使苦心經營的後方再次陷入混亂。因此，從漢末豪強勢力的發展以及曹操對待豪

〔註55〕張烈點校《漢紀·孝文皇帝紀下》卷八，北京：中華書局 2002 年版第 114～115 頁。

〔註56〕關於該問題可參看田餘慶《秦漢魏晉南北朝史探微》（重訂本），北京：中華書局 2011 年版中的《漢魏之際的青徐豪霸》《關於曹操的幾個問題》《曹袁之爭與世家大族》等章節。此外，毛漢光《三國政權的社會基礎》亦有同樣論斷，見毛漢光《中國中古社會史論》，上海：上海書店出版社 2002 年版。

〔註57〕關於這一點可參看周一良《要從曹操活動的主流來評價曹操》，見周一良《魏晉南北朝史論集》，北京：北京大學出版社 2010 年版第 294 頁。

強的態度和政策，都可以明白地看出，曹操是不可能推行一套觸及豪強根本利益的全新土地制度的。而仲長統的抑兼併思想，縱然經過重重巧妙地偽裝和掩飾，但是都無法迴避其抑豪強兼併的思想核心。因此，可以從現實層面對仲長統抑兼併思想做出這樣的理解，其抑兼併思想針對的是當時社會在政治上、經濟上最為強大的階層，仲長統力主解決的問題恰恰是那個時代的當權者所不願解決、更無法解決的問題。這些都深刻地說明了仲長統的抑兼併思想在其所處時代，因衝擊到了最強階層的根本利益，所以注定不會得到當權者的採用。

上面是從政治的角度分析仲長統抑兼併思想不會得到採用的原因。那麼，仲長統依託抑兼併思想而提出的賦稅改革思想，在現實層面上，又會對社會經濟的復蘇起到怎樣的作用呢？換而言之，仲長統的土地和賦稅改革思想是否適用於其所處時代的社會經濟發展之需要呢？要回答這一問題，還要回到對當權者政治意圖的準確把握上。

於是，暫將問題討論的中心由仲長統轉到建安年間有實而無名的當權者——曹操的身上。曹操雖然處於一個豪強林立的時代，但這並沒有動搖曹操一統天下的強烈願望。而統一天下依靠的是強大的軍事實力和雄厚的經濟基礎，簡而言之，一要有兵，二要有糧！然而，現實恰恰與此相反，自董卓之亂以來三十餘年人口銳減、民生凋敝，人口所剩無幾，社會農業生產瀕臨崩潰。《三國志·魏書·武帝紀》建安元年十月條下注文：

> 《魏書》曰：自遭荒亂，率乏糧穀，諸軍並起，無終歲之計，饑則寇略，飽則棄餘，瓦解流離，無敵自破者不可勝數。袁紹之在河北，軍人仰食桑椹。袁術在江、淮，取給蒲蠃。民人相食，州里蕭條。〔註58〕

各路軍閥在解決糧食問題上都表現得捉襟見肘，因此，廣積糧草便成了曹操要解決的首要問題。所以，就現實情況而言，曹操急需的是一種能夠充分利用人力且最大限度徵課糧食、布匹等產品的農業生產組織形式。按仲長統的賦稅改革思想，每年國家的糧食收入將會是東漢稅制收入的三倍，再按舊制男丁每年服三日徭役，逢戰出賦無戰則免。這種賦稅制度下的國家收入是遠遠無法支撐曹操連年統一戰爭對人力和物力的巨大消耗的。仲長統的土地思想看似將國家的糧食收入增加到了之前的三倍，但究其本質而言，並沒有對

〔註58〕陳壽《三國志·魏書·武帝紀》卷一，北京：中華書局 1982 年版第 14 頁。

國家收入做根本性的增加。因爲，兩漢推行三十稅一之法，仲長統增爲漢制三倍便是十而稅一，然而依靠這種租稅制度徵課糧食的收入仍無法滿足統一戰爭的巨大耗費。光武統一天下時，亦是推行這種十而稅一的制度但仍頗感不足，故推行屯田之法以足國用。漢末人口又少於兩漢之際，故而推行仲長統十而稅一之法自然無法滿足當下統一戰爭對糧食的巨大需求。質而論之，仲長統設計的土地制度和賦稅制度實是適用於和平年代的保足用之道，而非適用於戰爭年代的急耕戰之法。所以，回歸原典，可以看到曹操建自安元年以來便推行了更爲切實的屯田制度，《三國志・魏書・武帝紀》建安元年十月條下注文：

> 公曰：「夫定國之術，在於強兵足食。秦人以急農兼天下，孝武以屯田定西域，此先代之良式也。」是歲，乃慕民屯田許下，得穀百萬斛。於是州郡例置田官，所在積穀，征伐四方，無運糧之勞，遂兼滅群賊，克平天下。〔註59〕

這一政策並非曹操製作，而是得益於棗祗的建議和任峻的推行，《三國志・魏書・任峻傳》注文引《魏武故事》所載史料，清楚地記錄了棗祗向曹操反覆進言之事：

> 及破黃巾定許，得賊資業，當興立屯田，時議者皆言當計牛輸穀，佃科以定。施行後，祗白以爲儻牛輸穀，大收不增穀，有水旱災除，大不便。反覆來說，孤猶以爲當如故，大收不可復改易。祗猶執之，孤不知所從，使與荀令君議之。時故軍祭酒侯聲云：『科取官牛，爲官田計。如祗議，於官便，於客不便。』聲懷此云云，以疑令君。祗猶自信，據計畫還白，執分田之術。孤乃然之，使爲屯田都尉，施設田業。其時歲則大收，後遂因此大田，豐足軍用，摧滅群逆，克定天下，以隆王室。〔註60〕

足見曹操採用屯田制也是認眞聽取幹臣反覆進言的結果。認識到興農積糧的重要性固然重要，但如何制定一套行之有效的政策則顯得更爲迫切。棗祗設計的政策，可以說是爲當時的曹操政權量身定制的。即沒有觸動豪強階層的既得利益，同時也實現了使用民力和產品積累的最大化。究其根本，棗祗政策的核心全在於「分田之術」四字。乍看之，不明其意，翻檢《漢書・食貨

〔註59〕陳壽《三國志・魏書・武帝紀》卷一，北京：中華書局1982年版第14頁。
〔註60〕陳壽《三國志・魏書・任峻傳》卷十六，北京：中華書局1982年版第490頁。

志》（卷二十四上）「而豪民侵陵，分田劫假」之注有：

> 師古曰：「分田，謂貧者無田而取富人田耕種，共分其所收也。
> 假，亦謂貧人賃富人之田也。劫者，富人劫奪其稅，侵欺之也。」
> 〔註61〕

也就是說，所謂的屯田制就是讓控制範圍內的無土之民耕種國家的土地並按照一定比例上繳收穫糧食的一種大規模的生產組織形式。唐長孺在《曹魏屯田制的意義及破壞》一文中將這種生產組織形式的特點歸納爲：「這種屯田制度的主要特點首先是所有屯田戶都是政府的帶著農奴性質的佃農。他們由政府配給土地、農具，一部分還配給耕牛，每年要向政府繳納總收穫量的百分之五十至六十的租課；其次屯田戶直屬農官，不屬地方官管理；他們也不需服兵役。」〔註62〕因此，唐長孺認爲這種制度「只是漢代邊郡屯田以及官田出租辦法的推廣」〔註63〕這種辦法雖然是承襲西漢「故事」，但其推行力度與規模應當都是空前的。因此，質而論之，曹魏政權推行屯田制度，使政府成爲了那個時代最大的豪強！遵循這一邏輯推導出的結論，恰好符合當時社會豪強林立現狀下的遊戲規則——欲統領眾多豪強，必先成爲最大之豪強！棗祗屯田之策，不僅適合那個特殊的時代，而且正中曹操下懷。

分析至此，可以看出真正符合那個時代需要的是棗祗提出的屯田制，這一制度可以最大限度地將小民整編爲農業生產集體，並依靠強硬手段徵繳大量糧食和農副產品，是一種與豪強階層不存在衝突的、收效最快且積累最多的農業生產組織形式。而相比之下仲長統的土地和賦稅改革思想，不僅觸碰到了豪強階層的利益，並且見效慢、積累薄，因此自然不會得到當權者的採用。

第二節　仲長統賦稅改革思想研究

仲長統除對困擾兩漢王朝的土地兼併問題給出了自己的對策外，還對兩漢王朝的賦稅制度提出了自己的改革設想。當然，無論是土地改革還是稅制改革，都是圍繞著廣開稅源以足國用的中心展開的。

〔註61〕班固《漢書・食貨志》卷二十四上，北京：中華書局1982年版第1144頁。
〔註62〕唐長孺《曹魏屯田制度的意義及其破壞》，見唐長孺《魏晉南北朝史論叢》，北京：中華書局2011年版第34頁。另外，收穫糧食的分配比例來源於《晉書・慕容皝載記》卷一○九「持官牛田者官得六分，百姓得四分，私牛而官田者與官中分」。
〔註63〕唐長孺《魏晉南北朝史論叢》，北京：中華書局2011年版第34頁。

　　仲長統首先注意到了東漢王朝自中期以來，由於頻繁的自然災害和連年邊患使得國家財政陷入極度困窘乃至崩潰的境地：

　　　　盜賊凶荒，九州代作，飢饉暴至，軍旅卒發，橫稅弱人，割奪吏祿，所恃者寡，所取者猥，萬里懸乏，首尾不救，徭役並起，農桑失業，兆民呼嗟於昊天，貧窮轉死於溝壑矣。〔註64〕

東漢王朝自中期之後，天災頻仍邊患不止。其中，僅就天災而論，當以安帝永初元年（107年）爲分界線：

　　　　是歲，郡國十八地震；四十一雨水，或山水暴至；二十八大風，雨雹。〔註65〕

是年之後，東漢王朝進入了自然災害的頻發期，大批流民隨之產生且流民規模之小大與受災面積廣狹、程度重輕相關聯。面對此種情形，東漢王朝疲於賑濟災民，國家財政日漸艱難。東漢王朝急於擺脫這種財政困窘的被動狀況，所以盲目地採取了一系列「急躁」的措施。這些措施主要包括橫征暴斂、減少官奉、賣官鬻爵、入縑帛贖罪等。然而，仲長統指出恰恰又是這些「急躁」的措施造成了許多嚴重的社會問題。在仲長統看來，東漢王朝所慣用的兩條「急躁」措施：一個是「橫稅弱人」；另一個是「割奪吏祿」。此二者給東漢王朝帶了極壞的影響。所謂「橫稅弱人」便是橫征暴斂，國家一旦財政不足，便對小民稅外加稅、賦外加賦。並且，這種肆無忌憚的盤剝並非都是事出有因，即便在內有災、外有患的時候，也會爲了滿足帝王的一己之私而大肆搜刮小民：

　　　　時靈帝欲鑄銅人，而國用不足，乃詔調民田，畝斂十錢。〔註66〕

這些都使小民的境地每況愈下，而「割奪吏祿」所帶來的危害則要更爲深遠。因爲，東漢王朝高級官吏俸祿豐厚，而廣大的低級官吏卻俸祿微薄。作爲開國之君的光武帝就洞察到了這一問題，並作出了一些調整：

　　　　二十六年（春）正月，詔有司增百官奉。其千石已上，減於西京舊制；六百石已下，增於舊制。〔註67〕

當然，這種調整也只是適當的增補而已，並未給廣大低級官吏微薄的俸祿以顯著地提升，而國家財政一旦出現不濟的時候，還要剋扣百官俸祿。這一辦法，從東漢中期安帝朝後似乎已成常例：

〔註64〕嚴可均《全後漢文》卷八十八，北京：商務印書館1999年版第893頁。
〔註65〕范曄《後漢書‧孝安皇帝紀》卷五，北京：中華書局1965年版第209頁。
〔註66〕范曄《後漢書‧陸康傳》卷三十一，北京：中華書局1965年版第1113頁。
〔註67〕范曄《後漢書‧光武帝紀下》卷一下，北京：中華書局1965年版第77頁。

安帝朝

> 永初四年春正月，丙午，詔減百官及州郡縣奉各有差。〔註68〕

順帝朝

> 漢安二年冬十月，甲辰，減百官奉。〔註69〕

桓帝朝

> 延熙四年秋七月，減公卿以下奉，貸王侯半租。〔註70〕

> 延熙五年，八月庚子，詔減虎賁、羽林住寺不任事者半奉，勿
> 與冬衣；其公卿以下給冬衣之半。〔註71〕

雖然在仲長統所處的獻帝朝，沒有明確的「減奉」詔令，但可以從其他史料
推知，自建安元年（196年）獻帝遷都於許後，曾對各級官吏都給予賞賜：

> 建安九年十二月，賜三公已下金帛各有差。自是三年一賜，以
> 爲常制。〔註72〕

> 建安十年秋九月，賜百官尤貧者金帛各有差。〔註73〕

結合漢末社會動亂的史實和史傳中關於這個流離失所小朝廷的記載，可以推
知這兩次所謂的賞賜，其實只是對各級官員借賞賜之名行賑濟之實。尤其是
第二條「賜百官尤貧者金帛各有差」，可以推知當時供職於漢廷的官員中生活
貧困者不乏其人，且不在少數。這些材料都在指向一個問題，即東漢時期低
級官吏的俸祿本來就相對微薄，朝廷不但不增加俸祿反而一旦財政緊張就拖
欠剋扣，這種手段只能令眾多低級官吏的生活境況雪上加霜。因爲，低級官
吏的俸祿本就微薄，維持自身生活已經十分困難，早於仲長統的崔寔對這一
點就曾明確地指出：

> 一月之祿，得粟二十斛，錢二千。長吏雖欲崇約，猶當有從者
> 一人，假令無奴，當復取客。客傭一月千，芻膏肉五百，薪炭鹽菜
> 又五百，二人食粟六斛，其餘財足給馬，豈能供冬夏衣被、四時祠
> 祀、賓客斗酒之廢乎？〔註74〕

〔註68〕范曄《後漢書·孝安皇帝紀》卷五，北京：中華書局1965年版第214頁。
〔註69〕范曄《後漢書·孝順皇帝紀》卷六，北京：中華書局1965年版第273頁。
〔註70〕范曄《後漢書·孝桓皇帝紀》卷七，北京：中華書局1965年版第309頁。
〔註71〕范曄《後漢書·孝桓皇帝紀》卷七，北京：中華書局1965年版第310頁。
〔註72〕范曄《後漢書·孝獻皇帝紀》卷九，北京：中華書局1965年版第383頁。
〔註73〕范曄《後漢書·孝獻皇帝紀》卷九，北京：中華書局1965年版第384頁。
〔註74〕崔寔著、孫啓治校注《政論校注》，北京：中華書局2012年版第149頁。

那麼既然俸祿本來就不足用，且朝廷又有減無增，單純地賦予「權」而並未賦予與之相匹配的「利」，於是這些底層官吏爲了維持與其地位相對應的生活方式，只得轉過頭來盤剝小民了。用仲長統的表述方式便是「使豺狼牧羊豚，盜跖主征稅，國家混亂，吏人放肆」。仲長統的這種「厚祿」思想雖然無法杜絕因個人私欲膨脹而導致搜刮民脂民膏的現象，但至少開始從制度上思考滿足底層官吏生活必需與防治腐敗的關係，且在理論層面上對防治官吏盤剝下民是有一定作用的。

不難看出，仲長統的稅制改革思想首先是注意到了東漢王朝自中期以來長期國用不足的嚴重問題。當然，也不能否認，作爲尚書郎的仲長統，似乎也會較爲切身地體會到作爲「小朝廷」中尚書郎俸祿微薄的清苦〔註75〕。所以，才會一面希望國家廣開財源，另一面大聲疾呼要提高低級官吏的俸祿。在國用、身給皆感不足的情況下，仲長統提出了他的稅制改革思想。其稅制改革思想的核心是「租稅十一，更賦如舊」〔註76〕。「租稅十一」，也就是要恢復到理想井田制下十一而稅的租稅制度；「更賦如舊」絕非更和賦要一如兩漢之舊，而是要恢復到井田十一時期輕繇薄賦時期的更、賦標準。仲長統在其言說中對兩漢以來長期實行的「三十稅一」制度給予了深刻的批判，認爲國家蓄積微薄賑災無糧、戡亂無餉的根本原因在於「三十稅一」的輕稅政策使得國家蓄積不足，以致於每每遭逢災荒邊患只得「橫稅弱人，割奪吏祿」了。

仲長統的稅制改革思想，就本質而言，其實只是對東漢王朝的地租制度進行改革。在兩漢時期，稅收主要包括三大類：一，地租；二，算賦（包括成年人的算錢和未成年人的口錢，婦女亦徵收算錢）；三，更賦（包括各種徭役和因免服兵役所繳之折費）。仲長統鑒於長期國用不足之狀況，建議應當將田租的比例由最初承襲西漢的「三十稅一」提升到「十而稅一」。東漢王朝的稅制基本上承襲西漢，兩漢四百年間並無較大變動。

〔註75〕 按，仲長統時爲尚書郎，尚書郎之祿秩據《秦漢官制史稿》考證當爲四百石，見安作璋、熊鐵基《秦漢官制史料》，濟南：齊魯書社 2007 年版第 275 頁。又按，祿秩四百石據《續漢志百官受奉例考》可知月俸爲錢 2500、穀 15 斛（按延平例），見日本學者宇都宮清吉、藪內清《續漢志百官受奉例考》，《東洋史研究》五卷四期 1940 年第 34 頁。此數目與上述崔寔所述底層官吏拮据之狀況頗爲相符，可以推知，仲長統在許爲官時期生活並不寬裕。
〔註76〕 嚴可均《全後漢文》卷八十八，北京：商務印書館 1999 年版第 894 頁。

關於兩漢田租的比例大致上經歷了以下幾個階段的變動。西漢開國，高祖劉邦提倡輕繇薄賦政策，推行「什五而稅一」〔註77〕，之後迫於立國之初國用不濟的現實，似乎又有所提升；至惠帝元年（前 194 年）將田租恢復到了「什五稅一」〔註78〕；文帝十三年（前 167 年）甚至直接宣佈全部免除田租〔註79〕；此後，經過了十三年的無田租時期，至景帝二年（前 155 年）「令民半出田租，三十而稅一也。」〔註80〕，至此「三十稅一」成爲西漢常制。東漢開國，光武帝鑒於連年征戰用度不足也曾經恢復過「什一而稅」的制度，後因軍士屯田在一定程度上緩解了用度不足，於是在建武六年（30 年）宣佈恢復「三十稅一」制度，此後「三十稅一」亦爲東漢常制。

仲長統的稅制改革就是針對這種兩漢以來已成定制的「三十稅一」田租制度。仲長統首先在論說過程中直陳兩種制度帶給國家積累的巨大差別。如果單純進行數學上的推理，且拋開在徵收、轉運、儲備過程中糧食的損耗以及一些操作過程中的人爲偏差外，在天下人口數和田畝數一定的情況下，推行「租稅十一」政策一年國家收穫的糧食總量就是實行「三十稅一」時的三倍！這也便是仲長統所說的：

> 今通肥饒之率，計稼穡之入，令畝收三斛，斛取一斗，未爲甚
> 多。一歲之間，則有數年之儲，雖興非法之役，恣奢侈之欲，廣愛
> 幸之賜，猶未能盡也。〔註81〕

在這種稅制的保障下，國家一年的田租收入就是舊稅制時的三倍，國家財政拮据的狀況也會得以徹底扭轉。其次，仲長統雖未明言但在言辭中借助孟子之意，對「三十稅一」的制度再次予以批判。孟子曾經在和白圭的對話中，明確地表達了對「什一而稅」制度的肯定：

> 白圭曰：「吾欲二十而取一，何如？」
>
> 孟子曰：「子之道，貉道也。萬室之國，一人陶，則可乎？」

〔註77〕班固《漢書·食貨志》卷二十四上，北京：中華書局 1962 年版第 1127 頁。
〔註78〕班固《漢書·惠帝紀》卷二有「減田租，復十五稅一。」之語，見班固《漢書·惠帝紀》卷二，北京：中華書局 1962 年版第 85 頁。
〔註79〕班固《漢書·食貨志》卷二十四上有「上復從其言，乃下詔賜民十二年租稅之半。明年，遂除民田之租稅。」之語，見班固《漢書·食貨志》卷二十四上，北京：中華書局 1962 年版第 1135 頁。
〔註80〕班固《漢書·食貨志》卷二十四上，北京：中華書局 1962 年版第 1135 頁。
〔註81〕嚴可均《全後漢文》卷八十八，北京：商務印書館 1999 年版第 893 頁。

曰：「不可，器不足用也。」

曰：「夫貉，五穀不生，惟黍生之。無城郭、宮室、宗廟、祭祀之禮，無諸侯幣帛饔飧，無百官有司，故二十取一而足也。今居中國，去人倫，無君子，如之何其可也？陶以寡，且不可以爲國，況無君子乎？欲輕之於堯舜之道者，大貉小貉也；欲重之於堯舜之道者，大桀小桀也。」〔註82〕

仲長統亦有言：

二十稅一，名之貉，況三十稅一乎？〔註83〕

可以看出仲長統在這一問題上承襲孟子的脈絡是十分清晰的，更可以看出仲長統對三代聖制的肯定與堅信。當然，《昌言》中仲長統就此而暢言道「雖興非法之役，恣奢侈之欲，廣愛幸之賜，猶未能盡也。」對此，不可以徑直從字面出發，簡單地理解爲仲長統對統治階層肆意役使小民、窮奢極欲、賞賜無度的贊同和肯定，而是要明白這是仲長統藉此來說明推行「租稅十一」政策可使國用充足、財用無憂，是一種心態上對「租稅十一」制度充分自信的體現。依據當下的史料，雖然無法知道兩漢王朝具體的財政收支狀況，但是從理論上講，仲長統的這種設想可以令國家僅田租收入一項就達到舊制下的三倍之多，這種巨大的增長無疑會對東漢王朝拮据的財政起到相當的緩和作用。

然而，現實中國家蓄積的切實增長並不是簡單地依靠田租稅率由「三十稅一」上昇到「十而稅一」的簡單浮動，而是依靠現實從事生產的小民，即漢帝國賦稅的直接來源、現實生產中的最小單元——五口之家。國家徵收田租是按戶來計算的，每戶又都應在理論上具有一定數目的土地。在這種邏輯推理的環節中，如果小農失去了土地淪爲破產農民，那麼一切便都失去了意義。所以，問題似乎又回到了如何保證小民擁有土地而不至於破產的層面上。而如何保護小民使其保有一定數量的土地，或對破產小民重新授田，恰恰又是仲長統「抑兼併」思想中「局部限田」策略所要解決的主要問題。

至此，可以看出仲長統田租制度改革思想是以其「抑兼併」思想中的「局部限田」策略作爲依託的。「局部限田」就是在有限的公田範圍之內推行近似井田的政策。而後，再根據推行的井田政策，向小民徵收相應的田租。「井田」

〔註82〕（清）焦循撰，沈文倬點校《孟子正義‧告子下》卷十二，北京：中華書局1987年版第855～858頁。
〔註83〕嚴可均《全後漢文》卷八十八，北京：商務印書館1999年版第894頁。

和「什一」本就一體，「井田」使戶戶有田且戶戶均田，而「什一」的稅制又是基於此種土地制度而產生的田租制度。至兩漢之時，董仲舒、王莽、荀悅等都將「井田」與「什一」並論。至東漢時期，士人們在言說時仍習慣將此二者相提並論，從《後漢書‧祭祀志》注中引杜林上疏之文便可窺見一二：

> 臣聞營河、雒以為民，刻肌膚以為刑，封疆畫界以建諸侯，井
> 田什一以供國用，三代之所同。〔註84〕

可知，「井田」即是「什一」稅制產生的制度基礎，而「什一」稅制則是基於「井田」制度而產生的課稅方式。此二者互為表裏，實為一體。也就是說，在漢代人的觀念中「井田」並不是一種簡單的土地分配和生產製度，而是土地制度和稅收制度的集合體。然而，仲長統在闡述其思想時，卻將這二者分開來講，仲長統的這一做法是有其深刻原因的。東漢晚期，儒學思想已現盛極轉衰之象，儒學或困於僵化章句，或流於空疏清談。如若只簡單地重複「井田什一」之說，既不能開僵化者之耳目、去空疏者之淺薄，更重要的是，陳陳相因的言說方式已經無益於解決嚴峻的現實問題。所以仲長統分別借助「局部限田」策略首先使得在一定程度上推行井田成為可能；而後又以國用不足作為開端，引出推行「租稅十一」制度的迫切性和可能性。實則仲長統的「抑兼併」思想和「租稅十一」思想就是對儒家「井田什一」聖制如何付諸當下實踐做了最為恰當地取捨。這種打破傳統思維結構的陳述方式，實是仲長統行文的一大特色，該問題會在後面章節中作專門論述。

前文曾有交代，兩漢對小民徵課的賦稅主要有三種：田租、算賦（包括口錢和算錢）、更賦（包括各種徭役和因免服兵役所繳之折費）。仲長統的「租稅十一」是針對舊有的田租「三十稅一」而提出的，那麼，仲長統有沒有對舊有的算賦和更賦制度提出自己的見解呢？對於這個問題，因現存《昌言》中相關文字本就有限，所以多數人在閱讀《昌言》時往往會忽視仲長統對算賦和更賦制度的態度。回歸原典，縱然沒有發現大段的相關論述，但仲長統已經在簡短的文字中表露了對東漢王朝現行的算賦、更賦制度改革的態度和目標：

> 租稅十一，更賦如舊。〔註85〕

簡短的八個字，已經將東漢王朝的田租、算賦和更賦制度全部包含其中了。「更賦如舊」之「更」當指「更賦」而言，而「更賦如舊」之「賦」當指「算賦」

〔註84〕范曄《後漢書‧祭祀志》卷九十七，北京：中華書局1965年版第3160頁。
〔註85〕嚴可均《全後漢文》卷八十八，北京：商務印書館1999年版第894頁。

而言。那麼，「更賦如舊」之「舊」又指向了何時之舊制呢？

如果拋開《昌言》中仲長統改革思想的完整性，單純地從字面理解很容易理解爲「更賦如舊」便是更賦一如兩漢之舊制。不過，儘管仲長統在此處文辭甚簡，但如果能回到《昌言》的文本之中細細品讀，便會發現這種理解未免過於簡單了。

首先，仲長統的稅制改革思想中已經對東漢王朝的稅制積弊予以深刻揭露，曾明確指出：

> 盜賊凶荒，九州代作，飢饉暴至，軍旅卒發，橫稅弱人，割奪吏祿，所恃者寡，所取者猥，萬里懸乏，首尾不救，徭役並起，農桑失業，兆民呼嗟於昊天，貧窮轉死於溝壑矣。〔註86〕

這裡所指的「橫稅弱人」，便指國家因財用不足而對小民橫征暴斂，在這種狀況下，如果征斂的形式是糧食，那便租外加租；如果徵收的形式是貨幣，那便是算外加算，也就是賦外加賦了。徵收的情況不一，往往要依據國家抑或帝王要達到的目的而選取徵課形式。《後漢書‧陸康傳》載錄了東漢靈帝欲鑄銅人而徵課天下「畝收十錢」之事。雖然明言是按畝徵課，但可以想見東漢末年朝政大壞，地方豪強與令長勾結逃避稅賦之事已爲平常，且尚未破產小民之田畝數又相對較少且小民田畝數間差異亦不甚明顯。所以，雖有按畝徵課之名，實際上對小民而言就是變相增加了人頭稅——算錢。

至於更賦中的徭役和一些雜稅，一旦國家有風吹草動，大肆徵發徭役便不可避免，致使百姓有違農時，嚴重妨礙了農業生產。即便在國家沒有外患的情況下，地方官吏也會想盡一切辦法殘虐小民。凡所遇之事無論大小，皆稅外加稅、賦外加賦、力役無度，此類事件在東漢中期之後已成平常：

> 縣當孔道，加奉尊嶽，一歲四祠，養牲百日，常當充肥，用穀橐三千餘斛，或有請雨齋禱，役費兼倍，每被詔書，調發無差，山高聽下，恐近廟小民不堪役賦有飢寒之窘，違宗神之敬，乞差諸賦，復華下十里以内民租田口算，以寵神靈廣祈多福隆中興之祀。〔註87〕
> （光和二年 179 年）

〔註86〕嚴可均《全後漢文》卷八十八，北京：商務印書館 1999 年版第 893 頁。

〔註87〕樊毅《復華下民租田口算碑》見（宋）洪適《隸釋‧隸續》卷二，北京：中華書局 1986 年影印洪氏晦木齋刻本排印頁碼第 28 頁。此文亦爲嚴可均收錄於《全後漢文》卷八十二樊毅條下，見嚴可均《全後漢文》卷八十二，北京：商務印書館 1999 年版第 825 頁。

因此，仲長統《昌言》中的揭露文字雖然簡短，但是這其中已經深刻地揭示出了東漢傳統賦稅制度的種種深重弊端。所以，仲長統似不大可能明知舊制有百弊而又力主重歸兩漢舊制的。

其次，從仲長統所提倡的制度上來看。「井田」與「什一」互為表裏，井田制度是什一而稅的土地制度之保障，而什一而稅又是井田制度的典型特徵。並且，在這種土地制度和租稅制度之外，井田制度還有一套與之相配的更、賦制度。前人在言說中對此已有明確說明，並且在說明的同時還表達了對後來（漢代）賦稅制度的強烈不滿。董仲舒對此就有較為詳細的表述：

> 古者稅民不過什一，其求易共；使民不過三日，其力易足。民財，內足以養老盡孝，外足以事上共稅，下足以畜妻子極愛，故民說從上。至秦則不然，用商鞅之法，改帝王之制，除井田，民得賣買，富者田連阡伯，貧者亡立錐之地。又顓川澤之利，管山林之饒，荒淫越制，逾侈以相高：邑有人君之尊，里有公侯之富，小民安得不困？又加月為更卒，已復為正，一歲屯戍，一歲力役，三十倍於古；田租口賦，鹽鐵之利，二十倍於古。或耕豪民之田，見稅什五。〔註88〕

在董仲舒的言說中，可以窺見一些井田制度下的賦稅徵課模式。對小民而言以實物形式繳納「什一」之稅外，似乎只用再出三日力役即可。董仲舒在文中指責秦自商鞅以來國家大肆盤剝、稅目重出，濫徵力役，這其中似乎也透露著些許對西漢稅制的不滿之意。畢竟在賦稅制度上，秦漢是一脈相承的。而至西漢末年的王莽，則借井田什一聖制曆數西漢稅制的種種弊端，將西漢與暴秦相提並論之意已顯露無疑：

> 古者，設廬井八家，一夫一婦田百畝，什一而稅，則國給民富而頌聲作。此唐虞之道，三代所遵行也。秦為無道，厚賦稅以自供奉，罷民力以極欲，壞聖制，廢井田，是以兼併起，貪鄙生，強者規田以千數，弱者曾無立錐之居。又置奴婢之市，與牛馬同闌，制於民臣，顓斷其命。……漢氏減輕田租，三十而稅一，常有更賦，罷癃咸出，而豪民侵陵，分田劫假。厥名三十稅一，實什稅五也。父子夫婦終年耕芸，所得不足以自存。故富者犬馬餘菽粟，驕而為邪；貧者不厭糟糠，窮而為奸。〔註89〕

〔註88〕嚴可均《全漢文》卷二十四，北京：商務印書館1999年版第238頁。
〔註89〕嚴可均《全漢文》卷五十九，北京：商務印書館1999年版第607頁。

王莽的言說更加直接，稱頌「井田什一」聖制的同時對秦、漢王朝的賦稅制度進行了全面的批判。在此，應當冷靜地看到，縱然王莽有爲自身政治陰謀大肆鼓吹之嫌，但是他對漢代賦稅制度的批判還是較爲中肯的。前人已經對漢代賦稅制度的弊端痛斥到如此地步，仲長統似乎不大可能不顧前人痛陳利弊而再執意恢復兩漢舊制的。

再次，就漢代的國家財政收入而言「田租自當爲三種中之最重要者」〔註90〕仲長統認爲，只要按其「租稅十一」的田租稅率徵課後，國家最主要的田租收入可增至舊制下的三倍，結果必定是府庫充盈、財政寬裕，在這種國用充足的情況下，國家再依照兩漢舊制去徵課更賦和算賦便失去意義了，因此便沒有必要再去額外盤剝小民了。

另外，任何提倡稅制改革者近乎都是力主減輕當下（稅制下）小民之負擔的，儘管最終都會落入「稅外加稅——改革並稅——再稅外加稅——再改革並稅」的惡性循環中，但沒人會在改革之初就以加重賦稅來獲取支持的。如果眞的將「更賦如舊」理解爲將更賦制度保持兩漢舊制的話，那麼，在此基礎上再推行「租稅十一」——將田租提高到原來的三倍，無疑是極其露骨地將小民逼上絕路。因此，「更賦如舊」斷不可作此解！

至此，可以透徹地理解緣何仲長統不厭其煩地陳述「租稅十一」之制，而對更賦改革僅僅寥寥數語了。因爲，在仲長統看來租稅是國家的根本所在，通過「租稅十一」的改革後，國用豐足。此時，從某種意義上講漢代的更、賦制度也就幾乎沒有存在的必要了。所以，便輕描淡寫地用「更賦如舊」這四個字來說明更賦徵課完全可以回到與「井田什一」相應之舊制了。

綜合仲長統「抑兼併」思想一章的分析可以看出，仲長統在田制改革的問題上主張推行「局部限田」，這一措施是十分謹慎且穩妥的，然而在更賦制度改革的問題上則顯得舉重若輕。但是如果說仲長統只著力於恢復「井田什一」制度而沒有意識到兩漢更賦制度的弊端，這點在常理上似乎很難說通。因爲，首先單就文本而言，如今所見之《昌言》已經是「亡者蓋十八九」之後的輯錄之作了，以現存《昌言》中所見之觀點來機械地逆推仲長統某些觀點的有無，則未免過於僵化和可笑。至少《理亂篇》中所涉及的租稅問題都是圍繞井田什一來談的，更賦制度並不是主題。所以，可以說現存文獻中

〔註90〕 李劍農《中國古代經濟史稿》（上）先秦兩漢部分，武漢：武漢大學出版社 2011 年版第 295 頁。

未見仲長統關於漢代賦稅制度的論述，但不能說仲長統對漢代的賦稅制度不曾有過思考。

此外，和仲長統行年存在交集且年長仲長統三十餘歲的荀悅，就已經開始察覺到了兩漢稅制的嚴重問題：

> 古者什一而稅，以爲天下之中正也。今漢民或百一而稅，可謂鮮矣，然豪強富人，占田逾侈，輸其賦太半，官收百一之稅，民收太半之賦，官家之惠優於三代，豪強之暴酷於亡秦，是上惠不通，威福分於豪強也。今不正其本，而務除租稅，適足以資富強。〔註91〕

荀悅的這種思考，雖然只是通過揭露豪強壓榨小民的現狀來指出漢代三十稅一的輕稅政策並沒有實現眞正意義上的養民。儘管在分析的過程中沒有直擊導致小民破產的根本原因，但這段文字至少說明自董仲舒、師丹、王莽至荀悅，已經不斷有人開始對兩漢以來的賦稅制度產生了質疑和反思。然而，兩漢四百年間質疑者不在少數，提倡直接恢復井田的也不乏其人，但像仲長統這樣公開提出「更賦如舊」的人似乎沒有第三個（王莽曾試圖全面推行井田古制）。在此，有必要先對兩漢的更、賦制度作細緻介紹。

算賦，是一種依據人丁徵收的人頭稅，從較爲寬泛的意義上講包括「口賦」（口錢）和「算賦」（算錢）。究其根本而言，口賦和算賦是對一個人在不同年齡時期徵收的人頭稅。口賦，據《漢書・昭帝紀》元鳳四年春正月條下注：

> 如淳曰：「《漢儀注》民年七歲至十四出口賦錢，人二十三。二十錢以食天子，其三錢者，武帝加口錢以補車騎馬。」〔註92〕

又《後漢書・光武帝紀下》建武二十二年九月條下注：

> 《漢儀注》曰：「人年十五至五十六出賦錢，人百二十，爲一算。又七歲至十四出口錢，人二十，以供天子；至武帝時，又口加三錢，以補車騎馬。」〔註93〕

又《漢書・孝惠帝紀》六年冬十月條下注：

> 應劭曰：「漢律，人出一算，算百二十錢，唯賈人與奴婢倍算。」
> 〔註94〕

〔註91〕張烈點校《漢紀・孝文皇帝紀下》卷八，北京：中華書局2002年版第114頁。
〔註92〕班固《漢書・昭帝紀》卷七，北京：中華書局1962年版第230頁。
〔註93〕范曄《後漢書・光武帝紀下》卷一下，北京：中華書局1965年版第74頁。
〔註94〕班固《漢書・惠帝紀》卷二，北京：中華書局1962年版第91頁。

且這種稅制又肇端於西漢高祖四年（前 203）。高帝四年冬十一月條：

> 八月，初爲算賦。〔註95〕

且該條下注文：

> 如淳曰：「《漢儀注》民年十五以上至五十六出賦錢，人百二十
> 爲一算，爲治庫兵車馬。」〔註96〕

這一針對人丁課稅的方式一直綿延到東漢末年，可謂綿延兩漢之世。綜上，可以看出東漢社會之小民，在七歲到十四歲的時期要繳納每人每年二十錢；在十五歲到五十六歲的時期要繳納每人每年一百二十錢。〔註97〕並且，這種針對人丁課稅的制度對婦女並不網開一面，這一點是很有必要澄清的。章帝元和二年春正月乙酉詔曰：

> 《令》云：「人有產子者復，勿算三歲。」今諸懷妊者，賜胎養
> 穀，人三斛；復其夫，勿算一歲。著以爲令。〔註98〕

由此可見，東漢王朝已有舊令在先，婦女生產後可免去三年算賦，章帝又在此基礎上有所增益，對懷胎之婦女賜予一定數量的糧食，並免去其丈夫一年算賦。這些法令恰好也從另外一面說明了，對沒有懷胎、生產的女性也是一樣要徵課算賦的。因史傳中皆用一「算」字表述，且未予額外說明，似當等同於男丁所徵課之數目。因此，以常理推知：「五口之家，如有三個成年人，兩個未成年人，就得出 400 文。」〔註99〕此外，還有更賦。據《漢書·昭帝紀》元鳳四年春正月條下注：

> 如淳曰：「更有三品，有卒更，有踐更，有過更。古者正卒無常
> 人，皆當迭爲之，一月一更，是謂卒更。貧者欲得雇更錢者，次直
> 者出錢顧之，月二千，是謂踐更也。天下人皆直戍邊三日，亦名爲
> 更，律所謂繇戍也。雖丞相子亦在戍邊之調。不可人人自行三日戍，
> 又行者當自戍三日，不可往便還，因便住一歲一更。諸不行者，出
> 錢三百入官，官以給戍者，是爲過更也。律說，卒踐更者，居也，

〔註95〕班固《漢書·高帝紀上》卷一上，北京：中華書局 1962 年版第 46 頁。

〔註96〕班固《漢書·高帝紀上》卷一上，北京：中華書局 1962 年版第 46 頁。

〔註97〕每人每年一百二十錢的常制是經過漫長的變動而最終確定下來的，當然即便常制已經確定，但隨年景豐欠、國用綽約還會出現一定的變動。詳見加藤繁《關於算賦的小研究》，《中國經濟史考證》（上），北京：中華書局 2012 年版。

〔註98〕范曄《後漢書·孝章皇帝紀》卷三，北京：中華書局 1965 年版第 148 頁。

〔註99〕李山《中國文化史》，北京：北京師範大學出版社 2007 年版第 407 頁。

居更縣中五月乃更也。後從尉律，卒踐更一月，休十一月也。《食貨志》曰：『月爲更卒，已復，爲正一歲，屯戍一歲，力役三十倍於古。』此漢初因秦法而行之也。後遂改易，有謫乃戍邊一歲耳。逋，未出更錢者也。」〔註100〕

又《後漢書·孝明皇帝紀》中元二年秋九月條下注：

> 更，謂戍卒更相代也。賦，謂雇更之錢也。《前書音義》曰：「更有三品：有卒更，有踐更，有過更。古正卒無常，人皆當迭爲之。有一月一更，是爲卒更。貧者欲得雇更錢，次直者出錢雇之，月二千，是爲踐更。古者天下人皆當戍邊三日，亦名爲更。不可人人自行三日戍，當行者不可往即還，因住一歲，次直者出錢三百雇之，謂之過更。」〔註101〕

據上文可知更賦包括卒更、踐更和過更。卒更、踐更皆屬徭役範疇；過更當屬兵役範疇。按照國家要求，成年男丁都有爲國家服徭役一個月的義務——卒更，如果不想親自服徭役可花錢雇人代替自己來服一月徭役——踐更。然而，雇傭他人的價格政府已經明確指定爲兩千錢。〔註102〕另外，成年男丁有都有服兵役戍邊三日的義務，但由於諸多原因導致「不可人人自行三日戍」所以還要花錢雇人代替自己服三日兵役。雇傭他人的價格政府亦明確指定爲三百錢。這樣一來，一個五口之家若有兩個成年男丁的話，每年又要繳納六百錢。加之之前的四百錢算賦就是一千錢。「無論年景好壞，什麼事情也沒有，就得上繳 1000 文左右的錢款給政府。本來小農脆弱，天災人禍都可以使之破產。現在又這樣 1000 文大錢橫在那裡，小農就像站在深過下頷的水流之中，一有風浪就面臨滅頂之災。」〔註103〕爲什麼這樣說呢？因爲根據漢代一個普通的五口之家擁有七十畝耕地來計算，〔註104〕除去自然災害不提，每畝土地的收入按照仲長統《昌言》中推算其所處時代的平均值：

〔註100〕班固《漢書·昭帝紀》卷七，北京：中華書局 1962 年版第 230 頁。

〔註101〕范曄《後漢書·孝明皇帝紀》卷二，北京：中華書局 1965 年版第 98 頁。

〔註102〕此項費用對小民而言頗爲巨大，且屬自願而非強制，故依常理推之小民當多服徭役而少繳錢款。

〔註103〕李山《中國文化史》，北京：北京師範大學出版社 2007 年版第 407 頁。

〔註104〕該家庭類型和土地數量均採自許倬雲《漢代農業》中第三章《農民的生計》所推算之數目，見許倬雲《漢代農業》，南京：江蘇人民出版社 2012 年版第 57～80 頁。

今通肥饒之率，計稼穡之入，令畝收三斛。〔註105〕

擁有七十畝土地的農戶每年收入的糧食當爲二百一十斛左右。而在這二百一十斛的糧食收入中還要扣除這個五口之家的全年口糧，許倬雲將史傳中提供的文字材料和居延漢簡所提供的信息相結合，對一個五口之家的口糧消耗做出了如下統計：

一個成年男子一個月的糧食消費量爲 3 斛，一個成年家屬爲 2.1 斛，一個未成年人 1.2 斛。據此，我們在上面虛構的那個五口之家，每一個月要消費糧食 11.4 斛，或者說每年約消費 140 斛糧食。〔註106〕

也就是說，在全部二百一十斛糧食中必須扣除這用於糊口的一百四十斛。所剩僅七十斛而已。而這七十斛中還要在拿出一部用於折錢去繳納更、賦之錢，按在正常年景下一斛糧食大約可以換得六十錢的話，那麼一千錢就要折掉將近十七斛的糧食。至此，這個五口之家在完稅之後所剩糧食只有五十三斛了。所剩這五十三斛糧食對這一個五口之家又是一個什麼概念呢？如果進行純粹理論層面的推算，假設這個五口之家在之後的一年中沒有任何地方政府發起的宗教祭祀活動〔註107〕、沒有任何婚喪嫁娶、沒有任何衣服器用採購、沒有任何疾病、沒有任何生產工具需要更新或維護、沒有任何地方政府的苛捐雜稅濫征徭役，且還需按最少數額爲來年每畝留足一斗的糧種後，這個五口之家所剩餘的糧食只有四十六斛了。

然而，盤剝並未完結，這些還只是這個家庭繳納了更、賦之費後的剩餘。此時，所剩糧食本已不多，但還需繳納直接以實物形式徵課的「三十稅一」之田租。按照二百一十斛的收入，應該繳納七斛。此時，這個五口之家在純然理論層面上推算後僅僅就剩下三十九斛糧食了。也就是說農夫在外辛辛苦苦勞碌一年所得的收成除了繳納各種賦稅和保留全家糊口之糧外，所剩的糧食數量不過相當於這個家庭三個月的口糧而已。至此，又可以證明仲長統的「更賦如舊」說絕不可能是在維持東漢王朝舊有的更賦制度下再推行「租稅十一」的。因爲，如果再推行「租稅十一」制度，那麼小民上繳的田租就不是七斛而是二十一斛了。按此推算，這個五口之家就只剩下二十五斛糧食了。

〔註105〕嚴可均《全後漢文》卷八十八，北京：商務印書館1999年版第893頁。

〔註106〕許倬雲《漢代農業》，南京：江蘇人民出版社2012年版第68頁。

〔註107〕這一點似乎是不大可能的，據班固《漢書‧食貨志上》卷二十四上「石三十，爲錢千三百五十，除社閭嘗新春秋之祠，用錢三百，餘千五十。」之語，可知宗教祭祀當爲小民一年中不可避免之支出。

仲長統身爲尚書郎，鑒於其所處職位的特殊性：

> 尚書郎四人：一人主匈奴單于營部，一人主羌夷吏民，一人主
> 天下戶口土田墾作，一人主錢帛貢獻委輸。〔註108〕

似不可能不對東漢王朝的土地和賦稅制度的積弊全然不察。若當眞作此解，則無異於直接操刀殺人了。所以，將「更賦如舊」理解爲保持漢代舊有的更、賦稅收制度的觀點是極其荒唐的。

　　以上，對東漢王朝一個五口之家在糧食收穫後，經過重重賦稅徵課後的結果進行了推算，當然，這些都還只是理論層面的推測。此外，還需要注意的另一問題是，每年歲末官吏徵課賦稅之急又會加劇大量糧食在短期內集中投放到市場：

《後漢書·孝安皇帝紀》元初四年條下注：

> 《東觀記》曰：「方今八月案比之時。」謂案驗戶口，次比之也。
> 〔註109〕

可知，每年在秋收臨近之時地方官吏都會核查戶口，統計人口數目，而這麼做的目的就是爲了掌握準確的人丁數目以便按人丁徵課賦稅。

　　又《後漢書·百官志》有：

> 歲盡遣吏上計。〔註110〕

且該條下注：

> 盧植《禮注》曰：「計斷九月，因秦以十月爲正故。」〔註111〕

上計實際上是一種地方向中央定期彙報制度，據《漢書·武帝紀》元光五年注：

> 師古曰：「計者，上計簿使也，郡國每歲遣詣京師上之。」〔註112〕

而彙報內容又是什麼呢？據《漢書·武帝紀》太初元年十二月注：

> 師古曰：「受郡國所上計簿也。若今之諸州計帳。」〔註113〕

可知，地方郡國每年要在八月秋收之前對當地的人口數目進行核定，而後在糧食收穫之後按人丁徵課各種賦稅，租稅徵收完畢後，將所轄地方的人

〔註108〕《漢官儀》卷二，見（清）孫星衍等輯　周天遊點校《漢官六種》，北京：中華書局1990年版第142頁。《漢官儀》載錄之制當屬西漢，儘管光武對尚書系統在人員上進行了改革，但在職能和處理事務的性質上似不會有太多改變。
〔註109〕范曄《後漢書·孝安皇帝紀》卷五，北京：中華書局1965年版第227頁。
〔註110〕范曄《後漢書·百官志》卷一百十八，北京：中華書局1965年版第3621頁。
〔註111〕范曄《後漢書·百官志》卷一百十八，北京：中華書局1965年版第3622頁。
〔註112〕班固《漢書·武帝紀》卷六，北京：中華書局1962年版第164頁。
〔註113〕班固《漢書·武帝紀》卷六，北京：中華書局1962年版第199頁。

丁數目、田畝面積、徵課的錢和糧食的數目一一登名造冊，而這一切都要在九月結束前完成。從八月到九月，在兩個月的時間裏，小民要完成糧食收穫、繳納田租、以糧折錢、繳納算賦等事項。縱然地方政府在辦理過程中盡最大限度節省時間，盡最大可能不徵發徭役，但在如此短的時間內小民被迫將大量糧食集中投放市場用於折錢，在這一環節中雖然沒有了赤裸裸的盤剝和徵課，但地方豪強的存在又會憑藉其政治經濟地位的優勢，一次次地上演著另一種隱性的盤剝。豪強憑藉自身雄厚的財力，乘著供求關係幾近扭曲的機緣對小農再次盤剝了一番。東漢以來豐年本就不多，但即便是豐年足歲小民還要遭受「穀賤傷農」的困擾。因此，在兩漢時代真正摧垮脆弱小農經濟的幕後黑手正是漢代的賦稅制度，而絕非什麼擺在臺面上的天災頻仍。有些學者認為，導致漢代小民大量破產主要原因是自然災害頻發，這種說法何異於「刺人而殺之，曰：『非我也，兵也』」〔註114〕在兩漢王朝這種畸形的賦稅制度下，小民是注定要面臨破產的，在這種境況下天災只不過依仗著「稅禍」成為壓垮小民的最後一根稻草而已。破產之後的小民出於生計考慮，為躲避人頭稅的盤剝，多尋求豪強庇護成為豪強的佃農乃至奴隸。這樣一來，以人丁課稅的制度便失去了徵課的對象。要之，在漢代社會擁有土地且從事農業生產的小民既是物質生產者，同時又是國家財富的提供者，傳統中國社會中小農的社會職能是非常「尷尬」的，就像臺灣學者鄒紀萬總結的那樣：「自耕農是一個具有雙重性質的階層，一方面他們是土地的直接生產者，一方面又是政府賦稅徭役的主要提供者。」〔註115〕而兩漢帝國的賦稅制度，則直接將小民置於破產的邊緣。法國學者弗朗斯瓦‧魁奈就曾直言不諱地指出中國農業社會中長久以來存在的「人頭稅」之弊端：

> 據說在中國，除了土地稅以外，還有某些非正規的賦稅，諸如一些地區的關稅和通行稅，以及一種人頭稅形式的對人身徵課。如果這些說法屬實，則表明在這一點上，這個國家對於他的真實利益，尚未真實明瞭。因為一個國家的財富來自土地，而上述這些賦稅破壞了稅制本身從而對國家稅收造成危害。這一事實可以用數學方法

〔註114〕（清）焦循撰，沈文倬點校《孟子正義‧梁惠王上》卷二，北京：中華書局1987年版第61頁。

〔註115〕（臺灣）鄒紀萬《兩漢土地問題研究》，《臺灣大學文史叢刊》之五十八1981年版第236頁。

無可置疑地顯示出來，不過卻難以用推理方式加以把握。〔註116〕
這也許就是長久以來困擾兩漢王朝「今法律賤商人，商人已富貴矣；尊農夫，
農夫已貧賤矣。」〔註117〕這一怪圈產生的根本原因。伴隨著社會經濟的發展，
供求關係等經濟規律已開始發揮作用，畸形的賦稅制度憑藉強硬的國家意志
不容挑戰，而小民只能任人壓榨。就好比一部簡單的槓桿式榨油機，供求關
係等經濟規律構成了它的支點，依靠國家意志推行的畸形稅制是它的強硬槓
桿，而小民便是容器中等待壓榨的蒸炒之後的大豆。國家並沒有糊塗到要把
小民壓扁、榨乾，但兼具官員和商人身份的豪強，利用了國家畸形稅制的強
硬槓桿和經濟規律的有力支點，在巨大利益的驅使下毫不留情地按下了槓
桿，而後不僅要從中分得大量油水，還要將這些被壓扁、榨乾的「豆餅」施
放到自家的田裏用來「肥田」。

　　漢代的更、賦弊端重重，從現存的文獻來看，仲長統的改革方法是想直
接回到與「井田什一」相配合的更、賦制度。也就是說在繳付「租稅十一」
之後，只要再為國家服三日徭役即可。然而，這種制度並不反對國家因邊患
或財用不足時也會額外繳納稅賦，而這些賦的形式也多半以糧食或布匹等形
式繳納。正所謂「有軍旅之出則徵之，無則已。」〔註118〕

　　這樣的賦稅制度，在仲長統所處的時代存在著許多積極意義，但這樣的
改革卻斷掉了國家「錢」的收入，而「錢」的收入對兩漢王朝則關係甚大。
因為，賦中的口賦，在某種程度上可以看做漢王朝帝室的私財。〔註119〕中興
之後，光武省官減職將國家財政和帝室財政合二為一，建武六年六月辛丑詔
文可以說明這一點：

　　　　六月辛卯，詔曰：「夫張官置吏，所以為人也。今百姓遭難，戶
　　口耗少，而縣官吏職所置尚繁。其令司隸、州牧各實所部，省減吏

〔註116〕（法）弗朗斯瓦・魁奈《中華帝國的專制制度》，北京：商務印書館1992年
　　　　　版第107～108頁。
〔註117〕班固《漢書・食貨志》卷二十四上，北京：中華書局1962年版第1133頁。
〔註118〕徐元誥撰，王樹民、沈長雲點校《國語集解・魯語下第五・季康子欲以田賦》，
　　　　　北京：中華書局2002年版第207頁。
〔註119〕該問題詳見加藤繁《漢代國家財政和帝室財政的區別以及帝室財政的一斑》，
　　　　　《中國經濟史考證》，北京：中華書局2012年版第25～126頁。帝室的支出
　　　　　主要包括膳食費、被服費、器物費、輿馬費、醫藥費、樂府及戲樂的費用、
　　　　　後宮費、鑄錢費、少府和水衡的雜費、賞賜的費用等，且以上所有耗費皆以
　　　　　貨幣形式支出。

員。縣、國不足置長吏可併合者，上大司徒、大司空二府。」於是
條奏並省四百餘縣，吏職減損，十置其一。〔註120〕

即便帝室私用和國家公用合二爲一，但帝室在財政支出的種類和形式上似當
無甚變化。另外，值得注意的是光武省減的多爲地方之州郡令長，而對帝室
內部卻無甚省併。所以，從某種意義上講，自東漢以來算賦在名義上是收歸
國有的，但是在實際上近乎可以認爲是由帝室掌握的。仲長統「更賦如舊」
的政策，認爲應當從根本上取消掉這種以人丁爲本的人頭稅。如果眞的實行
了仲長統設計的這一政策的話，帝室的財政收支體系以及一切圍繞這一體系
所建立起來的整套制度都將被徹底打破。這種魄力對積重難返的東漢王朝而
言，似乎顯得太過迅猛。所以，可以推想，仲長統在暢談「租稅十一」可以
令國家府庫豐盈無困窘之憂後，將這一重大的賦稅改革問題於有意無意間一
筆帶過，極有可能是出於某種難言之隱。

　　通常研究都會將其改革思想與其所處的時代作簡單聯繫，認爲仲長統極其
清楚地明白，如果推行這樣一套強有力的改革方案，依靠現有苟延殘喘的東漢
王朝是不可能的，只能「以俟制度可也」了。當然，也不能完全排除，仲長統
簡單地認爲「租稅十一」已夠國用，其他更賦皆無必要這種可能。但以仲長統
思想之獨到，目光之犀利，論說之透徹，及其思維「離經叛道」之特質，似不
大可能如此。就如制定抑兼併政策時，巧妙地對「公田」定義作了修改，含而
不露地承認了豪強大家的既得利益，推出了較爲穩妥的「局部限田」政策一樣，
看似一筆帶過，實則行文頗多推敲。那麼，爲何仲長統要全部取消東漢的更、
賦制度呢？這是因爲在現實的社會經濟生活中，兩漢舊有的賦稅制度對小民傷
害最大，是直接導致小民破產、土地兼併的根本原因。然而，如此重大的改革
牽涉層面過多，而這種牽涉的層面並不止於經濟層面，應該還有更深曾面的糾葛。

　　在此，很有必要引入一些關於仲長統行年考證的一些結果。仲長統是自
建安十二年（207 年）出任尚書郎的。《昌言》當作於其出任尚書郎期間。在
仲長統出任尚書郎前的建安九年（204 年），曹操已經在河北冀州地區推行了
全新的賦稅制度：

　　　　（建安九年）九月，令曰：「河北罹袁氏之難，其令無出今年租
　　賦。」重豪強兼併之法，百姓喜悅。〔註121〕

〔註120〕范曄《後漢書‧光武帝紀下》卷一下，北京：中華書局 1965 年版第 49 頁。
〔註121〕陳壽《三國志‧魏書‧武帝紀》卷一，北京：中華書局 1982 年版第 26 頁。

且該條下亦有注文：

> 《魏書》載公《令》曰：「有國有家者，不患寡而患不均，不患貧而患不安。袁氏之治也，使豪強擅恣，親戚兼併；下民貧弱，代出租賦，衒鬻家財，不足應命。審配宗族，至乃藏匿罪人，爲逋逃主。欲望百姓親附，甲兵強盛，豈可得邪！其收田租畝四升，戶出絹二匹、綿二斤而已，他不得擅興發。郡國守、相明檢察之，無令強民有所隱藏，而弱民兼賦也。」〔註122〕

據此可知，建安九年（204年）袁氏大勢已去，冀州之地即將平定。曹操爲收復民心、恢復生產，制定了全新的租稅制度。可以看出，曹操的賦稅政策已經完全不同於兩漢舊有之稅制。首先，田租更輕。兩漢實行「三十稅一」的輕稅政策，而曹操推行的「田租畝四升」政策比漢家還要輕。以每畝徵課四升逆推，可知曹操對其所徵課的冀州土地之平均產量估算爲每畝四斛左右。對四斛糧食徵課四升的田租比率，恰好是「百一而稅」可謂至輕！其次，徵課形式由糧食、絹帛和棉等實物形式構成，小民在繳納賦稅時不再擔心有折費之盤剝。最後，絹帛、棉等實物的徵課又都是以戶爲對象，而不再以人爲對象。這一辦法不僅有利於小農家庭的手工業發展，更有利於該類家庭的人口增殖。曹操此番改革，可謂一舉多得。如果暫且拋開尚存的豪強問題，甚至可以直言不諱地說，困擾兩漢王朝的土地兼併及賦稅制度問題都被曹操的「新政」一併解決了。因爲，較之兩漢稅制曹操的賦稅政策頗爲簡省有效：

> 其收田租畝四升，戶出絹二匹、綿二斤而已，他不得擅興發。〔註123〕

二十三個字，將兩漢賦稅制度的種種弊端全部迴避掉了，獲得了廣大小民的認可。仲長統行年雜考中已經考證出仲長統於建安十年（205年）曾過并州刺史高幹。且仲長統曾「游學青、徐、并、冀之間」〔註124〕所以，仲長統在游學之時不會不對發生於建安九年（204年）如此重大的土地及賦稅制度改革全然不知，更不會不對這一改革給百姓帶來的福祉渾然不覺。然而，在仲長統的文字中找不到些許的提及和贊許，不能不說這種情形是值得深思的。

〔註122〕陳壽《三國志·魏書·武帝紀》卷一，北京：中華書局1982年版第26頁。
〔註123〕陳壽《三國志·魏書·武帝紀》卷一，北京：中華書局1982年版第26頁。
〔註124〕陳壽《三國志·魏書·劉劭傳》卷二十一，北京：中華書局1982年版第620頁。

因此，在考慮這一點時，除去單純地考慮經濟層面的利弊之外，更不能拋開言說者的政治立場。前章仲長統生卒行年雜考中已經對仲長統的政治立場有所交代，無論是從荀彧僚屬還是友朋，無論從哪個角度來揣測，都會發現荀彧和仲長統的政治立場是一致的，儘管東漢王朝已來日不多，但皆尊君奉漢不曾動搖。所以，自然不能接受僭越篡逆之企圖，更何談為之頌讚鼓吹呢？從仲長統曆數王朝世代興衰，可以看出仲長統不僅熟讀史傳之文、更洞悉興替之理「殷鑒不遠，在夏后之世。」同樣，在仲長統看來本朝之鑒亦為不遠，恰恰就在西漢末年之世。王莽僅有復古改制之名，便受到了廣大士人的支持和追捧，在天下人讚頌的鼓譟聲中實現了篡漢。而此時，已「有人」推行改革之實，並深得民人擁護，那麼接下來發生的事情自然是仲長統所不願意看到的。一心尊君奉漢的仲長統，明知這種改革是除舊布新、流惠下民，而隻字不提，實是透露了其心中的某種隱憂。這種隱憂是擔心曹氏通過土地和賦稅制度改革借為漢朝重拾人心之機，實現為己造僭篡之勢。分析至此，方才透徹地領悟為何全新的土地和賦稅制度已經推行並獲得好評之時，仲長統不作一字評騭之語，而是依舊祖述井田聖制，仍在兩漢王朝的土地和稅制的框架內進行修修補補，縱然大加損益但仍不會斬斷舊制和新法之間的聯繫，在言辭中依然有租、更、賦的字樣。這其實是仲長統在療救奄奄一息的東漢王朝時，於重症與猛藥的取捨間被迫尋得的一種平衡。縱然他對這個時代已經絕望，但在情感上並不希望大漢王朝就這樣「順理成章」地被取代。所以，才會對曹操的土地和賦稅制度改革沒有絲毫反響，沒有加入到鼓吹盛讚的行列中，而是依舊我行我素地堅持著自己的一套。因此，王夫之在《讀通鑒論》中對仲長統的批評是不恰切的：

　　雖然，統知懲當時之弊而歸責於君，亦不待深識而知其然者；

　　而推論存亡迭代，治亂周復，舉而歸之天道，則將使曹氏思篡之情，

　　亦援天以自信而長其逆。故當紛亂之世，未易立言也。〔註125〕

王氏持論未免有苛責之嫌，曹氏思篡逆已久，又何待一尚書郎之論為其張本？王氏有此結論也許是將仲長統超越現實之天命觀強加了政治功用的意義，而對仲長統有助政治功用的賦稅改革又忽略了其內在隱含的政治情愫。

　　其實，回過頭來，比較曹操與仲長統的賦稅思想，可以看出兩人思想在大方向上是相同的——都取消了直接向小民徵課貨幣形式賦稅。只不過兩人

〔註125〕王夫之《讀通鑒論》卷九，北京：中華書局 1975 年版第 251～252 頁。

的區別在於，當仲長統還在竭盡全力對漢代賦稅制度作修補的時候，曹操早已經將兩漢舊制一併推倒並建立起了一套全新的制度了。

　　至此，在對仲長統的賦稅改革思想進行了全面論析之後，很有必要沿著這條線索將兩漢賦稅制度之弊端、造成小民破產的種種原因和豪強大戶兼併土地的幾個問題串聯起來，進行全面地分析。鑒於對兩漢四百年以來的土地兼併問題，有必要做深入地檢討，究竟為何長久以來，土地兼併問題始終是困擾兩漢王朝的重症頑疾？這個問題的直接原因並不是通常學者們所說的是源於土地私有制度那麼簡單。〔註126〕這種說法頗類似於，之所以有剝削現象，是因為雇傭關係的確立。這種推斷是全然正確的，但在解決具體問題上則是全然無意義的。在分析兩漢王朝的土地兼併問題時，首先要注意到，東漢一朝幾乎可以算是中國歷代王朝中貧民最多的朝代了，大量的破產貧民成為了東漢各帝紀中不可或缺的一筆。馬非百在其《秦漢經濟史料》系列中就曾尖銳地指出：「貧民最多的時代，尤莫如東漢。我們每一翻讀東漢各帝的本紀，幾乎沒有一頁沒有關於賑濟貧民的事實的鋪敘；這在一方面，固然，賑濟貧民，可以說是皇帝們的發政施仁的表現，但在又一方面，賑濟貧民的次數越多，更是證明農民赤貧化的程度越厲害。」〔註127〕貧民的大量出現，實則是病態的賦稅制度最終加速了小民階層的全面破產！漢代小民的一生要承受租──田租，即實物地租；更──徭役和雇傭他人戍邊所用之錢；賦──未成年稱「口錢」、成年稱「算賦」的重重盤剝。這一切的徵收制度都是以人丁為本的。當社會中的全體小民都擁有一定數量耕地時，這一制度尚可執行，但每年除去上繳實物和貨幣形式的賦稅外家中已經所剩無幾了。所以，一旦遭遇水旱螟蝗，小民只有出賣土地和妻兒了。這樣就出現了大量的剩餘土地，和失去土地的大量勞動力。所以，這種賦稅制度就好像一隻無形的巨手，將大量小民從土地上剝離然後將數量龐大的因破產而形成的廉價勞動力和低價的土地推到了豪強的面前。而後，豪強大肆兼併土地不過是順理成章之事了。

　　那麼，在此層面上不免會再次追問，為何兩漢王朝推行的賦稅制度會如

〔註126〕如臺灣學者鄒紀萬持此觀點，認為導致土地兼併的直接原因是土地私有制度，見鄒紀萬《兩漢土地問題研究》臺灣大學文史叢刊之五十八 1981 年版第 180 頁。且持有此種觀點者頗多，在此不復列舉。

〔註127〕馬非百《秦漢經濟史資料（三）──農業》，《食貨》半月刊第三卷第一期 1935 年第 9 頁。

此傷農呢？這還要從賦稅的徵收方式說起。漢代的「三十稅一」堪稱中國歷史上輕賦薄斂的典範，然而最終造成小民破產的根本原因實是落實到人頭的算賦和更賦。在典型的農業社會中，小農家庭生產方式是男耕女織。在這種的生產方式下，產品是糧食和布匹（或絲織品），然而上繳的稅賦中很少的一部分是以實物形式來支付的，其他絕大部分都是以貨幣形式來支付的。並且，上繳時間一般都定在秋收之後的一月之內。豐年之時，農民由於迫切需要換取貨幣，故而在短時間內將糧食大量地投放到市場中用於換取貨幣，糧食的價格只得一跌再跌。而糧食價格騰躍之時，則注定是災欠之年，縱然糧價騰躍，但小農手中又何來出售之糧？又能拿什麼來換取貨幣去交更、賦之錢呢？如果此時手中所耕之田又是不得買賣的「公田」，那麼就只能出賣妻兒了。

　　造成這一切癥結的深刻原因在於兩漢王朝畸形的賦稅制度。兩漢王朝直接向從事農業生產的小民徵收大量貨幣形式的賦稅。沉重的賦稅本已可憎，而「昂貴」的貨幣形式賦稅更將小民推向了無底的深淵。除去供求關係影響下的價格波動外，小民因其生產能力有限和社會地位卑微，往往成為現實經濟行為中被壓榨的對象。每年為了繳納貨幣形式的賦稅，小民的社會身份都被迫要從直接的實物生產者轉化為商品的出售者。國家重農「禁民二業」〔註128〕，實則在畸形的賦稅制度下小民都被迫兼具物質生產者和商品交換者的雙重身份。由於小民自身社會地位的卑微，導致其往往無從享受這雙重身份帶來的正面影響，卻常常背負這雙重身份所帶來的負面影響。自然災害常常和供求關係緊密相連，好似一對組合拳，一旦天災來襲小民往往應聲倒下毫無抵抗之力。

　　綜合前文，可知漢代對小民傷害最大的並不是單純意義上的算賦，而是按人丁徵課的貨幣形式的賦稅（主要包括算賦和踐更之費）。然而，即便像中唐以來實行「兩稅法」按田產徵收賦稅，無論從初衷上還是從結果上，都並未改變小民的被動地位，有時候對小民的壓榨甚至都讓那些善於玩文字遊戲的詔令撰寫者們都無從落筆了，就像黃永年在《論建中元年實施兩稅法的意圖》中指出的那樣：「還有一點也值得注意。唐人在發佈的詔令裏是很喜歡做

〔註128〕 范曄《後漢書‧劉般傳》卷三十九有「郡國以官禁民二業，至有田者不得漁捕。」之語，見范曄《後漢書‧劉般傳》卷三十九，北京：中華書局 1965年版第 1305 頁。

文章的，尤其在如何愛惠優恤百姓上常常大做其文章。……但在建中元年正月五日赦文、二月十一日起請條以至楊炎請作兩稅法奏疏裏都沒有兩稅法如何減輕賦斂，如何恤民之類的話頭。這正是因為實施兩稅法時本沒有從減輕賦斂、緩和階級矛盾上來考慮，以致擅長撰寫恤民文字的詔令代言人也無從在這方面著筆。」〔註129〕因此，從客觀的角度來看「建中元年之實施兩稅法，確實是一項向地方爭奪財政的重大措施。」〔註130〕在一定程度上減輕了小民的負擔，但小民仍需向政府繳納貨幣形式的賦稅。從本質上來看，並未徹底改變小民的艱難處境。可是，伴隨著社會經濟的發展，作為一般等價物的貨幣開始出現，「錢」和「糧」開始分別扮演著國家財政兩個不可或缺的重要部分，因此，國家在徵課賦稅時又必須兼俱「實物」和「貨幣」這兩種形式。其中，尤其是貨幣形式的賦稅，對小民而言，由於受「自然災害」和「供求關係」兩種因素的雙重影響頗大，所以常常令小民的處境困苦不堪。

如若再做更進一步的追問，如何才能為漢代的小民尋得活路呢？至少在理論層面上，方法其實很簡單──稅、賦分化，也就是將徵課實物形式的稅和徵課貨幣形式的賦分化開來。將這兩種形式的賦稅，分別向兩種不同身份的人去徵課。國家對糧食的需求，直接向單純從事農業生產的小民徵收實物形式的田租，其他概不徵課。讓小民只承擔糧食生產的職責而不再額外負擔將糧食折取貨幣的職責。這樣一來，小民所生產的糧食在屬性上就發生了根本性的變化，由原來的商品屬性直接回歸為物品屬性，小民生產的實物至少在面對賦稅徵課時仍屬於物品而非商品。在這種情況下，小民用直接生產出的糧食和布匹交稅。這樣，小民就可以避免在繳稅之時因急於用農產品兌換貨幣而遭受奸商惡賈的欺凌與壓榨。而日常生活所需之物品，又可依據自身需求及合理利用供求關係，選擇較為適合的時間用實物折換貨幣後再去購買。

那麼，「錢」又從何而出呢？畢竟社會經濟發展到了一定階段，貨幣已成為社會經濟中無法迴避的環節。答案很簡單──商業！從小農身上直接抽取貨幣形式賦稅以足國用，固然在最大程度上方便了國家的財政管理。但是，在以家庭為單位組成的龐大農業社會中，這一政策間接等於將小農置於奸商惡賈的刀俎之下任人宰割，穀賤傷農之事自然屢屢上演，破產亦不可避免。國家應該

〔註129〕黃永年《論建中元年實施兩稅法的意圖》，《陝西師大學報》（哲學社會科學版）1988 年第 3 期第 83 頁。

〔註130〕黃永年《論建中元年實施兩稅法的意圖》，《陝西師大學報》（哲學社會科學版）1988 年第 3 期第 88 頁。

像從農業中直接抽取糧食一樣，對工商業徵課貨幣。所以，如果想徵課貨幣形式的賦稅，那麼直接從商業流通領域中抽取即可。商業流通領域中商品的自由交換和大量貨幣的流通，是徵課貨幣形式賦稅最理想的源泉。這樣不僅減輕了小民的負擔，更可以依靠稅率的槓桿調節促進商業的良性發展。並且，如果能夠引導民間工商業合理發展，進而在貨幣流通領域抽取適當貨幣形式的賦稅，還會促使民間經濟更好地發展，並且稅源也會伴隨著經濟的發展而日益充足。此外，工商業的繁榮勢必會在一定上促進農業生產工具的改進以及生產技術的革新，從根本上又會促進農業的發展，進而最終增加國家的田租收入。當然，這只是一種基於漢代社會經濟情況作出的理想假設，或者可以更大膽的認為，伴隨著社會客觀上經濟的發展，漢代的財稅制度理當如此。

然而，歷史是不容假設的，西漢開國以來仰仗中央「無為」政策蓬勃發展起來的民間工商業，在武帝一朝受到了重大打擊。武帝通過鹽鐵專賣、均輸平準、算緡告緡等一系列強硬政策對民間自由發展起來的工商業階層給予了沉重的打擊。用強硬的行政手段將曾屬民間經營的工商業統統收歸國有，納入行政體制之內。因此，朝廷稅源雖然充足了，但是扼殺了一度繁榮的民間經濟。從長遠角度來看，一旦官僚體制走向腐敗，這些統制經濟所帶來的收入必然會減少。而這種由官府掌控的經濟運行模式，注定會因權力的膨脹而導致腐敗，並最終導致侵吞國家收入盤剝小民，使得小民因生活困窘無力購買官營產品，最終使國家收入銳減。

而這些眾所周知的事實又只是表象而已，因為，西漢以來的財政和稅收制度在設立上很大程度上是借為國家廣開稅源之名，行為帝室聚斂財富之實。西漢以來，國家財政和帝室財政是彼此相互獨立的（至少在形式上）。天下的田租和算賦（不包括口錢）歸國家財政，由大司農掌管；而「山澤魚鹽市稅」是由少府掌管的（且其中徵課仍不都以貨幣形式，難得或大宗之物亦皆以實物形式徵課。）。歷經西漢末年和前漢初年的桓譚曾記錄過這一情況：

> 漢宣以來，百姓賦錢一歲為四十餘萬萬，吏俸用其半，餘二十萬萬藏於都內，為禁錢。少府所領園地作務之八十三萬萬〔註131〕，以給宮室供養諸賞賜。〔註132〕

〔註131〕此處「八十三萬萬」似當為「入十三萬萬」之誤。

〔註132〕嚴可均《全後漢文》卷十四，北京：商務印書館1999年版第125頁。注：該條注文嚴可均《全後漢文》採錄，而《新編諸子集成續編》之（漢）桓譚撰，朱謙之校輯《新輯本桓譚新論》，北京：中華書局2009年版未予收錄。

又有，西漢末年王嘉在奏摺中有言：

> 孝元皇帝奉承大業，溫恭少欲，都內錢四十萬萬，水衡錢二十
> 五萬萬，少府錢十八萬萬。〔註133〕

據此，不妨做個簡單的逆推，據王嘉提供的信息，大司農的剩餘之錢（都內錢）為四十萬萬，而水衡和少府剩餘之錢分別為二十五萬萬和十八萬萬。據桓譚提供的信息，大司農的剩餘之錢為二十萬萬，而屬於帝室的少府剩餘之錢為十三萬萬。

綜合之前的種種分析，單純從國用之錢與帝室之錢數量的關係來看，可以得出這樣的結論：「武帝時，鹽鐵的收入移歸大司農，因此，少府的收入暫時減少，可是，因為口賦的創設，很多公田池籔的設立，並且隨著一般經濟的發展，市稅、礦山稅、魚業稅的收入也增加起來，結果，少府的收入大大增加，到漢末元帝時，少府、水衡的剩餘錢數超過了大司農的剩餘錢數，它的收入也幾乎可以和大司農匹敵。」〔註134〕這些分析，都在說明著一個深刻的問題——純粹就財政的收入和支出而言，西漢王朝有能力依靠從工商業等貨幣流通領域徵課貨幣形式的賦稅用以彌補日漸不足的國用。然而，從工商業等貨幣流通領域徵課上來的錢卻直接用來滿足帝室日益膨脹的開銷，乃至「國家財政有時雖告窮困，但帝室財政卻是富裕的，擁有巨額的剩餘錢數。」〔註135〕也就是說，在國用與私用之間，帝室從來關注的都是自己如何生而不在乎他人怎樣活。因國用不足而實行鹽鐵專賣、均輸平準，從本質上講，不過是不願削減帝室的財政收入而另外盤剝小民罷了。東漢以來，雖然光武帝省官節用，將帝室財政和國家財政合併為一。這種財政制度，在君主清明時固然有益國用，然而一旦遭逢庸主，那麼國用之財便注定難逃被帝室之費大肆侵吞的命運了。

以上屬於純然財政層面上的分析。一切的分析都旨在說明，帝室本就不具備真正意義上的「為黎民計」之精神，更何嘗設身處地從小民角度改革賦稅制度呢？

另外更為嚴重的一點，武帝以來的強硬政策摧垮了民間自由發展的經

〔註133〕 班固《漢書・王嘉傳》卷八十六，北京：中華書局1962年版第3494頁。
〔註134〕 （日）加藤繁《漢代國家財政和帝室財政的區別以及帝室財政的一斑》，見（日）加藤繁著，吳傑譯《中國經濟史考證》，北京：中華書局2012年版第124頁。
〔註135〕 （日）加藤繁《漢代國家財政和帝室財政的區別以及帝室財政的一斑》，見（日）加藤繁著，吳傑譯《中國經濟史考證》，北京：中華書局2012年版第124頁。

濟，主觀地憑藉強硬政治手段消滅了這種可能。其影響之深遠，遠遠超出了西漢王朝歷史跨度本身。「始作俑者」的問題並不僅僅在於他所犯的錯誤，更在於他爲後人開創了一個不好的先例。西漢開國以來至武帝時期，政府奉行「無爲」政策，民間經過長期發展產生的一大批從事商業經營的「素封之家」被武帝的算緡、告緡手段幾乎消滅殆盡，一面推行重農抑商思想，一面將國家出面將社會工商業近乎全部納入體制內部。前文中說少府稅收之增加，並非源於社會經濟的良性發展，實則是源於帝室統制經濟規模的擴大。從此之後的民間有交易而無貿易，有地主而無富商。在史傳中的一個鮮明表現便是《史記》中有《貨殖列傳》，《漢書》中亦有《食貨志》，而至《後漢書》與現存後漢諸多史料中皆無民間純然從事大宗貿易的富商巨賈之筆墨，以及工商豪富之文字。〔註136〕取而代之的是基於權力而形成的高度自給自足的莊園經濟。西漢末年，豪強林立的局面已經確立，東漢光武帝開國曾有借「度田」推行土地改革的嘗試，然而舉國叛亂的風潮使其不得不退回到原有制度上來，在兼顧豪強和小民的兩難中憑藉其高超的政治手腕維持著脆弱的平衡。開國之主尚且如此，似乎傾頹之勢已然注定了。所以，至東漢各地豪強依託塢壁各據一方時，已經幾乎不存在什麼民間的自由經濟了。即便政府改革賦稅制度，然而徵課對象已經消失，改革本身也便失去了意義。

再次，自武帝之後，每逢國家財政不足，君主就總想復武帝故事。東漢章帝就曾在建初六年（81 年）力排眾議恢復了鹽鐵專賣制度：

> （章帝）建初六年，（鄭眾）代鄧彪爲大司農。是時肅宗議復鹽
> 鐵官，眾諫以爲不可。詔數切責，至被奏劾，眾執之不移。帝不從。
> 〔註137〕

而後，在章和二年（88 年）和帝又將此制度廢止：

> （和帝）章和二年夏四月……詔曰：「昔孝武皇帝致誅胡、越，
> 故權收鹽鐵之利，以奉師旅之費。自中興以來，匈奴未賓，永平末
> 年，復修征伐。先帝即位，務休力役，然猶深思遠慮，安不忘危，
> 探觀舊典，復收鹽鐵，欲以防備不虞，寧安邊境。而吏多不良，動
> 失其便，以違上意。先帝恨之，故遺戒郡國罷鹽鐵之禁，縱民煮鑄，

〔註136〕現存輯錄本《東觀漢記》中亦無相關記錄，據（東漢）劉珍等撰，吳樹平校注《東觀漢記》，北京：中華書局 2008 年版。

〔註137〕范曄《後漢書‧鄭眾傳》卷三十六，北京：中華書局 1965 年版第 1225～1226頁。

入稅縣官如故事。〔註138〕

此後，在君臣的內心中，每逢國用不足時，總會有人認為這種手段是天經地義的補充國用之策，朝臣中更有人認為此事屬西京故事，故而當屬常例：

是時穀貴，縣官經用不足，朝廷憂之。尚書張林上言：「穀所以貴，是錢賤故也。可盡封錢，一取布帛為租，以通天下之用。又鹽，食之急者，雖貴，人不得不須，官可自鬻。又宜因交阯、益州上計吏往來市珍寶，收采其利，武帝時所謂均輸者也。」〔註139〕

兩漢王朝皆自中期之後國用開支日益龐大，使得賦稅連年增加。尤其是東漢中期之後，由於羌患頻仍加之賞賜無度使國用不足漸成常例，致使賦稅日益繁重，使得東漢王朝在稅制弊病重生的道路上越走越遠，已無力另圖更生之建樹了。

以上，都是圍繞仲長統的賦稅改革思想作理論層面的分析，包含了其思想與漢制的優與劣，更包含了其思想能夠得以推廣的理論分析。那麼，仲長統的賦稅改革思想，在現實層面是否適合東漢末年的社會現實呢？也就是說，仲長統的賦稅改革構想能夠成為解決其所處時代問題的答案嗎？關於這些的回答，還要回到具體的歷史現實，拋開個人的主觀情感，進行理性地分析。在此，還要注意之前提及的曹操推行全新賦稅制度的一項重要舉措。在仲長統入許為尚書郎的三年前，也就是建安九年（204年）曹操在河北冀州地區推行了全新的賦稅制度：

（建安九年）九月，令曰：「河北罹袁氏之難，其令無出今年租賦。」重豪強兼併之法，百姓喜悅。〔註140〕

且該條下有注文：

《魏書》載公《令》曰：「有國有家者，不患寡而患不均，不患貧而患不安。袁氏之治也，使豪強擅恣，親戚兼併；下民貧弱，代出租賦，牽嚳家財，不足應命。審配宗族，至乃藏匿罪人，為逋逃主。欲望百姓親附，甲兵強盛，豈可得邪！其收田租畝四升，戶出絹二匹、綿二斤而已，他不得擅興發。郡國守、相明檢察之，無令強民有所隱藏，而弱民兼賦也。」〔註141〕

〔註138〕范曄《後漢書·孝和皇帝紀》卷四，北京：中華書局1965年版第167頁。
〔註139〕范曄《後漢書·朱暉傳》卷四十三，北京：中華書局1965年版第1460頁。
〔註140〕陳壽《三國志·魏書·武帝紀》卷一，北京：中華書局1982年版第26頁。
〔註141〕陳壽《三國志·魏書·武帝紀》卷一，北京：中華書局1982年版第26頁。

據此可知，建安九年（204 年）袁紹敗局已定，冀州之地將平。曹操出於收復民心、恢復生產的雙重目的，制定了全新的租稅制度。曹操推行的「田租畝四升」政策比漢家的「三十稅一」還要輕。以每畝徵課四升推之，按冀州土地之平均產量應爲每畝四斛左右，故恰好是「百一而稅」！〔註142〕再有，徵課的形式由糧食、絹帛和棉等實物形式組成，小民在繳納賦稅時不再擔心遭受豪強姦賈之盤剝。最後，所有實物的徵課都是以戶爲對象，這一辦法不僅有利於小農家庭的生存和發展，更間接促進了該類家庭的人口增殖。曹操此番改革，可謂一舉多得。如果暫且拋開尚存的豪強問題，可以直言不諱地說，困擾兩漢王朝的土地兼併及賦稅制度問題都被曹操的新政一併解決了，並且首開西晉「戶調製」先河。

因此，無論是曹操建安元年（196 年）推行的屯田制，還是建安九年（204年）推行的戶調製，都對應了不同的目的。屯田制的高壓與盤剝實現了農業產品短期內的大量積累，戶調製的輕繇薄賦籠絡了冀州地區廣大豪強和小民的人心。相比之下，仲長統的土地和賦稅思想，在短期內大量積累農業產品方面遠不如屯田制，而在輕繇薄賦收買人心上又不如戶調製來得直接，因此，拋開動搖豪強階層利益不論，無論從經濟目的還是政治目的，仲長統的思想都頗不切用。所以，仲長統的土地及賦稅改革思想，縱然在思想上深刻而富於遠見，但在現實層面上卻無益於當下實際。不過，仲長統深刻地注意到了豪強階層依舊大量存在的社會現實，並預見到如果不加限制便會帶來更爲嚴重的後果，這種對社會矛盾的正確把握是不容抹殺的。

第三節　仲長統抑君權思想研究

仲長統的思想雜糅儒法諸家之學，對經濟、政治、法律等方面的社會問題皆有涉及。上章仲長統的抑兼併思想研究和仲長統賦稅改革思想研究，都是圍繞著仲長統的土地制度和賦稅制度改革設想來談的，在宏觀上都屬於社會經濟思想研究的範疇。在分析過了經濟方面的改革思想之後，再將目光轉

〔註142〕對於畝收四升的稅率問題，唐長孺在《魏晉戶調製及其演變》中認爲「大概和三十稅一不會差好遠」，見唐長孺《魏晉南北朝史論叢》，北京：中華書局2011 年版第 55 頁。但即便按照仲長統的「今通肥饒之率，計稼穡之入，令畝收三斛」來計算的話，「畝收四升」來計算乃是七十五稅一，比三十稅一輕一倍有餘，可以說比兩漢舊制要輕了許多。

移到社會政治領域研究的範疇，分析仲長統在政治制度方面對東漢王朝存在的問題作出了哪些批評，又給出了哪像改革的舉措。要想更深入地瞭解這些思想還要回到《昌言》中的相關論述，尤其是對《法誡篇》的言說需要進行細緻地考察。

當然，在全面分析仲長統《法誡篇》中的抑君權思想之前，有必要對東漢一代該類思想的源流做一番簡單地梳理。須知，東漢開國光武帝便推行了「雖置三公，事歸臺閣」〔註143〕的權力制度改革，使得大權獨攬而外朝三公之位徹底淪為虛職。光武帝劉秀的這一作為絕非是源於一時衝動，而是於建武二十七年（51年）「三公去大」〔註144〕這一看似變革舊有官職、制度的復古事件「表面上是復古，實際上是防止三公的聲望超過皇帝所能容忍的限度。」〔註145〕光武帝一面削弱外朝權力的同時，一面加強尚書臺的權力。加強的方式即包括尚書令的祿秩由西漢時期的「六百石」飆升為東漢時期的「二千石」，又包括西漢時期的「四曹」增加為東漢時期的「六曹」。這一切的改革看似將權力由外朝三公轉移到了內朝尚書臺，質而論之就是收歸到了皇帝一人手中。而這種天下大權繫於君主一身的政治制度，在遭逢英明之主時，自然能最大限度地發揮他的優勢，然而如果一旦遭逢庸暗之主時，君主的權力便注定被其身邊近習之人瓜分殆盡。

因為，在君主專制的國家體制中，理論上能夠分享權力的不外乎四類人：宗室、朝臣、外戚和宦官。在漢代，宗室的皇子皇孫縱然爵位上要比外戚乃至漢末的宦官高，通常都是封王的，但是絕大多數是不被允許為官的，幾乎都被屏蔽了權力體制之外。〔註146〕而西漢武帝對宰相制度的破壞和東漢光武帝對三公制度的破壞，最終使外朝重臣「尊」而「不重」，亦從權力體制中被剝離出來。所以，能夠瓜分皇權的就只剩下外戚和宦官了。所以，鑒於理論上的分析，在君主專制的政體中能夠制約外戚和宦官權力者似乎就只有外朝重臣了。東漢歷史上，對外朝重臣（也就是三公）權輕之弊亦有辯駁之論。

〔註143〕嚴可均《全後漢文》卷八十八，北京：商務印書館1999年版第894頁。

〔註144〕范曄《後漢書·光武帝紀下》卷一下，二十七年五月丁丑詔曰：「昔契作司徒，禹作司空，皆無『大』名，其令二府去『大』。」又改大司馬為太尉。另，該條注有：「朱祐奏宜令三公並去『大』名，以法經典，帝從其議。」之語，見范曄《後漢書·光武帝紀下》卷一下，北京：中華書局1965年版第76頁。

〔註145〕田昌五，安作璋主編《秦漢史》，北京：人民出版社2008年版第312頁。

〔註146〕參看瞿同祖《漢代社會結構》「外戚」條，見瞿同祖《漢代社會結構》，上海：上海人民出版社2007年版第172頁。

　　東漢新立之時，光武朝之陳元有駁大司農江馮「宜令司隸校尉督察三公」之議。因《後漢書‧陳元傳》中史料有限，以及《後漢書》中「大司農江馮」似出現僅此一次。故無法具體推斷陳元上疏時間，只知該事當發生在建武年間。不過從《後漢書‧陳元傳》提供的一個細節可以對上疏的時間稍加廓清。陳元上疏文中有「方今四方尚擾，天下未一」之語，據東漢初年的社會形勢來看，東漢王朝基本上掃平各方敵對割據勢力、統一天下是在建武十六年（40年），因此，據「方今四方尚擾，天下未一」可以大致推定上疏時間不晚於建武十六年（40年）。

　　另外，《後漢書‧陳元傳》載：

　　　　元以才高著名，辟司空李通府。時大司農江馮上言，宜令司隸
　　校尉督察三公。事下三府。元上疏曰：「……」。〔註147〕

可知陳元評議的是大司農江馮的進言，而大司農江馮的行年問題清人萬斯同在其《東漢九卿年表》中對大司農江馮的行年已略加斷定，推定江馮居大司農一職當在建武七年（31年）至建武十年（34年）之間（含建武十年）〔註148〕，也就是說這場辯論發生的時間是在真正剝奪三公之權的前二十年。也就是說，思慮周密、行事謹慎的光武帝在真正剝奪三公之權的二十年前，意欲限制三公的心思就已經被其臣下所揣摩到了，足見光武奪三公大權之念絕非一朝一夕〔註149〕。而大司農江馮的建議馬上遭到了陳元的反駁：

　　　上疏駁江馮督察三公議

　　　　臣聞師臣者帝，賓臣者霸。故武王以太公為師，齊桓以夷吾為
　　仲父。孔子曰：「百官總己，聽於冢宰。」近則高帝優相國之禮，太
　　示假宰輔之權及亡新王莽，遭漢中衰，專操國柄，以偷天下，況己

〔註147〕范曄《後漢書‧陳元傳》卷三十六，北京：中華書局1965年版第1233頁。

〔註148〕（清）萬斯同《東漢九卿年表》，見（宋）熊方等撰《後漢書三國志補表三十種》（中），北京：中華書局1984年版第644～645頁。

〔註149〕縱觀後漢史料，光武行事以周密謹慎見稱，且其所做重大決策「皆賴臣下建言」，從上尊號、到恢復三十稅一、到「三公去大」，皆是通過採納能夠窺見其真實心意的臣子建言來完成變革的。建武年間朱祐等人曾經「薦復宜為宰相，帝方以吏事責三公，故功臣並不用。」可見光武在內心對宰輔制度的反感，而這種心思為朱祐所領會，所以後來才有朱祐在政見上的巨大轉變，不但不再提恢復宰輔制度反而徑直上疏建議「三公去大」，前事見范曄《後漢書‧賈復傳》卷十七。由此觀之，可見身為九卿的大司農江馮似乎已經窺探到了光武有意限制三公權力，故而上言。

自喻，不信群臣。奪公輔之任，損宰相之威，以刺舉爲明，徵訐爲直。至乃陪僕告其群長，子弟變其父兄。周密法峻，大臣無所措手足。然不能禁董忠之謀，身爲世戮。故人君患在自驕，不患驕臣；失在自任，不在任人。是以文王有日昃之勞，周公執吐握之恭，不聞其崇刺舉、務督察也。方今四方尚擾，天下未一，百姓觀聽，咸張耳目。陛下宜修文武之聖典，襲祖宗之遺德，勞心下士，屈節待賢，誠不宜使有司察公輔之名。〔註150〕

陳元以儒家聖制、前漢故事爲論證依據，又直言王莽專權之敗，以「失在自任，不在任人」之理和文王、周公之事再次說明宰輔三公宜尊、宜重，而督察三公既不合於禮法、又無益於治國。而陳元上疏時的具體情形是天下未定，光武帝是實際上的權力掌握者，三公在這個時候的權力已經是不完整的了。至於，後來天下平定後光武有沒有將權力轉交予三公，還是徑直建立起一套臺閣制度，這些都不得而知，但是從建武初年大司農江馮督察三公的建議以及建武二十七年「三公去大」等事情來看，光武帝似乎從東漢開國以來就在不停地削弱三公之權，也就是說三公在東漢開國以來就沒有行使過眞正意義上的三公之權。從這一大的歷史趨勢來看，陳元並沒有深刻地意識到光武的這一打算，而是以「就事論事」的態度縱論古今指責督察三公的不當，質而論之，陳元的思想更偏重於「尊三公」而非「重三公」。但陳元發論之時，三公的現實狀況應當是「尊」且「稍重」的。鑒於對簡單且直接的督察三公辦法的牴觸，於是光武帝醞釀出「託古改制」「三公去大」的措施也就變得順理成章地封住了儒士們的嘴了。

至東漢中期的安帝朝，陳忠有論：

時三府任輕，機事專委尚書，而災眚變咎，輒切免公臺。忠以爲非國舊體，上疏諫曰：臣聞「君使臣以禮，臣事君以忠」。故三公稱曰冢宰，王者待以殊敬，在輿爲下，御坐爲起，入則參對而議政事，出則監察而董是非。漢典舊事，丞相所請，靡有不聽。今之三公，雖當其名而無其實，選舉誅賞，一由尚書，尚書見任，重於三公。陵遲以來，其漸久矣。臣忠心常獨不安，是故臨事戰懼，不敢穴見有所興造，又不敢希意同僚，以謬平典，而謗讟日聞，罪足萬死。近以地震策免司空陳褒，今者災異，復欲切讓三公。昔孝成皇

〔註150〕嚴可均《全後漢文》卷十九，北京：商務印書館1999年版第183頁。

帝以妖星守心，移咎丞相，使賁麗納說方進，方進自引，卒不蒙上天之福，徒乖宋景之誠。故知是非之分，較然有歸矣。又尚書決事，多違故典，罪法無例，詆欺爲先，文慘言醜，有乖章憲。宜責求其意，割而勿聽。上順國典，下防威福，置方員於規矩，審輕重於衡石，誠國家之典，萬世之法也。〔註151〕

東漢中期，三公權輕的弊端逐漸呈現出來，最爲明顯的弊端便是「災眚變咎，輒切免公臺」，陳忠的言說也正是圍繞這一點展開的。論述過程無外乎徵引典籍、援引故事，但其言說所針對的問題較之建武間的陳元已經有明顯的「退而求其次」之嫌了。東漢開國之初，陳元因江馮進言欲推行督察三公之制而上疏直言，其進言是爲了使三公免遭督察之束縛，並得到了光武帝的採納。至東漢中期陳忠上疏的時候，已經要面對爲三公切實地改變三公屢遭「切免」的不利境地。也就是說，陳忠所處時代的三公地位已經無法與陳元所處時代的三公地位相提並論了。三公地位至東漢中期已經既無「重」又無「尊」了，且更爲嚴重的是連官位都會因災異而被肆意褫奪。陳忠所處時代三公的眞實處境應當是，不「重」、不「尊」、更常有不保之憂。所以，陳忠的言說是針對當下三公的地位提出的，因此范曄在《後漢書・陳寵傳》中評價陳忠之論「忠意常在襃崇大臣，待下以禮。」所以，陳忠之論亦是秉承「就事論事」思路，甚至在言說中已經不言三公當重、只言三公當「尊」了。

東漢晚期桓帝朝太尉楊秉劾奏中常侍侯覽弟之事：

奏劾侯覽

臣案國舊典，宦豎之官，本在給使省闥，司昏守夜，而今猥受過寵，執政操權。其阿諛取容者，則因公襃舉，以報私惠；有忤逆於心者，必求事中傷，肆其凶忿。居法王公，富擬國家，飲食極肴膳，僕妾盈紈素。雖季氏專魯，穰侯擅秦，何以尚茲！案中常侍侯覽弟參，貪殘元惡，自取禍滅。覽固知釁重，必有自疑之意，臣愚以爲不宜復見親近。昔懿公刑邴歜之父，奪閻職之妻，而使二人參乘，卒有竹中之難。《春秋》書之，以爲至戒。蓋鄭詹來而國亂，四佞放而眾服。以此觀之，容可近乎？覽宜急屏斥，投畀有虎。若斯之人，非恩所宥，請免官送歸本郡。書奏，尚書召對秉掾屬曰：「公

〔註151〕范曄《後漢書・陳寵傳》卷四十六，北京：中華書局第 1565 頁。

府外職，而奏劾近官，經典漢制有故事乎？」

使掾屬對尚書詰劾侯覽事

（秉使對曰）《春秋》趙鞅以晉陽之甲，逐君側之惡。傳曰：「除君之惡，唯力是視」。鄧通憪慢，申屠嘉召通詰責，文帝從而請之。漢世故事，三公之職，無所不統。〔註152〕

上面引用的文字，並非是對三公處境的客觀表述，而是桓帝朝太尉楊秉劾奏中常侍侯覽之弟一事。因文章前後存在較多關聯故悉引於此，這則文字的意義和價值在於能夠幫助我們較為深刻地理解東漢末年三公之權已經到了「至輕」之境地。尚書召對秉掾屬之語頗值得玩味——「公府外職，而奏劾近官，經典漢制有故事乎？」這句話的深層意義就是，根據現在東漢王朝制度，最高權力已經盡歸臺閣近官，奈何有三公外府之官劾近官之理？此時，臺閣雖然為直接向皇帝負責的權力機構，但在實質上已經成為了宦官行使權力的部門了，所以尚書這一問是一種居高臨下的反問。不料楊秉掾吏徑直跳出東漢範圍，徵引西漢故事以為佐證，這一巧妙地回答只得令尚書啞口無言。但是，從中可以看出，東漢晚期三公在現有制度下已經完全位居內朝尚書和宦官之下了，跳出這一制度徵引前朝故事，才能打破這種不對等的「遊戲規則」。

綜上所述，可以對東漢以來散見的「重三公」言說進行細緻地分析。縱觀東漢之世，自開國以來三公制度便遭到君權的一再打壓，使得三公之位在王朝新立之初便以一種畸形的形態呈現——有「尊位」而無「重權」！因此，三公之位因失去了「重權」的保護，「尊」也漸次地失去了。至此，可以看到東漢以來朝中有識之士總是在為三公爭取相應之「尊」，而結果往往是今不如昔。如果說兩漢小民常常陷入「尊農夫，農夫已貧賤矣」的怪圈，那麼東漢的三公也常常陷入了「尊三公，三公已輕微矣」的怪圈。有識之士總是在三公之「尊」的破壞上，以節節退讓的方式進行抗爭。偏執於「尊」的維護，而並未對能夠維護「尊」的權力之「重」進行思考。所以，不能從根本上發現三公之所以不「尊」實是因為三公不「重」，而三公不重的根本原因就在於權歸內朝。

〔註152〕嚴可均《全後漢文》卷五十一，北京：商務印書館1999年版第522～523頁。引用文字范曄《後漢書·楊秉傳》卷五十四原為一段，嚴可均《全後漢文》錄為兩段，見范曄《後漢書·楊秉傳》卷五十四，北京：中華書局1965年版第1773～1774頁。

　　所以，較之東漢士人的些許評述，仲長統《法誠篇》的言說還是頗有見地的，現將仲長統《法誠篇》全文轉引於此：

　　　　《周禮》六典，冢宰貳王而理天下。春秋之時，諸侯明德者，皆一卿爲政。爰及戰國，亦皆然也。秦兼天下，則置丞相，而貳之以御史大夫。自高帝逮於孝成，因而不改，多終其身。漢之隆盛，是惟在焉。夫任一人則政專，任數人則相倚。政專則和諧，相倚則違戾。和諧則太平之所興也，違戾則荒亂之所起也。光武皇帝慍數世之失權，忿強臣之竊命，矯枉過直，政不任下，雖置三公，事歸臺閣。自此以來，三公之職，備員而已；然政有不理，猶加譴責。而權移外戚之家，寵被近習之豎，親其黨類，用其私人，内充京師，外布列郡，顛倒賢愚，貿易選舉，疲駑守境，貪殘牧民，撓擾百姓，忿怒四夷，招致乖叛，亂離斯瘼。怨氣並作，陰陽失和，三光虧缺，怪異數至，蟲螟食稼，水旱爲災，此皆戚宦之臣所致然也。反以策讓三公，至於死免，乃足爲叫呼蒼天，號咷泣血者也。又中世之選三公也，務於清愨謹愼，循常習故者。是婦女之檢柙，鄉曲之常人耳，惡足以居斯位邪？勢既如彼，選又如此，而欲望三公勳立於國家，績加於生民，不亦遠乎？

　　　　昔文帝之於鄧通，可謂至愛，而猶展申屠嘉之志。夫見任如此，則何患於左右小臣哉！至如近世，外戚宦豎，請託不行，意氣不滿，立能陷人於不測之禍，惡可得彈正之哉！曩者任之重而責之輕，今者任之輕而責之重。昔賈誼感絳侯之困辱，因陳大臣廉恥之分，開引自裁之端。自此以來，遂以成俗。繼世之主，生而見之，習其所常，曾莫之悟。嗚呼，可悲夫！左手據天下之圖，右手刎其喉，愚者猶知難之，況明哲君子哉！光武奪三公之重，至今而加甚，不假后黨以權，數世而不行，蓋親疏之勢異也。母后之黨，左右之人，有此至親之勢，故其貴任萬世。常然之敗，無世而無之，莫之斯鑒，亦可痛矣。未若置丞相自總之。若委三公，則宜分任責成。夫使爲政者，不當與之婚姻；婚姻者，不當使之爲政也。如此，在位病人，舉用失賢，百姓不安，爭訟不息，天地多變，人物多妖，然後可以分此罪矣。或曰：政在一人，權甚重也。曰：人實難得，何重之嫌？昔者霍禹、竇憲、鄧騭、梁冀之徒，藉外戚之權，管國家之柄；及

其伏誅，以一言之詔，詰朝而決，何重之畏乎？今夫國家漏神明於
媟近，輸權重於婦黨，算十世而爲之者八九焉。不此之罪而彼之疑，
何其詭邪！〔註153〕

從上面引述的《法誡篇》來看，仲長統對東漢，乃至兩漢王朝在政治制度方
面存在的弊端予以了深刻地揭露。誠如仲長統指出的，造成兩漢王朝衰敗的
直接原因是「權移外戚之家，寵被近習之豎」，即外戚宦官勢盛擾亂朝政、暴
虐下民，使國家處境每況愈下。而造成外戚、宦官勢盛更爲根本的原因便是
君權過強。也就是說，仲長統認爲君權過強的結果勢必會造成君主身邊近習
之人，或爲外戚、或爲宦官，借助強大君權使自身的勢力迅速擴大。仲長統
看到了造成東漢王朝大權旁落制度層面的深層原因。因此，較之上文中引述
的陳元、陳忠之論，仲長統的思想都要更爲深刻和實際。那麼，同樣目睹東
漢變亂的王符、崔寔和荀悅，他們的思想與仲長統的思想又有何關聯呢？

時代相對較早的王符，同樣看到了東漢自中期以來社會混亂、姦佞叢生
的亂象，王符救治時弊的思想在出發點上首先承認君主都有治理好天下的意
願「凡有國之君，未嘗不欲治也。」而沒有治理好的原因是「而治不世見者，
所任不賢故也。」由此引出了王符治國救弊的思想核心是使君主擁有一種「公」
的心態：

夫國君之所以致治者公也，公法行則軌亂絕。佞臣之所以便身
者私也，私術用則公法奪。〔註154〕

引出了君主治理國家的一種「公」的心態後，王符亦對國家權力組織形式提
出了自己的設想：

王者法天而建官，自公卿以下至於小司，輒非天官也？是故明
主不敢以私愛，忠臣不敢以誣能。夫竊人之財猶謂之盜，況偷天官
以私己乎？以罪犯人，必加誅罰，況乃犯天，得無咎乎？〔註155〕

因此，可以看出王符的救世思想是以君主心中尚有想把天下治理好之意願爲
前提的。王符以此爲本，設想的仍然是上有明君、下有賢臣的政治模式，可
見仍沒有跳出傳統儒家的思維範式。所以，在政權組織形式上依照兩漢以來

〔註153〕嚴可均《全後漢文》卷八十八，北京：商務印書館1999年版第894～895頁。
〔註154〕（漢）王符著，（清）汪繼培箋　彭鐸校正《潛夫論·潛歎》卷二，北京：中
　　　　華書局1985年版第97頁。
〔註155〕（漢）王符著，（清）汪繼培箋　彭鐸校正《潛夫論·忠貴》卷三，北京：中
　　　　華書局1985年版第108頁。

儒生設計的「天子──公卿──小吏」的結構，且仍遵循漢儒的天人思想，將權力結構中的官職設置認爲是法天而得。因此，這一結構也便是上承天意下順民心的了。所以，在王符的言說中看不到對權力體制進行改革的構想。

崔寔的思想又較王符的思想有了些許的變化，崔寔因爲身居權力體系之中，自然對現實中的政治問題有著深刻地體會。因此，面對國家變亂的情形崔寔已經對君主不抱有什麼期望了。崔寔在《政論》中開始稱呼君主爲「世主凡君」。所以，客觀上求諸於君主的開悟已不可得，那麼只能求諸於賢臣了。因此崔寔《政論》中的一條主線就是「賢人救世」，也正是因爲寄希望於賢人政治，所以並未對現存國家政治權力結構的問題有過多的考慮。

至仲長統時，兩漢王朝興衰的歷史脈絡已經開始呈現在士人面前，這使得仲長統從較爲宏觀的角度對兩漢以來造成社會變亂的原因作深入探究。也就是說，處於東漢王朝中期的王符和處於東漢王朝中後期的崔寔，因爲身在局中所以在客觀上不能對王朝大的歷史興衰有全面地把握，另外在心態上亦對現狀尚能存有些許希望。因此，儒士的救世之策自然多是基於現存體制而少有創見了，從根本上講這是一種時代之必然。

總而言之，身處漢魏之際的仲長統，有幸逢著歷史於紛亂之後逐漸走向塵埃落定的機緣。所以，兩漢興衰、一理而然──西漢亡於外戚，東漢亡於宦官！而爲何外戚、宦官可以「手握王爵，口含天憲」〔註156〕，這一切的原因都在於政治權力的組成結構出現了問題。也就是說，外戚、宦官勢盛是皇權過強所必然產生的「副產品」，所以仲長統政治改革的思想核心就是抑君權。

仲長統抑制君權的辦法簡單而傳統，通過恢復宰輔制度使權歸外朝，或由宰相一人總之，或由三公分而治之。這樣，就能最大程度地降低因君權過強而帶來的外戚、宦官權重問題。另外，還提醒君主不得與宰輔重臣聯姻以防止宰輔重臣再次轉變爲外戚。這些政治改革設想，在理論上都是周密且合理的。然而，這些設想在解決現實的社會問題上能起到多大作用，有何意義呢？關於這些，還要回到仲長統想要解決的問題，及其所處的那個時代。

仲長統的主要思想是通過官職改革來去除東漢以來外戚、宦官勢盛的根本原因──君權過強。仲長統想依靠恢復外朝之權來實現對君權的削弱，進而達到間接制約外戚和宦官勢力之目的。仲長統《法誡篇》中的相關論述因在前文中已有徵引故在此不復贅言，縱觀東漢之世，不只仲長統一人意識到

〔註156〕范曄《後漢書・朱穆傳》卷四十三，北京：中華書局1965年版第1471頁。

了這一嚴重的制度問題。關於這一問題在仲長統抑君權思想研究章已對東漢以來重三公觀念做了梳理，光武朝之陳元、安帝朝之陳忠、桓帝朝之楊秉皆有尊三公或重三公之議，然而以上諸人言說在本質上都是緣事而發，即都是具體針對某一事件而闡發的，並不是因為看到了東漢王朝在權力架構上出現了嚴重問題而對該問題進行專題陳述，所以自然不會對這一問題形成的根本原因和危害有相對系統的闡發。如陳忠重三公之議與其說意在「重三公」莫不如說是意在「尊三公」，陳氏進言的目的在於「在襃崇大臣，待下以禮。」〔註157〕因此，既然在對待問題上沒有系統而深刻的認識，那麼在解決問題上自然毫無建樹了。所以，在討論仲長統抑君權思想時，不必遵循前文討論土地和賦稅思想的路數，不必先在思想層面將其思想與他人作高下比較，然後再在現實層面討論其思想的社會價值如何。因此，可以徑直對仲長統抑君權思想的現實價值進行分析。

　　《法誡篇》篇中所表達的抑制君權思想，僅在思想上並沒有多大創見，仲長統認為將國家最高權力的組織形式由徹底的君主專制恢復到君主專制下的宰輔制即可。就其思想本質而言，不過是要將兩漢君王經過兩次「破壞」從外朝攫取來的權力還歸外朝。因為，東漢時期君主大權獨攬的局面並不是一蹴而就的，而是經歷了從西漢武帝到東漢光武帝，由破壞宰相制度再到破壞三公制度的漫長歷程。〔註158〕因為，伴隨著君主專制政體中君權的加強，宰輔制度的破壞是一種不可改變的歷史必然，對於該問題徐復觀有頗為深刻的闡發：

　　　　官制是權力與義務的一種分配和組織。但古今專制者的心理，因為把天下當作自己私人的產業，覺得政治是網羅天下的人力物力以向他的安富尊榮負責，而不感到他是應對天下（人民）負責。於是便總是從權力方面去看官制，而絕不從義務方面去看官制。既是只從權力方面去看官制，於是官制的客觀化，感到即是權力的客觀化。權力的客觀化，感到即是權力離開了他（專制者），而使他感到危險。所以破壞官制的客觀化，破壞官制能客觀地發揮作用，這是古今專制者所不知不覺地採取的共同路線。形成官制的首腦與骨幹

〔註157〕范曄《後漢書・陳忠傳》卷四十六，北京：中華書局1965年版第1566頁。
〔註158〕關於該點可參看徐復觀《漢代一人專制政治下的官制演變》，見徐復觀《兩漢思想史》第一卷，上海：華東師範大學出版社2001年版。

的是宰相。宰相一職，在事實上是不可無；但一旦成爲制度，即賦
予了若干的客觀存在的意義。因此，通過兩千多年的專制，都是循
環地破壞宰相在制度上的客觀地位，而以皇帝身旁地位低微的人去
執行宰相的實權。執行久了，原來在地位上本是與宰相懸隔的，也
慢慢地被承認其爲宰相，因而取得官制上的若干客觀地位。於是後
起的專制者又把它虛懸起來，重新使低微的近臣代替。〔註 159〕

徐復觀的這段文字可謂深刻地把握到了專制君主的隱秘心理，從這種防備他
人的心理出發自然不可能接受宰輔作爲一種客觀制度的存在，因此，揭示了
君主專制社會宰相制度遭到破壞的必然。並且，在此基礎之上更看到了君主
本身只會讓身邊親信近臣充任宰相之實，而後代君主又會出於同樣的考慮再
讓自己身邊的親信近臣充任宰相之實。因此，徐復觀在對這種政治現象的表
述上引用了和田清《支那官制發達史上的特色》中的「波紋式的循環發生」
來予以再次說明。〔註 160〕也就是說，在君主專制的權力組織結構中，君權與
相權的矛盾是不可調和的，因此，從這一點上來看，仲長統恢復傳統宰輔制
度的設想是過於理想或者不切實際的。然而，如果將仲長統的觀點放入他所
處的那個時代，也許會得到不一樣的結論。

據仲長統生卒行年考章考證結論，仲長統是在建安十二年（207 年）入許
出任尚書郎的。當時許地的政治背景是「時政移曹氏，天子恭己而已。」〔註 161〕
獻帝不過是名義上的皇帝而已，政權的眞正核心是曹操。而曹操又是以何職
位統御朝臣的呢？曹操首先通過建安元年「自爲司空」、建安十三年「自爲丞
相」，從司空到丞相，曹操完成了「權歸外朝」的改革，正如萬繩楠在《魏晉
南北朝史論稿》中評價的那樣：「曹操對東漢的官制，進行了改革，建立了以
丞相爲首的外朝的臺閣制，消除了中央權移外戚、宦官，地方權移州牧的弊
端。」〔註 162〕曹操的努力使得權歸外朝，從制度上徹底消除了外戚、宦官勢
盛的可能。從制度上來看，曹操的作爲可以說爲漢家掃除積弊，但從漢家王

〔註 159〕 徐復觀《漢代一人專制政治下的官制演變·光武對宰相制度進一步的破壞及
爾後再專制下官制演變的格局》，見徐復觀《兩漢思想史》第一卷，上海：華
東師範大學出版社 2001 年版第 159 頁。

〔註 160〕 徐復觀《漢代一人專制政治下的官制演變·光武對宰相制度進一步的破壞及
爾後再專制下官制演變的格局》，見徐復觀《兩漢思想史》第一卷，上海：華
東師範大學出版社 2001 年版第 160 頁。

〔註 161〕 范曄《後漢書·荀悅傳》卷六十二，北京：中華書局 1965 年版第 2058 頁。

〔註 162〕 萬繩楠《魏晉南北朝史論稿》，合肥：安徽教育出版社 1983 年版第 22 頁。

朝安危的角度，曹操權重則漢家必危。因爲，從現實層面來看，曹操手中權歸外朝之權已經不只是相權，甚至可以近乎等同於君權了。所以，單純從制度的變動上講，曹操所推行的一整套制度上的改革，都與仲長統《法誡篇》中的政治藍圖相契合。另外，據仲長統生卒行年考章所得結論，《昌言》篇章（至少就其主體而言）當寫於仲長統出任尚書郎之後，也就是建安十二年（207年）之後。也就是說，仲長統入許爲官大約一年後曹操便恢復了被漢家廢置已久的宰相制度。對於仲長統的《法誡篇》究竟作於何時，由於史料匱乏而無從知曉，但可以依據現存史料做出一個相對大膽的猜想。

　　《昌言》中的《法誡篇》主要針對兩漢以來君權極重所帶來的外戚、宦官之害問題，提出恢復宰輔制度、權歸外朝，從制度上徹底消滅外戚、宦官問題。嚴可均《全後漢文》中輯錄的除《理亂篇》《損益篇》《法誡篇》外尚有一些殘篇，而這些殘篇有些是源自唐初魏徵等輯的《群書治要》卷四十五的「仲長子《昌言》」條，其中就有兩則仍然痛陳外戚、宦官不可用的言說。在此，不妨做個假設，《法誡篇》中在直言外戚、宦官之禍後，盛讚宰輔制度之優！也就是說，按前文中分析仲長統的行文風格來看，至少在政論散文中，仲長統一貫有破有立。那麼，《群書治要》中輯錄了仲長統痛陳外戚、宦官之害，且兩者皆備，卻獨缺盛讚宰輔制度之文。對此，可以作兩重推想：或者，稱頌宰輔制度部分散佚了，未得以流傳下來；又或者，仲長統《昌言》中《法誡篇》之後的政論散文中就沒有再稱頌過宰輔制度，也就是說只言重用外戚、宦官之害，而不言宰相、三公之利了。個人認爲，第二種可能性較大，因爲，根據仲長統的行文風格必然有破有立，破者悉數得以傳承而立者不見蹤影，似乎是不大可能的。另外，還要從《群書治要》編撰的時代背景來談，《群書治要》編纂的時代背景是一個「平章事」權重的時代，沒有理由對仲長統肯定宰輔制度的文字「視而不見」。因此，便有了第三種可能，就是仲長統自《法誡篇》之後便沒有再盛讚過宰輔制度的文字了，而針對外戚、宦官的問題他開始尋求了其他的解決辦法，而這種辦法或許要顯得荒誕不經得多，故而沒有得以流傳，或者至《群書治要》編纂時因並不合乎「務乎政術」、「本乎治要」之宗旨而被略去了。綜上，也就是說《法誡篇》之後，仲長統在其政論散文中面對同樣的外戚、宦官問題而沒有一如《法誡篇》那樣以宰輔制度、外朝權重作爲解決問題的方法，這些變化都在隱蔽地指向一個更深層次的問題，即仲長統內心對宰輔制度的動搖，而造成動搖的根本原因不能不說與建

安年間曹操權力日盛、獻帝已經名存實亡有關。分析至此，似乎可以做出這樣一個推論：飽含仲長統對宰輔制度盛讚之情的《法誡篇》，在寫作時間上，當不晚於曹操「自爲丞相」，或者，從更爲寬泛的意義來看，即便仲長統對丞相曹操的政治作爲存在些許肯定態度的話，《法誡篇》的寫作時間也不會晚於曹操進爵「魏公」，也就建安十八年（213 年）五月。而恰恰還是建安十八年（213 年），對仲長統有知遇之恩的荀彧因反對曹操進爵「魏公」是年春被逼自盡。此外，仲長統縱然在思想深處對宰相、三公制度存在一定偏好，但對裂土封侯制度卻是徹底否定的，這一態度在《損益篇》中前半部分已有明確表示。所以，在仲長統的思想中，因親身經歷曹操先爲丞相、後爲魏公的巨大變化，前後矛盾之大、衝突之深是仲長統思想所不可理解的。

所以，結合以上建安年間社會政治背景分析，我們可以對仲長統《法誡篇》中的重宰輔、重外朝思想作如下理解。首先，可以大致地推定該篇的寫作時間當不晚於建安十八年（213 年）。其次，建安元年（196 年）漢廷遷居許地以來，從現實的角度來看，君權已經達到兩漢以來「至輕」之極致，而三公之權、乃至宰相之權仍在「加重」之中。縱然，兩漢外戚、宦官之害尤甚，但此時還暢談權歸外朝、政任一人，無異於使東漢王朝本已慘淡不堪的處境雪上加霜，此種言語無疑又在客觀上爲曹操權重乃至實現日後篡漢提供了堅強的理論基礎和良好的輿論氛圍。不可否認，仲長統的思想更爲深刻、目光更爲長遠，或可爲萬世之法。但是仲長統《法誡篇》的言說，不能不說在事實上爲曹操權重、獻帝勢微的局面提供了理論支持。至此，不能不感歎歷史驚人的相似，西漢末年的儒生們高揚儒家聖人思想，最終卻成爲了王莽篡漢的滑稽鼓吹。而反觀東漢末年建安年間仲長統《法誡篇》中的說辭，恰好又印證了「亡西漢者，儒生也！其實，又何止是西漢？」〔註163〕的深刻追問。最後，仲長統在《法誡篇》末也提出了對外朝權重的限製辦法──不可聯姻。也就是仲長統所說的：「夫使爲政者，不當與之婚姻；婚姻者，不當使之爲政也。」〔註164〕其實，這一舉措從根本上講還是意在避免外戚產生，通過抑制重臣與君主聯姻而斬斷了重臣獲得外戚身份的重要渠道，這樣就實現了宰輔制度前提下徹底消滅了外戚產生的可能。重點還是在消滅外戚而不在

〔註163〕曲利麗、李山《論西漢元成之際儒生的政治作爲》，《徐州師範大學學報》（哲學社會科學版）2010 年 1 月第一期第 63 頁。
〔註164〕嚴可均《全後漢文》卷八十九，北京：商務印書館 1999 年版第 895 頁。

如何制約宰相和三公。然而，《法誡篇》中眞正意義上言及如何防範或者說制約宰相、三公的措施，則顯得「輕描淡寫」得多：

> 或曰：政在一人，權甚重也。曰：人實難得，何重之嫌？昔者霍禹、竇憲、鄧騭、梁冀之徒，籍外戚之權，管國家之柄；及其伏誅，以一言之詔，詰朝而決，何重之畏乎？今夫國家漏神明於媟近，輸權重於婦黨，算十世而爲之者八九焉。不此之罪而彼之疑，何其詭邪！〔註165〕

從這段文字可以看出，對於如何解決宰相、三公威脅君權的問題，仲長統其實並沒有做正面回答或者說乾脆沒有回答。「或曰」之詞是針對宰輔權重而發問的，但仲長統的全部言說都不是在回答，而是在反問——宰輔重臣怎麼可能會眞正權重呢？由此觀之，縱然仲長統雜取儒法諸家，但在思想深處亦難逃腐儒迂滯之氣。他所處的時代外戚、宦官已悉數翦滅，而三公抑或丞相權力極重之情況已人盡皆知，而仲長統在文中對舊世之禍緊抓不放，對當世之弊則「輕描淡寫」，這一思想與現實的巨大脫節，都再次證明了東漢末年包括仲長統在內的士人「謬通方之到，好申一隅之說。」〔註166〕缺乏對現實問題的清醒認識以及切實解決社會問題的能力。當然，亦不排除入許爲官之後，存在著諸多「難言之隱」。

　　縱觀仲長統抑兼併和抑君權思想，就其思想與時代而言，都存在著嚴重的脫節問題；就方法與對象而言，都存在著沒有抓住主要矛盾的問題。並且，客觀上就仲長統給出的療救社會之辦法來看，他給出的土地改革方案是「什一而稅」，給出的政治改革方案是宰輔制度，單純從辦法上看，皆屬儒家路數並沒有什麼個人的創見。而客觀上，並不能否認仲長統又屬於那個時代頗有眞知灼見者。造成這種巨大反差的根本原因，在於仲長統的思想和學說縱然雜糅諸家，但卻無法從根本上改變其儒生的本質，因此，縱然他用道家和法家的目光能夠洞悉兩漢積弊所在，但他在現實層面解決問題時便又回到儒家經典中去尋找答案了。這就好比一位醫生有著各種先進的檢測設備，能夠清楚地查清患者病灶，但到開出方劑時卻和絕大多數水準平平的醫生一樣，僅僅開出幾個大家都掛在嘴邊的「草頭方」而已。造成這一滑稽結局的內在原

〔註165〕嚴可均《全後漢文》卷八十九，北京：商務印書館1999年版第895頁。
〔註166〕范曄《後漢書‧王充、王符、仲長統傳》卷四十九，北京：中華書局 1965年版第1660頁。

因並不是儒生之迂闊，而是漢代儒家思想之迂闊。分析至此，還可以對仲長統絕望的時代觀有更深一層次的把握。前文已經分析過，仲長統對時代的絕望不僅是對王朝循環變亂加劇的絕望，還是對個人前途命運的絕望。此處，還可以再加上一重絕望，那便是對儒家思想以及百家思想的徹底絕望。恰如前文中分析的那樣，一如西漢王莽按照儒生們設計的聖人形象成功篡漢一樣；曹操的所作所爲恰恰如同「心領神會」般按照仲長統設計的宰輔治國、政專一人的政治構想，先任司空、再任丞相，在客觀事實上，再一次按部就班地成功實現了篡漢。仲長統不明白，自己精心設計的興漢之說，卻最終成了亡漢之論，這種精神層面的巨大打擊對於一個尊君奉漢的儒生來說足以徹底摧垮他的精神世界。這種內心的沉重打擊和思想上的深刻轉變是可以從《後漢書・仲長統傳》中所引的第二首詩體會出來的：

> 大道雖夷，見幾者寡。任意無非，適物無可。古來繞繞，委曲
> 如瑣。百慮何爲，至要在我。寄愁天上，埋憂地下。叛散《五經》，
> 滅棄《風》、《雅》。百家雜碎，請用從火。抗志山棲，游心海左。元
> 氣爲舟，微風爲柁。敖翔太清，縱意容冶。〔註167〕

尤其是仲長統詩中所言的「百家雜碎，請用從火」表達的是對百家學說的徹底絕望。其實，並不是諸子百家學說眞的無補於事，而是東漢中期以來出現的王符、崔寔、荀悅、仲長統等漢末「小諸子」在思想上的「通病」導致了百家思想在解決現實問題中的「失靈」。這一「通病」的關鍵在於，「小諸子」皆是在儒家思想的根柢上有選擇地吸收各家思想，因此，縱然他們思想中雜糅進了法家思想、道家思想以及其他諸家思想等等，可根本上占主導地位的還是儒家思想，即儒者的身份沒有發生絲毫的改變。因此，種種「嫁接」的努力皆因無力克服儒家思想自身的瓶頸而宣告失敗，最後，免不了會產生一種對歷來諸子百家思想的徹底絕望。詩中「百家雜碎，請用從火」便是這種心態的深刻寫照。〔註168〕詩中透露出的因對現實失望而寄情山水自然的傾向甚爲明顯，這都暗示著仲長統內心的一種複雜轉變正在生成，由關注天下國家到「至要在我」進而寄情山水的全新旨趣已然開始形成。

〔註167〕范曄《後漢書・仲長統傳》卷四十九，北京：中華書局 1965 年版第 1645～1646 頁。

〔註168〕如若作「去粗取精，重新鎔鑄」解，見劉文英《王符評傳》附《仲長統評傳》，南京：南京大學出版社 1993 年版第 302 頁。似乎不僅與前文分析不合，又與仲長統後期內心陷入失落和絕望的情感基調不符，故暫作此解。

第五章 《昌言》文學研究

　　仲長統的主要論說都集中在《昌言》中。《昌言》作爲一部產生於漢魏之際的政論散文合集，不僅包含了仲長統對諸多社會問題的獨到見解，其文學方面的諸多特徵也是值得關注和研究的。另外，還可以通過分析《昌言》篇章中蘊含的一些文學特性，進而更深入地瞭解那個時代的文學敘述與思想表達的內在關聯。

第一節　簡明的語言風格

　　如果系統地通讀漢魏之際的文學作品，尤其是政論性質的散文，拋開個人的文風偏好不論，《昌言》總會帶給人一種眼前一亮的通透之感。而這種感覺的形成自然是《昌言》文字中諸多因素混合作用的結果。但最爲直觀的一點是，《昌言》作爲一部政論性質的散文合集，在很大程度上打破了兩漢以來傳統言說的慣用方式——引經據典。

　　這一點，劉文英在《仲長統評傳》中已經有所注意：「我們在《昌言》中還很容易看到這樣一種現象，仲長統對有關問題的分析論證，很少像王符、崔寔那樣動輒引用『子曰』、『《詩》云』，而總是直抒胸懷，放言高論，表現了他獨立的人格和獨立的品性。」〔註1〕綜觀現存《昌言》中最爲完整的《理亂篇》《損益篇》《法誡篇》，可以看出《理亂篇》通篇無一處徵引經典之語，而《損益篇》僅徵引《易》一處；《法誡篇》亦徵引《周禮》一處。

<hr>

〔註1〕劉文英《王符評傳》附《崔寔、仲長統評傳》，南京：南京大學出版社 1993
　　　年版第 301 頁。

東漢末年，在這種政論性質的散文中完全「以實爲實」，而對儒家經典棄之
不用的行文風格，確實給人以耳目一新的感覺。這一點並不用詳細地對比論
述來說明，翻看《全後漢文》時可不證自明。值得深思的是，仲長統究竟是
故意迴避兩漢以來漸成範式的引經據典的言說方式，還是並不擅長這種言說
方式呢？

其實，這一點的答案很明顯，仲長統之所以能夠在許多問題上縱論古今、
見解獨到，不僅源於其思想的深刻，更源於其對史傳經典的透徹把握。當然，
這些都是以理度之，那麼現存文獻中有沒有能夠證明這一點的史料呢？范曄
《後漢書‧祭祀志下》中載錄了一段仲長統與侍中鄧義關於句龍究竟是「社
主」還是「配」的辯說：

> 自漢諸儒論句龍即是社主，或云是配，其議甚眾。後荀或問仲
> 長統以社所祭者何神也？統答所祭者土神也。侍中鄧義以爲不然而
> 難之，或令統答焉。統答（或且以）義曰：「前見逮及，敢不敬對。
> 退熟惟省，郊社之祭，國之大事，誠非學淺思薄者所宜興論重復，
> 亦以鄧君難，事有先漸，議則既行，可謂辭而不可得，因而不可已
> 者也。《屯》有經綸之義，《睽》有同異之辭，歸乎建國立家，通志
> 斷類也。意則欲廣其微以宗實，備其論以求真，先難而後易，出異
> 而歸同乎？難曰：社祭土，主陰氣，正所謂句龍土行之官，爲社則
> 主陰明矣，不與《記》說有違錯也？答曰：今《記》之言社，輒與
> 郊連，體有本末，辭有上下，謂之不錯不可得。《禮運》曰：『政必
> 本於天，殽以降命，命降於社之謂殽地，參於天地，並於鬼神。』
> 又曰：『祭帝於郊，所以定天位也；祀社於國，所以列地利也。』《郊
> 特牲》曰：『社所以神，地之道也。地載萬物，天垂象。取財於地，
> 取法於天，是以尊天而親地。家主中霤，國主社，示本也。』相此
> 之類，元尚不道配食者也。主以爲句龍，無乃失歟？難曰：信（而）
> 〔如〕此，所言土尊，故以爲首，在於上宗伯之體，所當列上下之
> 敘。上句當言天神、地祇、人鬼，何反先人而後地？上文如此，至
> 下何以獨不可，而云社非句龍，當爲地哉？答曰：此形成著體，數
> 自上來之次言之耳，豈足（懷）〔據〕使從人鬼之例邪？三科之祭，
> 各指其體。今獨擿出社稷，以爲但句龍有烈山氏之子，恐非其本意
> 也。案《記》言社土，而云何得之爲句龍，則傳雖言祀句龍爲社，

亦何嫌，反獨不可謂之配食乎？《祭法》曰：『周人禘嚳，郊稷，祖文王，宗武王。』皆以爲配食者，若復可須，謂之不祭天乎？備讀傳者則眞土，獨據《記》者則疑句龍，未若交錯參伍，致其義以相成之爲善也。難曰：再特於郊牛者，后稷配故也。『社于新邑，牛一羊一豕一。』所以用二牲者，立社位祀句龍，緣人事之也。如此，非祀地明矣。以宮室新成，故立社耳。又曰『軍行載社』者，當行賞罰，明不自專，故告祖而行賞，造社而行戮。二主明皆人鬼，人鬼故以告之。必若所云，當言載地主於齋車，又當言用命賞於天，不用命戮於地，非其謂也。所以有死社稷之義者，凡賜命受國，造建宮室，無不立社。是奉言所受立，不可棄捐苟免而去，當死之也。《易》句龍爲其社，傳有見文；今欲易神之相，令記附食，宜明其徵。祀國大事，不可不重。據經依傳，庶無咎悔。答曰：郊特牲者，天至尊，無物以稱專誠，而社稷太牢者，土於天爲卑，緣人事以牢祭也。社禮今亡，並特之義未可得明也。昭告之文，皆於天地，（可）〔何〕獨人鬼？此言則未敢取者也。郊社之次，天地之序也。今使句龍載冒其名，耦文於天，以度言之，不可謂安矣。土者，人所依以（國）〔固〕而最近者也。故立以爲守祀，居則事之時，軍則告之以行戮，自順義也。何爲當平於社，不言用命賞於天乎？帝王兩儀之參，宇中之莫尊者也。而盛一官之臣，以爲土之貴神，置之宗廟之上，接之禘郊之次，俾守之者有死無失，何聖人制法之參差，用禮之偏頗？其列在先王人臣之位，其於四官，爵伴班同，比之司徒，於數居二。縱復令王者不同，禮儀相變，或有尊之，則不過當。若五卿之與冢宰，此坐之上下，行之先後耳。不得同祖與社，言俱坐處尊位也。《周禮》爲禮之經，而《禮記》爲禮之傳，案經傳求索見文，在於此矣。鈞之兩者未知孰是。去本神而不祭，與貶句龍爲土配，比其輕重，何謂爲甚？經有條例，《記》有明義，先儒未能正，不可稱是。（鈞）〔鈞〕校典籍，論本考始，矯前易故，不從常說，不可謂非。孟軻曰：『予豈好辯哉，乃不得已也。』鄭司農之正，此之謂也。」〔註2〕

〔註2〕范曄《後漢書・祭祀志下》卷九十九（唐）李賢注，北京：中華書局1965年版第3202～3203頁。

這段仲長統與侍中鄧義之間的辯難，可以說在很大程度上較爲眞實地記錄了仲長統論辯之語。而這些論辯之語與仲長統《昌言》中的言說風格存在很大差異。首先，最爲直觀的感受是，這段文字並沒有一如《昌言》政論散文開門見山式的言說風格，而是在論說之前做好充分的蓄勢和鋪墊：

> 統答或且以義曰：「前見逮及，敢不敬對。退熟惟省，郊社之祭，國之大事，誠非學淺思薄者所宜興論重複，亦以鄧君難，事有先漸，議則既行，可謂辭而不可得，因而不可已者也。〔註3〕

究竟句龍是主還是配呢？荀彧令仲長統與侍中鄧義二人相互辯難。仲長統作爲首先陳述的一方一改《昌言》中直抒胸臆的態勢，而是先謙辭一番，不過這番謙辭已在不卑不亢中透射出了幾分強硬與自信。以退爲進的開場白中，一句「誠非學淺思薄者所宜興論重複」可謂鏗鏘有力作金石聲。儘管在分析文中透射出的情感時要注意到《後漢書‧祭祀志下》中這段注文與《昌言》之文的區別。畢竟《後漢書‧祭祀志下》的注文是對仲長統與侍中鄧義辯難的記錄，在某種程度上是可以等同於雙方論辯的再現，是一種口頭言說的整理，而《昌言》則是政論散文的集成，本身就是書面性文章的集合。由於口頭性言說和書面性表述的天然區別，所以，無法進行較爲客觀地比較。但我們從中還是可以得到一些較爲重要的信息。在仲長統生卒行年雜考章之結尾，曾就有限的生卒行年資料進行深入地挖掘，對仲長統入許爲官之後氣質性格是否存在變化做出了猜想。現在，從《後漢書‧祭祀志下》注文中載錄的仲長統辯難之語似乎可以證明這種猜想當爲不誤。

　　仲長統在建安十二年（207年）入許爲官出任漢廷尙書郎至延康元年（220年）離世，在這期間，仲長統的氣質性格似乎存在著一些微妙的變化。而這種變化便是由爲官之前的「性俶儻，敢直言，不矜小節，默語無常」〔註4〕，逐漸地呈現出一種打磨後的「光滑」。即便在爭鋒相對的論難場合，在論說之始仍在言辭上有所修飾和雕琢。這些微妙的變化都可以回過頭來與繆襲「《昌言》表」中透露出的些許隱微信息互爲佐證：

> 襲撰統《昌言》表，稱統字公理，少好學，博涉書記，贍於文辭。年二十餘，游學靑、徐、并、冀之間，與交者多異之。并州刺史高幹素貴有名，招致四方遊士，多歸焉。統過幹，幹善待遇之，

〔註3〕范曄《後漢書‧祭祀志下》卷九十九，北京：中華書局1965年版第3202頁。
〔註4〕范曄《後漢書‧仲長統傳》卷四十九，北京：中華書局1965年版第1644頁。

訪以世事。統謂幹曰:「君有雄志而無雄才,好士而不能擇人,所以
爲君深戒也。」幹雅自多,不納統言。統去之,無幾而幹敗。并、
冀之士,以是識統。大司農常林與統共在上黨,爲臣道統性倜儻,
敢直言,不矜小節,每列郡命召,輒稱疾不就。默語無常,時人或
謂之狂。漢帝在許,尚書令荀彧領典樞機,好士愛奇,聞統名,啓
召以爲尚書郎。後參太祖軍事,復還爲郎。延康元年卒,時年四十
餘。統每論說古今世俗行事,發憤歎息,輒以爲論,名曰《昌言》,
凡二十四篇。〔註5〕

據陳壽《三國志》中相關史料可知繆襲爲仲長統入許爲官後之好友。然而,
從繆襲「《昌言》表」中可以看出這樣一點,至仲長統離世時繆襲對仲長統氣
質性格的認知,與大司農常林所知曉的那個在建安十一年(206 年)間一同避
居上黨的仲長統之氣質性格當有較大不同。也就是說建安十一年(206 年)間
常林所結識的仲長統是「性倜儻,敢直言,不矜小節,每列郡命召,輒稱疾
不就。默語無常,時人或謂之狂」完全一個無所忌憚率性自我的狂生。而繆
襲所熟知的仲長統則是「統每論說古今世俗行事,發憤歎息,輒以爲論」一
個心中飽含鬱結之氣且不得抒發只得默默著書立說壓抑士人的苦悶形象。不
然,何至於在表述好友性格時要引用十餘年前與其相處的第三方之評語?驗
之《全後漢文》,亦沒有品評好友性情時強用他人評說之例。所以,綜合以上
的分析,可以推知仲長統在建安十二年(207 年)入許爲官之後,至延康元年
(220 年)離世,這段時間裏其氣質性格確實存在著一定程度的變化。那種初
出茅廬「敢直言,不矜小節」的銳氣,在入仕之後,至少在言行上,被逐漸
地「打磨」得中規中矩了許多。但是,這種率真的性情又不會就這樣被徹底
地壓抑下去,所以,「補償效應」開始以另一種形態產生了微妙的作用,在現
實的言行上逐漸地合乎常理,而在筆下的論述中則越發地犀利和憤激。然而,
這種犀利與憤激又不再同於早年時的率性而發,在對東漢末年諸多社會亂象
大加撻伐的同時,並沒有忘記作爲一個身居漢廷日食漢祿官員所應當做到的
「曲筆」和「迴護」。關於這一點,會在各章分述中通過對具體問題的討論加
以詳細說明。

　　至此,在闡明了仲長統入仕後氣質性格的變化,以及仲長統並非不曉典

〔註 5〕陳壽《三國志・魏書・劉劭傳》卷二十一,北京:中華書局 1982 年版第 620
　　　頁。

籍，而是在論述過程中刻意迴避大量徵引經典。這種在政論散文中刻意迴避大量徵引典籍的著述態度是有著開創意義的，尤其是在東漢末年這種在行文中刻意迴避儒家經典的寫作心態，不僅僅是一種文學創作上主觀掙脫經學束縛的嘗試，質而論之實是在思想深處對已經徹底僵化的經學思想之反動：「經生既在無關社會民生、政治治亂的根本處專飾鷩說，經術士的政治見解則愈來愈迂腐可笑、弊敗固陋。風氣所壞，激起了儒學內部有識之士的一再不滿。」〔註6〕因此，在注意到這種作為表象的文學性區別時，還應看到更深層次上的思想性的區別。在此基礎上，才能更為準確地把握這個時代的文學特徵。當然，還應當看到，在仲長統所處的那個時代，尤其是在朝為官的士人，畢竟如仲長統這樣態度鮮明地迴避引經據典的尚鮮有其人。也就是說，縱然漢魏之際多狂生，然而士人們由其自身位置的不同處世態度還是存在著較為明顯的區別。大體上在朝士人尚能維護儒家名教的正統地位，而在野士人則相對灑脫得多。

如果要對《昌言》中的政論散文作系統的文學性分析的話，就不得不要面對《昌言》政論散文特殊的修辭手法了。

第二節　巧妙的修辭手法

《昌言》中的政論散文在文學修辭上多採用消極修辭手法。儘管「消極修辭」屬於現代漢語修辭範疇，但用它來分析古代文學作品亦未嘗不可。前文在討論仲長統的時代觀中，已經在某些修辭問題上有所涉及了。比如，仲長統在行文中對指代君主意涵詞彙的選擇上多採用「愚主」、「下愚之主」〔註7〕等詞語。在思想上固然體現了仲長統對東漢以來日益強化的「王聖」思想之反動，而在修辭上已經屬於消極修辭的範疇了。仲長統選用這些詞彙來指代君主，並不是出於刻意的揭露和抨擊，而是認識到作為歷代王朝中前後相承的歷代君主自然上智、下愚全都包括其中了：

又為政之理者，取一切而已，非能斟酌賢愚之分，以開盛衰之數也。〔註8〕

〔註6〕于迎春《漢代文人與文學觀念的演進》，北京：東方出版社 1997 年版第 177 頁。

〔註7〕嚴可均《全後漢文》卷八十八，北京：商務印書館 1999 年版第 890 頁。

〔註8〕嚴可均《全後漢文》卷八十八，北京：商務印書館 1999 年版第 890 頁。

同樣，仲長統在指代那些處於社會底層被人壓榨的小民時仍是使用該類字眼兒——「弱力少智之子」。由此看來，仲長統在對人的評價上秉承的是以實爲實的觀點，拋去每個人血統的貴賤、地位的高低，將每個人放在智和力的卡尺上進行客觀地衡量。在仲長統所處的那個時代，這樣評價小民是不存在問題的，但如果這樣評價君主，那麼便會在客觀上給人造成刻意揭露和抨擊的深刻觀感。

　　因此，接下來要從較爲具體可感的修辭角度來探討仲長統《昌言》中政論散文的文學特徵。上文已經介紹了仲長統在行文中對指代君主意涵詞彙的選擇上採用了消極修辭手法。當然，在此有必要再申明一下何爲消極修辭：

> 所以所用的語言，就要求是概念的、抽象的、普通的，而非感性的、具體的、特殊的。因爲概念的、抽象的、普通的語言，才能使它的意義限於所說，而不含蓄或者混雜有別的意思；若用感性的、具體的、特殊的語言，那無論如何簡單，也總有多方面可以下觀察、下解釋，而且免不了有各自經驗所得的感想附雜在內，要它純粹傳達一個意思，實際非常爲難。〔註9〕

仲長統《昌言》中的文章在思想上掙脫了儒家思想的束縛，在心態上跳出了尊漢的套路，因此，在當時看似離經叛道，實則無論在思想基礎上還是在心態取向上都比同時代的作品更爲客觀和現實。所以，《昌言》在寫作動機上雖然飽含著仲長統濃重且鬱結的情感，但在實際的寫作中恰恰因爲這種特殊的情感使其在思想和心態上都掙脫了那個時代的束縛，以客觀乃至冷峻的文字去剖析東漢王朝的種種積弊。因此，仲長統行文中的消極修辭手法，至少在寫作態度上使其作品成爲了那個時代較之他人更爲冷靜、客觀的文字。從現存《昌言》中的《理亂篇》《損益篇》《法誡篇》等篇目中都可以清晰地看到這一點。仲長統在分析歷代王朝開國之君奪得天下時也只是冷峻且平靜地交代了豪傑奪得天下的簡單過程：

> 豪傑之當天命者，未始有天下之分者也。無天下之分，故戰爭者競起焉。於斯之時，並僞假天威，矯據方圖，擁甲兵與我角才智，程勇力與我競雌雄，不知去就，疑誤天下，蓋不可數也。角知者皆窮，角力者皆負，形不堪復伉，勢不足復校，乃始羈首繫頸，就我之銜紲耳。夫或曾爲我之尊長矣，或曾與我爲等儕矣，或曾臣虜我

〔註9〕陳望道《修辭學發凡》，上海：上海教育出版社 1997 年版第 53 頁。

矣。或曾執囚我矣。彼之蔚蔚，皆匈詈腹詛，幸我之不成，而以奮
其前志，詎肯用此爲終死之分邪？〔註10〕

在論述過程中並沒有像兩漢以來的儒士那樣夾雜著太多的「情感因素」。既沒有對開國之君盛德大業的讚美，也沒有對天道、三統這些至高無上規律的膜拜，只是在文字中，從切實的人事層面分析豪傑奪得天下的眞正原因。（此類對比在仲長統的時代觀章已有詳述，故不復贅言。）仲長統《昌言》中的政論散文幾乎都是秉承著這一風格撰寫的。無論是對王朝新立奪得天命的總結，還是對歷代君主制王權注定走向崩潰的分析，以及兩漢以來的選舉、賦稅、官制、刑法制度等等，都是在以相對客觀的態度進行冷靜的分析並給出相應的策略或改革辦法。完全看不到那種兩漢儒士對儒家學說的虔誠推崇和對兩漢王朝的無上尊奉。

第三節　獨特的句式結構

另外，《昌言》中的政論散文在句式上亦有獨到之處。以《昌言》中的《損益篇》爲例，通篇三字句以上（含三字句）的各句式數量爲：三字句共 8 句，四字句共 354 句，五字句共 55 句，六字句共 54 句，七字句共 48 句，八字句共 30 句，九字句共 14 句，十字句共 3 句，十一字句共 3 句，十二字句共 4 句，十三字句共 2 句。

從這些數字很容易看到，四字句佔據了絕對優勢，五字句和六字句數量近乎相同且皆居其次。這些數據似乎都在說明，仲長統在文章寫作過程中，在文章體式的謀劃上已經開始走向一定程度的自覺：

至於四言，最爲平正，詞章之內，在用宜多，凡所結言，必據
之爲述。至若隨之於文合帶而以相參，則五言、六言，又其次也。
〔註11〕

四字句式從《尚書》到《詩經》再到秦併天下後的刻石之文都是以平穩典雅見稱。這種句式，在漢代莊重場合的文辭中同樣被廣泛應用。至東漢晚期，這種典雅莊重的句式仍被世人所沿用。相較之下，五言句式雖然只是多了一

〔註10〕嚴可均《全後漢文》卷八十八，北京：商務印書館 1999 年版第 889 頁。
〔註11〕（日）遍照金剛《文鏡秘府論·定位》，北京：人民文學出版社 1975 年版第
　　　　158～159 頁。

個字，但在節奏上則要明快得多，這種區別已爲南朝時期的鍾嶸所指出：

> 夫四言，文約意廣，取效《風》、《騷》，便可多得。每苦文繁而
> 意少，故世罕習焉。五言居文詞之要，是眾作之有滋味者也，故云
> 會於流俗。〔註12〕

單純從句式上來講四言句是典雅的，而五言句是輕快且富有韻味的。那麼，爲何在仲長統的文章中四言句已經佔據了絕對的優勢，從純然的數量關係上並不少於同時代的其他文章，但緣何仲長統的文章讀起來又讓人有耳目一新甚至氣血噴張之感呢？對於這些難以名狀的作用，還應當在回到句式的基礎上進行細緻地分析。

仍以仲長統《昌言》中的《損益篇》爲例，雖然四字句式在單純的數量上佔據了絕對優勢，但有一個很重要的問題是不能忽略的，仲長統似乎是在有意地利用這種句式的自身特點而非被這種句式的特點所利用。爲什麼這麼說呢？回歸原典，細細品讀《損益篇》中文字，尤其是其中的四言句式部分，不難發現，仲長統恰恰是利用這些句式來達到他消極修辭甚至是消極陳述的目的。《損益篇》直陳西漢初年諸王子弟驕奢淫逸、枉法虐民事實時使用的是四言句組：

> 漢之初興，分王子弟，委之以士民之命，假之以殺生之權。於
> 是驕逸自恣，志意無厭。魚肉百姓，以盈其欲；報蒸骨血，以快其
> 情。〔註13〕

在揭露漢王朝病態賦稅制度帶來的種種危害時仍用的是四言句組：

> 盜賊凶荒，九州代作，飢饉暴至，軍旅卒發，橫稅弱人，割奪
> 吏祿，所恃者寡，所取者猥，萬里懸乏，首尾不救，徭役並起，農
> 桑失業，兆民呼嗟於昊天，貧窮轉死於溝壑矣。〔註14〕

從這些巧妙的筆法可以看出，仲長統恰到好處地利用了這種句式的特點。四言句式本身固然典雅莊重，但這一切都有一個容易被人忽視的前提，就是一定要將這種句式與典雅莊重之意涵相結合。也許正是「常見則不疑」，從《尚書》到《詩經》再到秦紀功刻石，都是將這種節奏平穩的句式與典雅莊重的意涵相結合，而這種撰寫習慣又爲後人所承襲。長期的承襲之後，在人們的

〔註12〕（梁）鍾嶸著，曹旭集注《詩品集注·序》，上海：上海古籍出版社 1994 年版第 36 頁。
〔註13〕嚴可均《全後漢文》卷八十八，北京：商務印書館 1999 年版第 891 頁。
〔註14〕嚴可均《全後漢文》卷八十八，北京：商務印書館 1999 年版第 893 頁。

認知理念中四言句式便徑直成了典雅之文的外化形式了。

　　不難發現，長久以來多與莊重典雅文辭相配合使用的四言句式一旦與飽含揭露和否定之情的言辭相結合，在表達效果上便產生了微妙的變化。原來的典雅變成了直露，既往的莊重變成了深刻。原本傳統的句式結構添加了全新意涵的詞彙後，這一句式結構的表達效果也發生了徹底的改變。那麼，在仲長統的政論散文中，又是哪種句式起到了畫龍點睛的作用呢？答案是更富節奏感和韻律性的七言句式：

　　　　明版籍以相數閱，審什伍以相連持，限夫田以斷併兼，定五刑以救死亡，益君長以興政理，急農桑以豐委積，去末作以一本業，敦教學以移情性，表德行以厲風俗，核才藝以敘官宜，簡精悍以習師田，修武器以存守戰，嚴禁令以防僭差，信賞罰以驗懲勸，糾遊戲以杜姦邪，察奇刻以絕煩暴。〔註15〕

這段文字可謂仲長統《損益篇》中改革構想的集中展現。該段文字中包含了編戶齊民、抑制兼併、核定刑罰、重整朝政、重農抑商、敦德化俗、整飭薦舉、防備邊患、懲惡揚善、去邪杜奸、禁刻止暴等諸多方面。對仲長統而言，以上這些內容恰恰是其最為核心的思想且是其改革東漢諸多弊政的方案和藍圖。在表述上，仲長統並沒有採用相對平穩和傳統的四言句式，而是選擇了更富活力且易為當下接受的七言句式，並將這些七言句式連綴成句組，使若干富有活力的句式結成一組更具氣勢的句群。使得文章的思想內涵和感染性在最大程度上得到了發揮。全句群句式，在內容上嚴格遵守「以字中心」原則，即以「以」字為中心以字前敘述的都屬於方法和途徑，以字後敘述的都是按此方法和途徑所要達到的效果和目標。因此，在內容上給人以層次清晰、因果分明之感。當然，更值得注意的是全段整齊的七言句式。雖然，七言詩的最終出現要晚於五言詩，但這並不能說明七言韻語或吟謠的流行也要晚於五言詩的產生。〔註16〕之前的歷史暫不追述，至少就兩漢而言，七言句式自西楚霸王的《垓下歌》到漢高祖劉邦的《大風歌》就已經在兩漢民間的吟唱中佔據了一席之地。至東漢中期之後，這種七言句式又在黨人的謠言中得到

〔註15〕嚴可均《全後漢文》卷八十八，北京：商務印書館1999年版第892頁。

〔註16〕關於該問題可以參看羅根澤《五言詩起源說評錄》和《七言詩之起源及其成熟》，見羅根澤《中國古典文學論集》，上海：上海古籍出版社2009年版第141～218頁。

了廣泛的應用：

> 天下模楷李元禮，不畏強禦陳仲舉，天下俊秀王叔茂。〔註17〕
>
> 說經鏗鏗楊子行。〔註18〕
>
> 問事不休賈長頭。〔註19〕

此類例證《後漢書》中頗多載錄，故不復徵引。另外，更應當注意一個結構上的細節：「東漢士人間互相稱譽標榜，品評人物，好用四字評語，冠於其姓名之前，顯然受到了他們所熟悉的官場考語之影響。這種七字歌謠，議題狹窄，語言格式化……但在統治階層、知識群體中，卻頗具輿論效應。」〔註20〕從上面引述的材料中，我們似乎可以做出這樣的分析。東漢士人在現有的評價舉薦機制中，爲了最大程度地兼顧謠言攜帶內容和傳播效果，最終選擇了這種語言組織形式。無論在選擇的過程中是出於有意利用語言規律，還是出於一種不自覺的約定俗成，至少都可以說明一點這種七言句式是士人間傳播最爲理想的謠言形態。另外，黨人互相稱頌謠言的七言句式近乎都是「4＋3」結構，可見這種結構的七言句式在傳播過程中又是七言句式中最優秀者，也許這就是胡震亨所說的「七字句以上四下三爲脈」〔註21〕吧。

回過頭來再重新審視仲長統《損益篇》中這段頗具治國爲政綱領性的文字，不難發現，這組句式不僅是都是整飭的七言句式，並且在句子結構上也由三字和四字兩小節組合而成的。稍有不同的是，它的組合結構是「3＋4」〔註22〕而不是「4＋3」。至此，另一個值得深思的問題出現了，爲什麼七言謠言或者漢末七言詩歌的節奏感和韻律感是非常明顯的，而仲長統《損益篇》中的這段文字同樣也是七言，宏觀上也可以拆分成三字和四字兩個獨立小節，但在閱讀感受上卻存在如此大的不同呢？

在解答這一問題時，還要重新回到這幾類七言句式本身展開探討。回顧上文引述的黨人名士互相標舉的謠言，這些謠言雖然在宏觀結構上都是遵守

〔註17〕 范曄《後漢書・黨錮列傳》卷六十七。
〔註18〕 范曄《後漢書・楊政傳》卷七十九上。
〔註19〕 范曄《後漢書・賈逵傳》卷三十六。
〔註20〕 呂宗力《漢代的謠言》，杭州：浙江大學出版社 2011 年版第 103～104 頁。
〔註21〕 （明）胡震亨《唐音癸籤》，上海：上海古籍出版社 1981 年版第 31 頁。
〔註22〕 此結構只是一個較爲寬泛的說法，下文中會對此結構作更爲細緻地分析。此種句式結構從詩句角度來看，雖非常例，且屬「折腰」，但若對文辭精心雕琢也會克服該結構上的缺欠。

著「4＋3」的結構模式，並且無論在組合結構上還是在詞語意涵上這種劃分都毫無爭議。但是需要注意的是前面四字部分，還可以從組合結構和詞語意涵上再劃分爲前後兩個相對獨立的兩個「二字節」。因此，這種謠言的語言模式在一定程度上近乎可以直接等同於漢魏時期的七言詩句了：

> 秋風蕭瑟天氣涼。草木搖落露爲霜。
> 群燕辭歸雁南翔。念君客遊多思腸。
> 慊慊思歸戀故鄉。君何淹留寄他方。
> 賤妾煢煢守空房。憂來思君不敢忘。
> 不覺淚下沾衣裳。援琴鳴弦發清商。
> 短歌微吟不能長。明月皎皎照我床。
> 星漢西流夜未央。牽牛織女遙相望。
> 爾獨何辜限河梁。〔註23〕

也就是說，雖然這些七言句式在大體上可以劃分爲「4＋3」的結構模式，但如果做更細緻的切分的話，就會劃分爲「2＋2＋3」的組合結構。而這種切分無論從組合結構上還是從詞語意涵上都恰恰與此相契合，「詩有一句七言而三意者。」〔註24〕似乎作此解也未嘗不可。因此，在誦讀過程中，這種典型的七言歌謠或詩句都遵循「12-12-123」的誦讀節奏〔註25〕，使語句更富節奏感和韻律性。然而，反觀仲長統《損益篇》中的這段綱領性文字，雖然同爲七言句式但通讀下來似乎並沒有太過鮮明的節奏感。〔註26〕其實，造成這種微妙差別的原因並不是七言句式，而是七言句式的內部組成結構的不同。

《損益篇》中的這段文字每句都是整齊的七言句，然而其句內結構已經與上文分析的七言歌謠或詩句完全不同。

> 明版籍以相數閱，審什伍以相連持，限夫田以斷併兼，定五刑
> 以救死亡，益君長以興政理，急農桑以豐委積，去末作以一本業，

〔註23〕逯欽立輯校《先秦漢魏晉南北朝詩・魏詩》卷四，北京：中華書局 1983 年版第 394 頁。
〔註24〕楊萬里《誠齋詩話》
〔註25〕本文借詩談文，故不可全從劉大白《中詩外形律詳說》中將七言詩的誦讀分爲四節之觀點。
〔註26〕此句意思並非否定仲長統《損益篇》中該段文字沒有節奏感，而是意在申明這段七言句式構成的句群在節奏感上遠過於四言句式的前提下，強調該段文字的節奏感又不如七言謠言或詩歌那樣節奏鮮明。

敦教學以移情性，表德行以屬風俗，核才藝以敘官宜，簡精悍以習師田，修武器以存守戰，嚴禁令以防僭差，信賞罰以驗懲勸，糾遊戲以杜姦邪，察奇刻以絕煩暴。〔註27〕

細細觀察此段文字，可以發現，仲長統在撰文時雖然採用了節奏明快的七言句式，但卻沒有使用該種句式下的典型文字組合形式即「2＋2＋3」的組合結構。據上文分析，《損益篇》中的該段文字屬於「3＋4」結構。然而，這種區分尚處於語言組織結構層面，如果再對句子內部的詞語意涵進行更進一步的劃分還可以將句子劃分為「3＋1＋3」的結構。由此語言組織結構而產生的誦讀節奏應當為「123-1-123」。不妨將仲長統這段七言句群的誦讀節奏模型與東漢晚期普遍存在的七言謠言和詩歌的誦讀節奏模型進行比較，從「12-12-123」與「123-1-123」的對比可以看出，雖然都可以劃分為三節，但是前者在誦讀過程中更富於節奏感。因為，前者句式的節奏感在誦讀過程中很容易造成一種遞進增強的效果，而後者的句式結構雖然也是三節，但在誦讀過程中卻會造成一種「對稱平衡」的效果。也就是說，《損益篇》中的這段七言句群中的每個七言句，都是以「以」字為中心將兩個三字節連綴起來的。在這種結構下，表面上屬於七言句式，實則可以看做兩個三字節的對等組合。而每句話中前後兩個三字節儘管都是方法與目的的關係，但處於中間作為紐帶的「以」字又恰恰成為了不可或缺的「關節」。因此，在句子結構上會形成一種對稱平衡的特殊效果。在這種對稱平衡的七言句式中，節奏感和韻律性相對弱化了，而莊重和典雅性得到了增強。

當然，這種語句結構模式並非仲長統首創，尤其在這種句式上，可以看出受到受到法家行文體式的影響。《韓非子》中《姦劫弒臣》篇目的核心觀點便是用這種句式表達的「循名實而定是非，因參驗而審言辭」〔註28〕，《管子》中《牧民篇》這種句式也初步開始以句群形式出現：

倉廩實則知禮節，衣實足則知榮辱，上服度則六親固，四維張則君令行。〔註29〕

至與仲長統行年略有交集，且比仲長統年長的荀悅，這類句式的使用又得以

〔註27〕嚴可均《全後漢文》卷八十八，北京：商務印書館1999年版第892頁。

〔註28〕（清）王先慎、鍾哲點校《韓非子集解‧姦劫弒臣》卷十四，北京：中華書局1998年版第100頁。

〔註29〕《管子‧牧民》卷一，四部叢刊景宋本。

擴充：

> 興農桑以養其生，審好惡以正其俗，宣文教以章其化，立武備
> 以秉其威，明賞罰以統其法。〔註30〕

然而，在兩漢政論散文中像仲長統《損益篇》中這樣如此大規模的以十六句之句群集中使用該種類型句式者尚屬首例。此種組合結構的句式，是以「以」字爲中心將前後兩個相對獨立的三字節連綴起來，所以，在閱讀上會存在一種前後對稱平衡的感覺，雖然總體上還是七言句式，但在誦讀時會給人一種平穩雅正之感。與此同時，將兩個結構短小的三字節相連綴又克服了三字句式自身的缺欠。因爲，三言句式由於自身過於短小，往往在誦讀時會使人感覺太過短促：

> 三言以還，失於至促。〔註31〕

由此看來仲長統《損益篇》中的這段文字恰恰是在七言句式的大框架內借助對稱平衡將兩個相對獨立的三字節有機地結合起來。這種結合既迴避了單純三字節在誦讀過程中流於短促的問題，又以對稱平衡的結構消解了通行七言句式因節奏感過於明快而有失莊重的問題。從某種意義上似乎可以這樣認爲，仲長統將傳統四言句式的平和雅正巧妙地施用到七言句式上並取得了成功。雖然在法家文獻中，該類句式亦時有出現，但似乎尚屬於一種不自覺的摸索階段。像《損益篇》中在綱領性的核心段落該類句式大量集中出現，這都說明了仲長統在撰寫該段文字時並非是率性而爲，而是在主觀上至少已經存在了對句式結構問題的考慮並成功付諸實踐。

仲長統《昌言》中政論散文的另一個特點是：在敘述過程中注意到了將長短句式相互結合，賦予文章生氣和活力。這一做法迴避了東漢傳統政論散文句式相對單一缺少變化的通病。下面就以與仲長統活動時代大體相近的王符、崔寔和荀悅的論述進行比較。在比較材料的選擇上，因爲各家言說內容都相對龐雜，所以，在比較的過程中還應選取相同至少是相近的主題段落進行對比，這樣的對比應該是較爲合理的。下面分別是崔寔、荀悅、王符關於君主爲政應當恩威並舉、德刑相參的論述：

王符《潛夫論》中的論述：

〔註30〕 （漢）荀悅撰，（明）黃省曾注，孫啓治校補《申鑒注校補・政體》，北京：中華書局 2012 年版第 9～10 頁。

〔註31〕 （日）遍照金剛《文鏡秘府論・定位》，北京：人民文學出版社 1975 年版第158 頁。

議者必將以爲刑殺當不用，而德化可獨任。此非變通者之論也，非叔世者之言也。夫上聖不過堯、舜，而放四子，盛德不過文、武，而赫斯怒。詩云：「君子如怒，亂庶遄沮；君子如祉，亂庶遄已。」是故君子之有喜怒也，蓋以止亂也。故有以誅止殺，以刑御殘。且夫治世者若登丘矣，必先躡其卑者，然後乃得履其高。〔註32〕

崔寔《政論》中的論述：

故宜量力度德，《春秋》之義。今既不能純法八世，故宜參以霸政，則宜重賞深罰以御之，明著法術以檢之。自非上德，嚴以則理，寬之則亂。何以明其然也？近孝宣皇帝明於君人之道，審於爲政之理，故嚴刑峻法，破姦軌之膽，海內肅清，天下密如。喜瑞並集，屢獲豐年。薦勳祖廟，享號中宗。算計見效，優於孝文。元帝即位，多行寬政，卒以墮損，威權始奪，遂爲漢室基禍之主。治國之道，得失之理，於是可以鑒矣。〔註33〕

荀悅《申鑒》中的論述：

致治之術，先屏四患，乃崇五政。一曰僞，二曰私，三曰放，四曰奢。僞亂俗，私壞法，放越軌，奢敗制。四者不除，則政末由行矣。俗亂則道荒，雖天地不得保其性矣；法壞則世傾，雖人主不得守其度矣；軌越則禮亡，雖聖人不得全其道矣；制敗則欲肆，雖四表不能充其求矣。是謂四患。興農桑以養其生，審好惡以正其俗，宣文教以章其化，立武備以秉其威，明賞罰以統其法。〔註34〕

仲長統《昌言》中的論述：

德教者，人君之常任也，而刑罰爲之佐助焉。古之聖帝明王，所以能親百姓，訓五品，和萬邦，蕃黎民，召天地之嘉應，降鬼神之吉靈者，實德是爲，而非刑之攸致也。至於革命之期運，非征伐用兵，則不能定其業；奸宄之成群，非嚴刑峻法，則不能破其黨。時勢不同，所用之數亦宜異也。教化以禮義爲宗，禮義以典籍爲本。

〔註32〕（漢）王符著，（清）汪繼培箋　彭鐸校正《潛夫論箋校正・衰制》卷五，北京：中華書局 1985 年版第 242～243 頁。

〔註33〕嚴可均《全後漢文》卷四十六，北京：商務印書館 1999 年版第 463 頁。

〔註34〕（漢）荀悅撰，（明）黃省曾注，孫啓治校補《申鑒注校補・政體》，北京：中華書局 2012 年版第 9～10 頁。

常道行於百世，權宜用於一時。〔註35〕

綜合以上四段論述，在每段文字的句式組成上，王符的言說段落句式組成爲：11-6-8-7-7-4-6-4-4-4-4-4-9-5-6-4-9-6-7；崔寔言說段落句式組成爲：6-4-8-6-9-7-4-4-4-6-11-6-5-5-4-4-4-4-4-4-4-4-4-4-8-4-4-6；荀悅言說段落句式組成爲：4-4-4-3-3-3-3-3-3-3-3-4-6-5-9-5-9-5-9-5-9-4-7-7-7-7-7；仲長統言說段落句式組成爲：3-6-8-6-6-3-3-3-6-7-4-7-7-5-6-5-5-6-4-8-7-7-6-6。從各種句式的排布上可以看出，仲長統在行文中對各種句式間的錯落搭配是有自己獨特的構思和安排的，像王符、崔寔和荀悅言說中三言或四言句式的連續集中出現的現象在其行文中是有所迴避的。回顧《昌言》中的文字，在論述過程中，除去以上《損益篇》中綱領性的整齊十六句七言句群外，並沒再見到任何一種單一句式如此高度集中的出現。因此，從這裡我們可以得出兩點結論：其一，仲長統在撰寫《昌言》時，在主觀上存在對句式進行合理規劃的自覺〔註36〕；其二，仲長統在撰寫《昌言》時，爲了突出其核心思想部分，不僅僅在思想上進行了深入地挖掘，更在形式上打破了既往政論散文的敘述傳統，以高度整齊且集中的十六句七言句群將《昌言》政論部分的思想內核予以再次加強。這種爲了突出文章思想核心，分別從思想內容和表述形式上做出雙重努力的態勢，無論從哪一層面來講都是對東漢以來政論散文陷入僵化局面的有力打破。

另外，翻閱荀悅《申鑒》會很容易地發現，在其文章中三言句式得到了較爲普遍的使用，在使用頻度和數量上都要多於其同時代的其他政論散文。《昌言》中雖也存在三言句式，但是在使用上卻是更爲「謹慎」的，一般多是在各種句式之間起到文意上的連接和節奏上的過度作用。縱觀現存《昌言》各篇（以《全後漢文》所輯《昌言》爲準）三言句式連續出現共有以下五例：

　　古之聖帝明王所以能親百姓，訓五品，和萬邦，藩黎民……。
〔註37〕

　　夫如此，而後可以用天性，究人理，興頓廢，屬斷絕，網羅遺

〔註35〕嚴可均《全後漢文》卷八十八，北京：商務印書館1999年版第888頁。
〔註36〕因仲長統在思想上頗尊崔寔，然而縱觀現存崔寔《政論》似無「三字句」四句或四句以上連續出現的情況，但年代上與仲長統存在交集且年長仲長統的荀悅，在其所著的《申鑒》中確有大量的三字句連續出現之情況。
〔註37〕嚴可均《全後漢文》卷八十八，北京：商務印書館1999年版第888頁。

漏，拱押天人矣。〔註38〕

　　和神氣，懲思慮，避風濕，節飲食，適嗜欲，此壽考之方也。
不幸而有疾，則鍼石湯藥之所去也。肅禮容，居中正，康道德，履
仁義，敬天地，恪宗廟，此吉祥之術也。〔註39〕

　　簡郊社，慢祖禰，逆時令，背大順，而反求福祐於不祥之物，
取信誠於愚惑之人，不亦誤乎？〔註40〕

　　人愛我，我愛之；人憎我，我憎之。〔註41〕

在這五處中，三字句連續出現皆在六句之內，且屬於政論範疇的第一、二兩
例皆爲四句連續，這是符合傳統的敘述模式的。而荀悅《申鑒》中使用三言
句連用的頻率則要遠遠超過仲長統的《昌言》，以《申鑒》第一篇《政體》爲
例，其中三言句式連用四句以上的共有八例：

　　天作道，皇作極，臣作輔，民作基，制度以綱之，事業以紀之。
〔註42〕

　　一曰僞，二曰私，三曰放，四曰奢，僞亂俗，私壞法，放越軌，
奢敗制。〔註43〕

　　小人之情，緩則驕，驕則恣，恣則急，急則怨，怨則畔……。
〔註44〕

　　一曰中，二曰和，三曰正，四曰公，五曰誠，六曰通。〔註45〕

　　一曰治，二曰衰，三曰弱，四曰乖，五曰亂，六曰荒，七曰叛，
八曰危，九曰亡。〔註46〕

〔註38〕嚴可均《全後漢文》卷八十八，北京：商務印書館1999年版第893頁。
〔註39〕嚴可均《全後漢文》卷八十九，北京：商務印書館1999年版第897頁。
〔註40〕嚴可均《全後漢文》卷八十九，北京：商務印書館1999年版第897頁。
〔註41〕嚴可均《全後漢文》卷八十九，北京：商務印書館1999年版第900頁。
〔註42〕（漢）荀悅撰，（明）黃省曾注，孫啓治校補《申鑒注校補·政體》，北京：
　　　　中華書局2012年版第8頁。
〔註43〕（漢）荀悅撰，（明）黃省曾注，孫啓治校補《申鑒注校補·政體》，北京：
　　　　中華書局2012年版第10頁。
〔註44〕（漢）荀悅撰，（明）黃省曾注，孫啓治校補《申鑒注校補·政體》，北京：
　　　　中華書局2012年版第19頁。
〔註45〕（漢）荀悅撰，（明）黃省曾注，孫啓治校補《申鑒注校補·政體》，北京：
　　　　中華書局2012年版第24頁。
〔註46〕（漢）荀悅撰，（明）黃省曾注，孫啓治校補《申鑒注校補·政體》，北京：

君好讓，臣好逸，士好遊，民好流，此弱國之風也。〔註47〕

上多欲，下多端，法不定，政多門，此亂國之風也。〔註48〕

上不訪，下不諫，婦言用，私政行，此亡國之風也。〔註49〕

僅《政體》一篇中三言句連用就有八例之多，且超過四句連用的又有四例。三言本已失之於促，而如此這般地將三言句式連續鋪排堆砌，勢必會導致短促之「節」機械連綴，使文章如平鋪直敘般毫無抑揚頓挫高下迴環，又加之文中頗多儒家中規中矩之說教和道家冷眼旁觀之平靜，難免會使誦此文者有昏昏欲睡之感。在行文句式中，三字句看似無足輕重，但如果對它的功用認識產生了偏差，便會對文氣造成不可名狀的影響。因為，在行文時三言句式的功用其實並不在於敘述，而在於散入各種句式之間起到調節文章內部節奏的作用：

其七言、三言等，須看體之將變，勢之相宜，隨而安之，令其抑揚得所。〔註50〕

仲長統《昌言》在句式構成上，迴避了以上的問題，通篇在句式上有主次之分（據前文統計數字，四言句式居首，五言句、六言句居次）但在具體的謀篇布局上並不會出現單一種類句式大量集中的現象，結合深刻的思想和犀利的文辭，使文章給人以耳目一新之感。如《損益篇》開篇之論：

作有利於時，制有便於物者，可為也。事有乖於數，法有玩於時者，可改也。故行於古有其跡，用於今無其功者，不可不變。變而不如前，易而多所敗者，亦不可不復也。〔註51〕

這段位於篇首的文字，簡潔洗練地交代了仲長統的改革觀。其句式分佈為5-6-3-5-6-3-7-7-4-5-6-6，全段的結構又可以劃分為 5-6-3+5-6-3——7-7-4+5-6-6 這樣的結構。也就是說，該段的前六句，構成了一組「排隊」。其後的六句

中華書局 2012 年版第 26 頁。

〔註47〕（漢）荀悅撰，（明）黃省曾注，孫啓治校補《申鑒注校補·政體》，北京：中華書局 2012 年版第 27 頁。

〔註48〕（漢）荀悅撰，（明）黃省曾注，孫啓治校補《申鑒注校補·政體》，北京：中華書局 2012 年版第 27 頁。

〔註49〕（漢）荀悅撰，（明）黃省曾注，孫啓治校補《申鑒注校補·政體》，北京：中華書局 2012 年版第 27 頁。

〔註50〕（日）遍照金剛《文鏡秘府論·定位》，北京：人民文學出版社 1975 年版第 159 頁。

〔註51〕嚴可均《全後漢文》卷八十八，北京：商務印書館 1999 年版第 891 頁。

亦爲兩組，雖然規制並不相同，且有簡化爲相同體式的可能。如可以將「故行於古有其跡，用於今無其功，不可不變。」改造爲「行於古有其跡，用於今無其功，不可不變也。」這說明從單純句意角度出發，有將 7-7-4 結構變爲更爲和諧的 6-6-5 結構。或者後三句亦可由 5-6-6 結構變爲「變不如前，易而多有所敗者，亦不可不爲復也。」無論叢哪種角度來說，在這 12 句的段落中，前六句顯得整飭，而後六句則顯得散亂些。然而，細細分析，卻發現這種整散結合且看似鬆散的語體散文，無論在節奏韻律上還是在思想上都更具優勢。

從前六句來看，作有利於時，制有便於物，本是相互對應的兩兩句，且兩句的重點在句式結構上已經放在句首的「作」和「制」上了。如果，以這樣的體式，再加上「可爲也」的話，三句話就形成了平穩的三步結構了。然而，恰恰是第二句末尾加上了一個看似全無意義的「者」字，使得這三句在閱讀節奏上發生了微妙的變化，三句的閱讀節奏變成了 1+2──3 的兩步結構了，四、五、六句亦是此理。後六句亦可以中間兩個短句爲中心向兩邊對等鋪排開來，但是因爲「故」、「而」（「變而不如前」之「而」）、「者」的加入，又使得這種平穩的句式結構再次發生了微妙的變化。該段前六句論述了當變則變、當改則改之理。後六句以一「故」字開啓，在文意上有概而論之之勢，而這種概而論之的態勢是統攝到「不可不變」嗎？當然不是，因爲段首已經明言作當有利於時，制當有利於物，所以這種「作」和「制」本身便是合理的、正確的，而「事有乖於數，法有玩於時者」則又明確地告知有不合理的「事」和「法」，即便是現存的也要態度鮮明地予以革除。從這一角度出發，再來看故字之後的言說，可以發現，其統攝範圍是直至段尾的，因此，後六句在文意上是一氣呵成的。所以，在誦讀的節奏上也發生了些微變化。兩個「者」固然標誌著兩次停頓，並且兩次停頓之間卻沒有出現「也」，反倒是出現了加強連接性的「而」字，這種語氣連貫性的強化都反應了更深層次的思想內涵，對於合古不合今的制度要予以革除，但當下新變如若還不如既往舊制，那麼還應當果斷地回到原來的舊制度上。須知，以上這些句式屬於「體詞性」結構，也就是說「者」字在這些句子中，在純然的語法和語義層面上是可有可無的，然而，恰是這些「者」以及「而」、「也」虛詞的加入，不僅增強了句子的節奏感，並且使意涵表達得更加準確生動。

回顧《全後漢文》中輯錄《昌言》較爲完整的三篇，可以發現這三篇政

論性散文的開篇部分都在句法應用上存在頗多修飾，依據文字自身的節奏將各種句式穿插開來、交錯使用。較之文章在開篇之時便以四平八穩的體式呈現於面前的《雜言》開篇：

> 或問曰：「君子曷敦乎學？」曰：「生而知之者寡矣，學而知之者眾矣。悠悠之民，泄泄之士人，明明之治，汶汶之亂，皆學廢興之由，敦之不亦宜乎。」〔註52〕

雖然荀悅《申鑒》之文同屬於東漢中晚期語體散文之列，但質而論之，單純在語言和句式上頗多楊雄《法言》的整飭生硬之氣，而少了幾分語體散文所應具備的率性和張揚。〔註53〕所以，孫啓治指出荀悅之文與東漢中後期的政論散文的不同在於：

> 他的《申鑒》在說正面的道理，談理想的政治、倫理與社會，明明所說都和時政相反，卻對時政少有針砭。看上去，就像一個人身處於雜亂肮髒的屋子裏，坐在那兒閉著眼，嘴裏自說自話道「屋子要保持整潔乾淨」，而對四周的雜亂肮髒不說一句。這種「坐而論道」的「空言」，我讀起來覺得彆扭。〔註54〕

《申鑒》在言說時所持有的態度與王符的《潛夫論》、崔寔的《政論》和仲長統的《昌言》是有本質不同的。荀悅從《前漢紀》尚有振作之詞到《申鑒》僅存坐而空言、對現實不置一字褒貶，透過這些細節似乎都可以看到荀悅心態的些許變化。無論是出於對曹氏權勢的畏懼，還是出於對東漢王朝窮途末路的清楚認識，總之，荀悅已經不再關注時事了。開始以一種道家的平靜心態，兀自陳述著儒家治國安邦之論。這種心態已經預示著在現實面前脆弱的儒家思想終將退出歷史舞臺，而側重全身養性的道家思想勢必大行於世。年長仲長統三十餘歲的荀悅，已於建安初年間有了此番深刻領悟，由此觀之，作爲後起之人的仲長統，其言說實爲儒士欲借法術爲東漢王朝做最後掙扎之

〔註52〕 （漢）荀悅撰，（明）黃省曾注，孫啓治校補《申鑒注校補・雜言》，北京：中華書局 2012 年版第 140 頁。

〔註53〕 孫啓治已明確指出，《申鑒・雜言》「明顯模仿《法言》，《時事》《俗嫌》也多處模仿《法言》。用詞不算『艱深』，但卻『生硬』，而且文句中的虛詞，以及對答雙方的『曰』字都往往省略，這會造成文意的含混。」見（漢）荀悅撰，（明）黃省曾注，孫啓治校補《申鑒注校補》，北京：中華書局 2012 年版第 27 頁之《整理前言》。

〔註54〕 （漢）荀悅撰，（明）黃省曾注，孫啓治校補《申鑒注校補》，北京：中華書局 2012 年版第 1 頁之《整理前言》。

努力。

在文章風格上，王符、崔寔、仲長統前後相承，皆以直陳時弊，補救時政爲主旨。與兀自空言的荀悅不同，他們的言說中都飽含著充沛的個人主觀情感，因此，使得文章在思想內容上更富感染力。當然，伴隨著各自所處時代的不同，面對社會的傾頹程度自然有別，所以，要深刻理解從王符到崔寔再到仲長統的思想變遷，就要深刻把握一明一暗兩條主線。所謂明線，即社會變亂程度加劇、各種矛盾衝突加劇，三人論說中的揭露也愈來愈深刻；所謂暗線，即在認識、揭露日益深重社會弊端的同時，愈來愈感到儒家乃至諸家學說的無力，以及君主專制王朝注定走向崩潰的死局，所以，認識、揭露愈發深刻，內心便愈發無助和絕望。從王符到崔寔，雖然痛陳時弊，但仍認爲時事可救，至荀悅已經全然沒有了拯救時事的念頭，至仲長統之時王朝鼎革將成定局，因此，本質上仍爲儒士的仲長統陷入了一個怪圈——越是想救世，便愈要深刻瞭解世事，然而愈是深刻瞭解世事，便愈發現世事已全然不可救。荀悅的言說中已經微露幾分高蹈之意，而後起的仲長統又要「知其不可而爲之」地意欲振作一番，這種仲長統與荀悅思想間的前後矛盾，都深刻地揭示出儒家思想在完全退出歷史舞臺之前勢必會做出一番「掙扎」。因此，可以看出仲長統自身思想深處的悖謬與衝突、掙扎與絕望，都預示著儒家思想注定衰落的命運。蕭公權在其《中國政治思想史》中已經把握到了東漢一朝前後士人心中日漸濃重的負面情緒：「至桓譚、王符、崔寔、荀悅諸人始漸露悲觀之意，不復堅持聖君賢相，歸仁化義之崇高理想，而欲以任刑參霸之術爲補綻治標之方。夫欲補綻治標，則猶認吾道未窮，大廈可支，雖已悲觀，尚未至極。今仲長氏不僅歎世亂之愈酷，且復疑救亂之有道。推其中之意，殆無異於對專制政體與儒家治術同時作破產之宣告。此誠儒家思想開宗以來空前未睹之巨變。」〔註55〕蕭公權將桓譚、王符、崔寔、荀悅、仲長統的悲觀絕望情緒按照時代的先後進行排布，時代愈後者愈深愈重。在宏觀上看，這沒有什麼問題。要之，眞正絕望情緒的表達不一定非要有憤世嫉俗之舉、離經叛道之論。仲長統的絕望情緒盡現於文辭之中，自然是對漢帝國的徹底絕望。其實，年長仲長統三十餘歲的荀悅也未嘗沒有些許的絕望之情，只不過不著於文辭罷了。陳啓雲《荀悅與中古儒學》就曾指出：「荀悅儘管對於儒家思想已經失望，但卻還保持著對歷史的信念，也就是說，歷史作爲有

〔註55〕蕭公權《中國政治思想史》，北京：商務印書館2011年版第322頁。

教導意義的過去的記載，既表達了當代人的希望，也爲未來提供了借鑒意義。」
〔註 56〕陳啓雲認爲荀悅對儒家經典已經失望，但是對未來還是充滿希望的，
似乎從某種意義上存在著對荀悅的一種理解偏差，《後漢書・荀淑傳》載：

> 悅字仲豫，儉之子也。儉早卒。悅年十二，能說《春秋》。家貧
> 無書，每之人閒，所見篇牘一覽多能誦記。性沉靜，美姿容，尤好
> 著述。靈帝時閹官用權，士多退身窮處。悅乃託疾隱居，時人莫之
> 識，惟從弟或特稱敬焉。初闢鎮東將軍曹操府，遷黃門侍郎。獻帝
> 頗好文學，悅與或及少府孔融侍講禁中，旦夕談論。累遷秘書監、
> 侍中。時政移曹氏，天子恭己而已。悅志在獻替，而謀無所用，乃
> 作《申鑒》五篇。〔註57〕

從史傳中的載錄可以看出，荀悅生性沉靜，美姿容，尤其愛好著述。所以，
在看待「謀無所用，乃作《申鑒》五篇」的問題上應當更多地關注荀悅好著
述的特徵。另外，從生卒行年上看，荀悅卒於建安十四年（209 年），與其一
同侍講禁中的少府孔融和從弟荀或，一個於建安十三年（208 年）死於非命，
一個在荀悅離世三年後的建安十七年（212 年）無奈自殺，可證明其所處地位
之危險，所以，可以理解《申鑒》爲何只言理而不言事、論儒法而實歸於道，
文章清淡寡味品不出多少個人主觀情感，這一切似乎都可以說明荀悅在對儒
家思想全然失望之時，道家思想已經悄然在其內心成長。一句「以俟制度可
也」並非是儒家思想範疇內對未來充滿期待，而是面對現實諸多矛盾又無力
解決時的無奈。《申鑒》與其說是以儒家思想爲主來談治國之道的，莫不如說
是以近乎清談的方式來講評儒家治國之法的。

因此，只有在思想性上能夠正確認識了荀悅，才能更深刻地體會到《昌
言》所表現出來的仲長統思想的特殊性，即仲長統思想在漢魏易代之際所展
現出來的巨大張力。仲長統撰寫《昌言》的情感是憤懣、鬱結的，然而，仲
長統的內心又是充滿矛盾的。因此，《昌言》中雖然不乏大量揭露之語、痛
斥之辭，但《昌言》文章所透射出的絕非是看上去的抨擊和鞭撻，而是一種
「嗚咽」的悲鳴。這是對《昌言》文章中所透射出來的文氣的一種更高層級
的體會，關於這一點會在後文中，結合仲長統具體章節中的相關論述予以說

〔註56〕陳啓雲著，高專誠譯《荀悅與中古儒學》，瀋陽：遼寧大學出版社 2000 年版
第 229 頁。
〔註57〕范曄《後漢書・荀淑傳》卷六十二，北京：中華書局 1965 年版第 2058 頁。

明。

第四節　特異的言說模式

　　最後，《昌言》中的政論散文，在敘述方式上也有其獨特之處。桓譚、王符、崔寔、荀悅政論散文的論說都是各自篇章獨立、主題清晰、層次分明的。這一點翻看以上諸人各篇論述即可知曉。即東漢以來的政論散文在論述上，每篇都有一個較爲明確的中心或主題，而後再圍繞該中心展開分述，也就是說，這些政論散文每篇都針對一個相對具體的社會問題，然後再圍繞這個社會問題的成因、影響、治理等方面展開論述。反觀現存仲長統《昌言》中的政論散文，則全然不屬此種路數。《昌言》中現存較爲完整的《理亂》《損益》《法誡》三篇，不難看出篇目的主題並非一如東漢傳統政論散文那樣針對具體問題而發，而是更側重於對東漢存在的社會問題作系統地分析和論述，或者依據大量事實做出形而上的總結和歸納，而後再對現實做出指導。

　　《損益篇》便是其中的典型代表：

　　　　作有利於時，制有便於物者，可爲也。事有乖於數，法有玩於時者，可改也。故行於古有其跡，用於今無其功者，不可不變。變而不如前，易而多所敗者，亦不可不復也。

　　　　漢之初興，分王子弟，委之以士民之命，假之以殺生之權。於是驕逸自恣，志意無厭。魚肉百姓，以盈其欲；報蒸骨血，以快其情。上有篡叛不軌之奸，下有暴亂殘賊之害。雖藉新屬之恩，蓋源流形勢使之然也。降爵削土，稍稍割奪，卒至於坐食奉祿而已。然其洿穢之行，淫昏之罪，猶尚多焉。故淺其根本，輕其恩義，猶尚假一日之尊，收士民之用。況專之於國，擅之於嗣，豈可鞭笞叱詫，而使唯我所爲者乎？時政凋敝，風俗移易，純樸已去，智慧已來。出於禮制之防，放於嗜欲之域久矣，固不可授之以柄，假之以資者也。是故收其弈世之權，校其從橫之勢，善者早登，否者早去，故下土無壅滯之士，國朝無專貴之人。此變之善，可遂行者也。

　　　　井田之變，豪人貨殖，館舍布於州郡，田畝連於方國。身無半通青綸之命，而竊三辰龍章之服；不爲編戶一伍之長，而有千室名邑之役。榮樂過於封君，勢力侔於守令，財賂自營，犯法不坐。刺

客死士，爲之投命。致使弱力少智之子，被穿帷敗，寄死不斂，冤枉窮困，不敢自理。雖亦由綱禁疏闊，蓋分田無限使之然也。今欲張太平之紀綱，立至化之基趾，齊民財之豐寡，正風俗之奢儉，非井田實莫由也。此變有所敗，而宜復者也。

肉刑之廢，輕重無品，下死則得髡鉗，下髡鉗則得鞭笞。死者不可復生，而髡者無傷於人。髡不足以懲中罪，安得不至於死哉！夫雞狗之攘竊，男女之淫奔，酒醴之賂遺，謬誤之傷害，皆非值於死者也。殺之則甚重，髡之則甚輕。不制中刑以稱其罪，則法令安得不參差，殺生安得不過謬乎？今患刑輕之不足以懲惡，則假臧貨以成罪，託疾病以諱殺。科條無所準，名實不相應，恐非帝王之通法，聖人之良制也。或曰：過刑惡人，可也；過刑善人，豈可復哉？曰：若前政以來，未曾枉害善人者，則有罪不死也，是爲忍於殺人也，而不忍於刑人也。今令五刑有品，輕重有數，科條有序，名實有正，非殺人逆亂鳥獸之行甚重者，皆勿殺。嗣周氏之秘典，續呂侯之祥刑，此又宜復之善者也。

《易》曰：「陽一君二臣，君子之道也；陰二君一臣，小人之道也。」然則寡者，爲人上者也；眾者，爲人下者也。一伍之長，才足以長一伍者也；一國之君，才足以君一國者也；天下之王，才足以王天下者也。愚役於智，猶枝之附幹，此理天下之常法也。制國以分人，立政以分事，人遠則難綏，事總則難了。事遠州之縣界，或相去數百千里，雖多山陵洿澤，猶有可居人種穀者焉。而諸夏有十畝共桑之迫，遠州有曠野不發之田，代俗安土，有死無去。君長不使，誰能自往緣邊之地？亦可因罪徙人，便於守禦。當更制其境界，使遠者不過二百里。

明版籍以相數閱，審什伍以相連持，限夫田以斷併兼，定五刑以救死亡，益君長以興政理，急農桑以豐委積，去末作以一本業，敦教學以移情性，表德行以屬風俗，核才藝以敘官宜，簡精悍以習師田，修武器以存守戰，嚴禁令以防僭差，信賞罰以驗懲勸，糾遊戲以杜姦邪，察奇刻以絕煩暴。審此十六者，以爲政務，操之有常，課之有限，安寧忽懈墮，有事不迫遽，聖人復起，不

能易也。〔註 58〕

以上六段爲《損益篇》前半部分文字（爲便於解說，故按意涵不同分爲四段）。仲長統的《損益篇》並不像既往東漢政論散文那樣只針對某一具體問題有所損益，而是想通過對一系列事件的評述，提出一種有損有益抽象的改革觀念，有了這種抽象的改革觀念後，再以這種觀念去客觀地判斷兩漢以來諸多現實層面的社會問題，爲其革除時弊提供形而上的、觀念上的有力支撑，而非糾纏於形而下的、具體的某個問題。

　　《損益篇》首段旗幟鮮明地提出了仲長統的損益觀。在分析仲長統的損益觀之前要注意一個前提，即在仲長統思想深處認爲世間萬物都是處於變化發展之中的，所以，世間萬物都處在「變」的過程之中。有了這一前提，才能進入到首段部分開始分析。既然承認了世間萬物都處於「變」的過程之中，而這種變勢必又會有好壞之分。因此，仲長統指出，那些能夠利於時、便於物的變，是可爲的。而那些乖於數、玩於時的變，是要改的。其後六句，意在強調，合於利則變，違於利則復。隨後，分別用漢初削藩、井田之變、肉刑之廢，一正兩反三個例子說明何爲「變之善，可遂行者」，何爲「變有所敗，而宜復者」。在分清了可爲與當復之後，第五段提出更定邊地州縣規制和徙囚實邊這兩種可爲之變，且緊隨其後又提出了十六條改革弊政的當爲之策。

　　綜上，可以看出《損益篇》是先在篇首提出一種指導性的以客觀利害爲評判標準的損益理念，而後借助兩漢具體事例對這一理念做出解釋和論證，之後再用該理念分析現實社會中存在的問題並給出答案。即便在《損益篇》的後半部分也仍是在論說中反覆驗證其打破傳統損益理念之正確：

> 向者天下户過千萬，除其老弱，但户一丁壯，則千萬人也。遺漏既多，又蠻夷戎狄居漢地者尚不在焉。丁壯十人之中，必有堪爲其什伍之長，推什長以上，則百萬人也。又什取之，則佐史之才已上十萬人也。又十取之，則可使在政理之位者萬人也。以筋力用者謂之人，人求丁壯；以才智用者謂之士，士貴者老。充此制以用天下之人，猶將有儲，何嫌乎不足也？故物有不求，未有無物之歲也；士有不用，未有少士之世也。夫如此，而後可以用天性，究人理，興頓廢，屬斷絕，網羅遺漏，拱押天人矣。或曰：善爲政者，欲除

─────────────────────

〔註 58〕嚴可均《全後漢文》卷八十八，北京：商務印書館 1999 年版第 891～892 頁。

煩去苛，並官省職，爲之以無爲，事之以無事，何子之言云云也。曰：若是，三代不足摹，聖人未可師也。

君子用法制而至於化，小人用法制而至於亂。均是一法制也，或以之化，或以之亂，行之不同也。苟使豺狼牧羊豚，盜跖主征稅，國家昏亂，吏人放肆，則惡復論損益之間哉！夫人待君子然後化理，國待蓄積乃無憂患。君子非自農桑以求衣食者也，蓄積非橫賦斂以取優饒者也。奉祿誠厚，則割剝貿易之罪乃可絕也。蓄積誠多，則兵寇水旱之災不足苦也。故由其道而得之，民不以爲奢；由其道而取之，民不以爲勞。天災流行，開倉庫以稟貸，不亦仁乎？衣食有餘，損靡麗以散施，不亦義乎？彼君子居位，爲士民之長，固宜重肉累帛，朱輪四馬。今反謂薄屋者爲高，藿食者爲清，既失天地之性，又開盧偽之名，使小智居大位，庶績不咸熙，未必不由此也。得拘潔而失才能，非立功之實也。以廉舉而以貪去，非士君子之志也。夫選用必取善士。善士富者少而貧者多，祿不足以供養，安能不少營私門乎？從而罪之，是設機置阱以待天下之君子也。盜賊凶荒，九州代作，飢饉暴至，軍旅卒發，橫稅弱人，割奪吏祿，所恃者寡，所取者猥，萬里懸乏，首尾不救，傜役並起，農桑失業，兆民呼嗟於昊天，貧窮轉死於溝壑矣。今通肥饒之率，計稼穡之入，令畝收三斛，斛取一斗，未爲甚多。一歲之間，則有數年之儲，雖興非法之役，恣奢侈之欲，廣愛幸之賜，猶未能盡也。

不循古法，規爲輕稅，及至一方有警，一面被災，未逮三年，校計籌矩，坐視戰士之蔬食，立望餓殍之滿道，如之何爲君行此政也？二十稅一，名之曰貊，況三十稅一乎？夫薄吏祿以豐軍用，緣於秦征諸侯，續以四夷，漢承其業，遂不改更，危國亂家，此之由也。今田無常主，民無常居，吏食日稟，祿班未定。可爲法制，畫一定科，租稅十一，更賦如舊。今者土廣民稀，中地未墾；雖然，猶當限以大家，勿令過制。其地有草者，盡曰官田，力堪農事，乃聽受之。若聽其自取，後必爲奸也。〔註59〕

這部分是在論證總結了損益理念之後，回過頭來再次證明這世間顛簸不破的

〔註59〕嚴可均《全後漢文》卷八十八，北京：商務印書館 1999 年版第 892～894 頁。

眞理即是文中反覆論證的損益理念，而絕非什麼三代故事、聖人說教。第二段的重點看似頗有承襲崔寔《政論》中賢人政治的觀點，質而論之，是在討論治國理念中的損益問題。首先，仲長統指出爲政者有君子、小人之別，這就將爲政結果的好壞直接歸結到了官員品性究竟是君子還是小人的個人道德層面了——不再屬於制度層面的問題。這些討論實際上都是爲仲長統下文中開始暢談治國應當以法而不以德張本，是一種暗損德而陽益法的觀點。然後，筆峰一轉又談到了增加吏祿問題。仲長統持較爲客觀且現實的觀點，認爲官員享受相應的優厚待遇無可厚非，不贊成官員的高潔乃至清苦的做派，但對於高潔之士亦給予了高度的理解與褒揚：

> 先古之制休廢，時王之政不平，直正不行，詐僞獨售，於是世俗同共知節義之難復持也，乃捨正從邪，背道而馳奸，彼獨能介然不爲，故見貴也。〔註60〕

在該觀點上，仲長統承襲崔寔頗多，並且從其言說中可以看出仲長統儘管稟有「性倜儻，敢直言，不拘小節」的狂生性格，但在持論上亦不失理解與包容。不過，對東漢污濁的人才選舉風氣，則予以深刻地批判。仲長統認爲，東漢王朝的俸祿制度和人才選舉制度，是造成東漢王朝官員畸廉畸貪的根本原因。如若清廉，則高級官吏是故爲清廉之狀，而底層官吏則近乎貧病無以自存；如果貪腐，則無論級別高低皆是以廉舉而以貪去。制度本已如此弊端重重，然而一旦遭遇水旱螟蝗、邊郡兵亂，又只能剋扣官俸、盤剝小民，使得小民本已困苦不堪的處境更加雪上加霜了。那麼，此種艱難的局面要如何解決呢？仲長統並沒有急於提出他「租稅十一」的租稅改革設想，而是按照「租稅十一」的稅率，對國家財政收入的增加進行了簡單地推算，最終指出按這樣的稅率徵收田租可以毫不費力地實現「一歲之間，則有數年之儲」國用豐足的全新局面。至此，東漢固有稅制的害與「租稅十一」的利已經完全擺在世人眼前了，甚至仲長統還用「雖興非法之役，恣奢侈之欲，廣愛幸之賜，猶未能盡也。」來表達對這一租稅制度下國用豐足的自信。於是，仲長統才開始慢條斯理地論述東漢王朝租稅「三十稅一」的種種弊端，進而指出造成割奪百官俸祿、盤剝黎庶下民的原因，看似是國家遭遇自然災害和寇盜兵亂，但實則罪魁禍首是東漢王朝不合理的租稅制度。在充分羅列種種弊端之後，最終結合現實社會情況給出了當下應當施行的租稅乃至賦稅制度，以

〔註60〕嚴可均《全後漢文》卷八十九，北京：商務印書館 1999 年版第 898～899 頁。

及在施行過程中應當格外注意的土地兼併問題。

至此，可以理清《損益篇》中思維演進的脈絡。因為在具體分析的時候，是前後兩部分進行的，所以現在討論還是遵循之前分析時的結構框架。在第一部分中，仲長統首先提出了損益觀念，然後，分別用西漢削藩、井田之變、肉刑之廢，一正兩反的具體歷史事例對其損益觀念進行了詮釋，進而提出了治國為政的十六條綱領。在第二部分中，借談論揀選人才之法推出三代之制、聖人之言皆不足為據的觀點，這段文字的意義頗為隱晦，實則是再次強調第一部分開篇的損益觀念，指出所謂損益的核心標準就是利和害，有利者益之、有害者損之，如此而已，三代之制、聖人之言儘管都被認為是主流意識形態下的絕對真理，但於損益之理無半點價值。在打壓儒家奉為圭臬的聖制真言時，暗中抬高了損益觀念的地位。而損益觀念的提出，實際上是要引入法家思想革除弊政。在引入法家思想之前，仲長統又小心翼翼地申明法家思想在付諸實踐過程中之所以會造成不良影響，實是因為推行之人是小人而非君子。這一分析，又將傳統意義上牽扯太多的儒法之爭，簡化為推行政策之人的品性之別，巧妙地規避掉了直接標舉法家思想而要遭受到眾多儒士的種種非議。繼而探討官吏俸祿過於微薄的問題，並認為平時本已微薄的俸祿一旦遭遇天災人禍常常還要被剋扣以贍國用，而這麼做的結果只能使多數官吏選擇變本加厲地盤剝小民，致使廣大小民的生活境況更加雪上加霜。面對這種困境，仲長統並沒有急於提出改革租稅乃至賦稅制度的方案，而是先按照「租稅十一」的標準對國家租稅收入做了一番簡單的推算，增收之大甚為明顯已無需多言。言已至此，方才據損益之理討論東漢稅制之害與「租稅十一」之利，並對當下雖然看似緩和的土地兼併問題給出中肯的告誡和切實的控制辦法。

《損益篇》中的言說邏輯是：首先提出他的損益觀念，然後用具體的歷史事例對這一觀念進行解釋，並提出全面且系統的改革方案；繼而，再回到具體的事例策略地證明損益觀念的正確，而後巧妙地抽出損益觀念外衣掩蓋下的法家思想，且在這一過程中又不忘記再次陳述既往法家思想推行所帶來的種種問題，並非是法家思想的問題而是推行之人的問題；那麼，如何在最大程度上使為官之人盡為君子而不是小人呢？答案很簡單，提高官員的俸祿，使他們衣食無憂、生活富足，至少不會出於生計目的去侵刻小民。而東漢王朝所推行的俸祿制度恰恰是與之相反的，所以，每逢災害兵亂還要剋扣

吏祿、搜刮小民，而官吏往往爲了生計還要掉過頭來對小民進行二次搜刮，
這些都使國家底層眾多小民的處境更加惡劣。之所以會造成這樣吏民皆苦的
局面，實是因爲國家財用不濟，由此，仲長統又進一步引出了東漢王朝租稅
制度的弊病，但他沒有急於提出「租稅十一」的改革設想，而是先按假定推
行「租稅十一」制度對國家一年的租稅收入做了一番簡單地推算，且得出的
結果頗令人滿意。行文至此，仲長統方才謹愼地指出東漢傳統租稅制度的弊
端，並正式提出「租稅十一」的改革設想。篇末，針對當下地廣民稀土地兼
併程度並不嚴重的社會現狀，給出了自己的限田方案。

可以看出，仲長統在《損益篇》中的言說順序爲：提出損益觀念——詮
釋損益觀念——給出全面改革方案——通過破除儒家聖制眞言的迷信，再次
從側面證明了損益觀念的正確——引出法家思想，與此同時強調法家思想之
流弊實因推行之人是小人而非君子——爲保證官吏堅守君子之道，提倡增加
官吏俸祿——東漢施行薄俸制度乃至剋扣官俸所帶來的危害——引出東漢施
行薄俸制度乃至剋扣官俸的深刻原因，實是租稅制度的不合理導致國用不足
——在引出「租稅十一」制度之前，按新稅制對國家收入做了一番簡單的推
算，得出國用大足的結果——通過揭露東漢傳統租稅制度的弊端，引出更爲
合理的「租稅十一」制度——最後，儘管當下土地兼併問題已經在很大程度
上有所緩和，仍不無遠見地給出了較爲切實可行的限田之策。

綜觀《損益篇》，儘管其中言及了西漢削藩、井田之廢、肉刑之廢、薄俸
減俸、東漢稅制等一連串的歷史事件或制度變革，但這些都不是《損益篇》
的眞正思想內核。那麼，《損益篇》的思想內核究竟是什麼呢？也許會不假思
索地逕直認爲是「損益觀念」，然而，這一回答只是言其表而未及其裏，《損
益篇》眞正的思想內核是借損益之名引出法家思想！《損益篇》前半部分通
篇都在爲損益觀念作注——證明損益觀念的合理性，而後半部分則小心翼翼
地引出了法家思想的內核，進而用法家思想剖析東漢王朝在官俸制度和租稅
制度上存在的問題，並最終以法家的診斷方式開出了一封方劑。至於早已打
上儒家標誌的「什一」之制，不過是這封方劑中的一味藥材罷了。

所以，仲長統在《損益篇》中遵守著「以事證理——以理驗世」的言說
結構。文章前半部多爲證明其篇首理念之深刻和正確，文章後半部分轉而以
此理對現世之種種弊病或揭露或抨擊或糾正。

《昌言》中的《理亂篇》亦是遵循著這一言說結構：

　　豪傑之當天命者，未始有天下之分者也。無天下之分，故戰爭者競起焉。於斯之時，並偽假天威，矯據方圖，擁甲兵與我角才智，程勇力與我競雌雄，不知去就，疑誤天下，蓋不可數也。角知者皆窮，角力者皆負，形不堪復抗，勢不足復校，乃始羈首繫頸，就我之銜絏耳。夫或曾爲我之尊長矣，或曾與我爲等儕矣，或曾臣虜我矣。或曾執囚我矣。彼之蔚蔚，皆匈詈腹詛，幸我之不成，而以奮其前志，詎肯用此爲終死之分邪？

　　及繼體之時，民心定矣。普天之下，賴我而得生育，由我而得富貴，安居樂業，長養子孫，天下宴然，皆歸心於我矣。豪傑之心既絕，士民之志已定，貴有常家，尊在一人。當此之時，雖下愚之才居之，猶能使恩同天地，威侔鬼神。暴風疾霆，不足以方其怒；陽春時雨，不足以喻其澤；周、孔數千，無所復角其聖；賁、育百萬，無所復奮其勇矣。彼後嗣之愚主，見天下莫敢與之違，自謂若天地之不可亡也，乃奔其私嗜，騁其邪欲，君臣宣淫，上下同惡。目極角抵之觀，耳窮鄭、衛之聲。入則耽於婦人而不反，出則馳於田獵而不還。荒廢庶政，棄亡人物，澶漫彌流，無所底極。信任親愛者，盡佞諂容說之人也；寵貴隆豐者，盡后妃姬妾之家也。使餓狼守庖廚，饑虎牧牢豚，遂至熬天下之脂膏，斫生人之骨髓，怨毒無聊，禍亂並起，中國擾攘，四夷侵叛，土崩瓦解，一朝而去。昔之爲我哺乳之子孫者，今盡是我飲血之寇讎也。至於運徙勢去，猶不覺悟者，豈非富貴生不仁，沉溺致愚疾邪？存亡以之迭代，政亂從此周復，天道常然之大數也。又政之爲理者，取一切而已，非能斟酌賢愚之分，以開盛衰之數也。日不如古，彌以遠甚，豈不然邪？

　　漢興以來，相與同爲編户齊民，而以財力相君長者，世無數焉。而清潔之士，徒自苦於茨棘之間，無所益損於風俗也。豪人之室，連棟數百，膏田滿野，奴婢千群，徒附萬計。船車賈販，周於四方，廢居積貯，滿於都城，琦賂寶貨，巨室不能容；馬牛羊豕，山谷不能受。妖童美妾，填乎綺室；倡謳妓樂，列乎深堂。賓客待見而不敢去，車騎交錯而不敢進。三牲之肉，臭而不可食；清醇之酎，敗而不可飲。睇盼則人從其目之所視，喜怒則人隨其心之所慮。此皆公侯之廣樂，君長之厚實。苟能運智詐者，則得之焉；苟能得之者，

人不以爲罪焉。源發而橫流，路開而四通矣。求士之捨榮樂而居窮
苦，棄放逸而赴束縛，夫誰肯爲之者邪？夫亂世長而化世短。亂世
則小人貴寵，君子困賤。當君子困賤之時，蹋高天，蹐厚地，猶恐
有鎮厭之禍也。逮至清世，則復人於矯枉過正之檢。老者耄矣，不
能及寬饒之俗，少者方壯，將復困於衰亂之時。是使姦人擅無窮之
福利，而善士掛不赦之罪辜。苟目能辯色，耳能辯聲，口能辯味，
體能辯寒溫者，將皆以修潔爲諱惡，設智巧以避之焉，況肯有安而
樂之者邪？斯下世人主一世之愆也。昔春秋之時，周氏之亂世也。
逮乎戰國，則又甚矣。秦政乘併兼之勢，放虎狼之心，屠裂天下，
吞食生人，暴虐不已，以招楚漢用兵之苦，甚於戰國之時也。漢二
百年而遭王莽之亂，計其殘夷滅亡之數，又復倍乎秦、項矣。以及
今日，名都空而不居，百里絕而無民者，不可勝數。此則又甚於亡
新之時也。悲夫！不及五百年，大難三起，中間之亂，尚不數焉。
變而彌猜，下而加酷，推此以往，可及於盡矣。嗟乎！不知來世聖
人救此之道，將何用也？又不知天若窮此之數，欲何至邪？〔註61〕

爲便於分析，根據《理亂篇》各部分意涵的不同將其劃分爲三段。首段，仲
長統陳述了自己的天命觀，所謂仲長統的天命觀也就是無天命觀，能夠使豪
強奪得天下的無他——不過是智和力而已！第二段，講的是天下新定，繼體
之君承襲大統，這時人心思定，縱然上有下愚之主、下有勇智之士也一樣天
下晏然。其後繼體之主習於此種情形，於是漸生驕奢淫樂之心，荒廢朝政、
任用親近、聽信姦佞最終導致王朝的崩潰和滅亡。如果能將首段和第二段結
合起來，這兩段陳述的內容，其實就是一個君主專制王朝「生——住——異
——滅」的完整過程。只不過，仲長統看得更加透徹，指出這不僅僅是一個
君主專制王朝的「生——住——異——滅」過程，更是所有王朝都無法迴避
的宿命。因爲，仲長統看到了歷代君主專制王朝的興廢皆繫於君主一人，而
歷代君主都無法從根本上克服「富貴生不仁，沉溺致愚疾」的人性弱點和歷
史必然，因此，歷代君主專制王朝因爲後繼君主的「不仁」和「愚疾」都難
逃滅亡之命運。

　　結合前文分析《損益篇》的言說結構，可以發現，綜觀《理亂篇》第
一段和第二段的論述，仲長統已經通過較爲客觀地分析歷代王朝興衰規

〔註61〕嚴可均《全後漢文》卷八十八，北京：商務印書館 1999 年版第 889～891 頁。

律，進而從中歸納出一條關於歷代王朝都難逃滅亡的規律。這種理論層面上的總結，恰恰可以等同於《損益篇》中「以事證理」的上半部分。第三段在內容上又可以等同於《損益篇》中「以理驗世」的下半部分。第三段用大量描述性的文字，意在說明導致歷代王朝注定滅亡的深層原因——「富貴生不仁，沉溺致愚疾」在現實層面是無法克服的。唯一能夠左右世間風俗的賢人君子，在這種世風下近乎永遠沒有出頭之日。這段中透露出了雙重悲劇意味，其一，這種「富貴生不仁，沉溺致愚疾」的世風一旦形成，與其相伴而生的進階機制所輸送的「人才」只能加速其崩潰和滅亡；其二，這種「富貴生不仁，沉溺致愚疾」的世風一旦形成，賢人君子個人的悲劇命運便已然注定：

> 亂世則小人貴寵，君子困賤。當君子困賤之時，踦高天，蹐厚地，猶恐有鎮厭之禍也。逮至清世，則復人於矯枉過正之檢。老者耄矣，不能及寬饒之俗，少者方壯，將復困於衰亂之時。〔註62〕

所以，從這段文字中可以看出仲長統絕望的時代觀飽含著的巨大情感張力。自己為之殫精竭慮思考出路的王朝，一如歷史上已然滅亡的所有王朝一樣都注定走向崩潰；能夠改變世風、阻止王朝走向滅亡的賢人君子，一如歷史上所有王朝瀕臨崩潰時期的高潔之士一樣注定得不到重用；而仲長統自己便是這賢人君子的典型代表，且其所處的時代又是一箇舊王朝正在走向滅亡、新王朝即將迎來初興的特殊時期。這樣一個典型身份、處於這樣一個特殊時期，仲長統很清楚這一切對於他自己意味著什麼。因此說仲長統絕望的時代觀不僅僅是對時代的絕望，也包含著對個人命運的絕望。雖然《理亂篇》表達的內容和情感不同於《損益篇》，但是在通篇的言說結構上，從理論層面來看，卻是極其相似的，都秉承著「以事證理——以理驗世」的言說結構。文章中雖然夾雜著大量的歷史事件，但前半部分的歷史事件多半是為論證一種理念或揭示一種規律，而後再在後半部分中秉承這一理念或規律來剖析當下存在的種種問題，最終給出自己的答案。當然，這裡所說的答案或為解決之辦法、或為無奈之態度。

　　按照分析《損益篇》和《理亂篇》所得出的結論，反觀《昌言》中另外一篇較為完整的政論散文《法誠篇》，可以發現《法誠篇》的言說結構同樣符合以上結論。

〔註62〕嚴可均《全後漢文》卷八十八，北京：商務印書館 1999 年版第 890～891 頁。

　　《周禮》六典，冢宰貳王而理天下。春秋之時，諸侯明德者，皆一卿爲政。爰及戰國，亦皆然也。秦兼天下，則置丞相，而貳之以御史大夫。自高帝逮於孝成，因而不改，多終其身。漢之隆盛，是惟在焉。夫任一人則政專，任數人則相倚。政專則和諧，相倚則違戾。和諧則太平之所興也，違戾則荒亂之所起也。光武皇帝慍數世之失權，忿強臣之竊命，矯枉過直，政不任下，雖置三公，事歸臺閣。自此以來，三公之職，備員而已；然政有不理，猶加譴責。而權移外戚之家，寵被近習之豎，親其黨類，用其私人，內充京師，外布列郡，顛倒賢愚，貿易選舉，疲駑守境，貪殘牧民，撓擾百姓，忿怒四夷，招致乖叛，亂離斯瘼。怨氣並作，陰陽失和，三光虧缺，怪異數至，蟲螟食稼，水旱爲災，此皆戚宦之臣所致然也。反以策讓三公，至於死免，乃足爲叫呼蒼天，號咷泣血者也。又中世之選三公也，務於清慤謹慎，循常習故者。是婦女之檢柙，鄉曲之常人耳，惡足以居斯位邪？勢既如彼，選又如此，而欲望三公勳立於國家，績加於生民，不亦遠乎？

　　昔文帝之於鄧通，可謂至愛，而猶展申屠嘉之志。夫見任如此，則何患於左右小臣哉！至如近世，外戚宦豎，請託不行，意氣不滿，立能陷人於不測之禍，惡可得彈正之哉！曩者任之重而責之輕，今者任之輕而責之重。昔貫誼感絳侯之困辱，因陳大臣廉恥之分，開引自裁之端。自此以來，遂以成俗。繼世之主，生而見之，習其所常，曾莫之悟。嗚呼，可悲夫！左手據天下之圖，右手刎其喉，愚者猶知難之，況明哲君子哉！光武奪三公之重，至今而加甚，不假后黨以權，數世而不行，蓋親疏之勢異也。母后之黨，左右之人，有此至親之勢，故其貴任萬世。常然之敗，無世而無之，莫之斯鑒，亦可痛矣。未若置丞相自總之。若委三公，則宜分任責成。夫使爲政者，不當與之婚姻；婚姻者，不當使之爲政也。如此，在位病人，舉用失賢，百姓不安，爭訟不息，天地多變，人物多妖，然後可以分此罪矣。或曰：政在一人，權甚重也。曰：人實難得，何重之嫌？昔者霍禹、竇憲、鄧騭、梁冀之徒，藉外戚之權，管國家之柄；及其伏誅，以一言之詔，詰朝而決，何重之畏乎？今夫國家漏神明於媟近，輸權重於婦黨，算十世而爲之者八九焉。不此之罪而彼之疑，

何其詭邪！〔註63〕

同前文分析形式一樣，為便於分析暫據文意將《法誡篇》分為兩段。《法誡篇》的上半部分，講述的是宰相及三公之權緣何「畸輕」的歷史演變軌跡。仲長統認為相權以及三公權重實際上不僅不會威脅到君權，反而會因宰輔「政專」而達到權力內部的「和諧」，而光武帝的改革使得權歸臺閣，三公不過虛位而已，這一變革使得君權膨脹的同時，更使得與君權聯繫緊密的外戚之家和宦豎之人的權勢得以空前擴張，而這些外家和宦豎的權勢擴張勢必會暴虐小民、擾亂朝政，最終導致國家陷入不利的境地，這時君主反而又以國亂為名來苛責三公，久而久之使謹小慎微、安常故習成為揀選三公的標準，使得三公之職成了實在在的虛位。《法誡篇》的上半部分，總結出了既往三公制度的優越之理，並以光武「事歸臺閣」為例從反面論證，再次證明既往委權於三公的正確與合理。《法誡篇》下半部分便秉承這一理念來評論西、東兩漢前後制度的高下，認為西、東兩漢在委權三公問題上的根本區別在於西漢「任之重而責之輕」，而東漢「任之輕而責之重」。隨後，對「責之重」的由來做了簡短的交代，進而更深刻地指出光武「事歸臺閣」之舉已開過失之端，而現在的情形更加有過之而無不及，但當權者仍然「莫之斯鑒」實在是「亦可痛矣」。品評過後，仲長統給出了變革的設想：若委丞相則丞相一人總領諸事；若委三公則宜分權領之，使其各司其職。另外，君王不得與委權之人結為婚姻，也就是「夫使為政者，不當與之婚姻；婚姻者，不當使之為政也。」如果這樣再治理不好天下，那便可以問責治罪了。當然，仲長統仍不忘在文末帶上一筆，舉重若輕地說明臣子權重並不會對君主構成真正的威脅，只不過他沒有選擇關於臣子的事例，而是列舉了歷史上竊滅的外戚權臣之事，一方面說明外戚權臣豪橫一時尚且容易掃平，何況與皇族毫無姻親之好的普通臣子呢？當然，選用外戚權臣的例子意在更加隱晦地說明兩漢以來事實上對皇權真正構成巨大威脅的就是外戚之家，而非異姓之臣。結合對《法誡篇》上下兩部分的分析，可以看出，《法誡篇》仍是遵循著「以事論理——以理驗世」的言說結構，只是在局部上略有出入而已。

至此，現存《昌言》中最為完整的三篇政論散文已經全部從行文思路上作了細緻地梳理。綜合，《損益篇》《理亂篇》《法誡篇》三篇之分析，可以看出仲長統在撰寫政論散文時，至少就這三篇而言，是有著不同於其同時代人

〔註63〕嚴可均《全後漢文》卷八十八，北京：商務印書館1999年版第894～895頁。

的獨特結構模式的。仲長統在行文中，基本上都是秉承著「以事論理——以理驗世」上下兩部分相結合的言說模式。在研讀仲長統的政論散文時，只有先把握了他的這種特有言說模式，才會更好地理清他言說過程中的思維理路和邏輯順序。因爲，在仲長統的政論散文中，同一歷史事件在文章前後皆有出現的情況是較爲普遍的。如《損益篇》前後兩部分都言及了土地制度的問題；《理亂篇》前後兩部分都言及了君主和豪強過度奢侈享樂的問題；《法誡篇》更是前後兩部分都言及了光武帝「事歸臺閣」剝奪三公之權所帶來的問題。如果不能深入把握仲長統的這種言說模式，縱然會被仲長統犀利的文辭、恣肆的文氣所吸引，但總免不了會產生些許的層次不明、邏輯混亂之感。

那麼，爲什麼仲長統要選擇這樣一種特異的言說模式呢？這個問題的答案，其實還要從仲長統自身說起。仲長統生卒行年考中已交代，仲長統建安十二年（207 年）應尙書令荀彧徵辟赴許出任漢廷之尙書郎，而在此之前的仲長統並不是沒有得到徵辟，而是「每列郡命召，輒稱疾不就」。〔註64〕由此，可以揣摩出仲長統年少氣盛之時「不就命召」的微妙心態。這種心態，當然不是有些人認爲的「逍遙出世」那麼簡單，依據行年考證結果來看應該是在等待一個可以施展自己才學和抱負的眞正機會。終於，建安十二年尙書令荀彧的徵辟讓他看到了希望，所以，那個曾經對州郡命召皆稱疾不就的仲長統這次卻沒有做半點耽擱。這些都可以說明，仲長統作爲一個胸懷抱負、頗有學識、出身卑微的底層士人，胸中沛然湧動的自然是「澄清天下之志」。然而，入許爲官之後，仲長統的職位只是從尙書郎轉爲參軍事又轉回尙書郎而已，沒有得到任何的重用。要之，這一結局的造成與仲長統的出身階層、特異思想、率眞性格等因素都密不可分。因爲，仲長統的政治立場是尊君奉漢的；階級立場是代表中下層小民的；思想核心是儒法兼備的；性格又是敢直言、不拘小節的。這些都注定了他勢必與這個代表大地主階層、終將借助儒家天命學說掩護完成篡漢之實的曹魏政權形成不可調和的矛盾。因此，可以想見，仲長統注定陷入一種怪圈，即他看得越明白、說得越清楚就越遭受冷遇，而冷遇又加劇了他的鬱結之氣，因此才會「每論說古今世俗行事，發憤歎息」。因得不到在上位者的回應和贊成，情感上越是鬱結，便越是希望在言說的文辭中盡可能地將所要表達的意思敘述得明白、透徹、富有感染力。因此，《昌

〔註64〕陳壽《三國志・魏書・劉劭傳》卷二十一，北京：中華書局 1982 年版第 620頁。

言》中的這三篇文章在言說模式上都遵循著「以事論理──以理驗世」的結構。這一言說模式，並不是說仲長統在撰文時的刻意爲之，而是通過上文分析仲長統鬱結的心態來說明，這一模式也許是仲長統在言說過程中爲了盡最大限度將所要表達的意思敘述的明白、透徹且富於感染力而採用的一種不自覺的言說模式。然而，如果每篇文章的創作都是在這種強烈的衝動下完成的，那麼在他的文章中這一言說步驟便成了一種相對固定的言說模式了。仲長統的這三篇政論散文，看似每篇都在論事，其實每篇的前半部分都是通過論事來說理，而後半部分則是以正確之理再回過頭來匡正世事。

因此，現在便可以按照這條規律重新審視仲長統《昌言》中的《損益篇》《理亂篇》《法誡篇》，分析這三篇文章中的核心思想分別是什麼？以及這三篇文章中出現的眾多史料，究竟孰爲佐證之據、孰爲待革之弊、孰爲革新之策？

就《損益篇》而言，文章前半部分通過列舉漢初削藩、井田之變、肉刑之廢，引出損益觀念的內核──即法家思想，然後再用法家思想對東漢以來的薄俸制度、賦稅制度的弊端予以揭露，最終開出的核心方劑是變革東漢的賦稅制度，以及更爲根本的土地制度，當然，抑制兼併思想也涵蓋其中了。因此，沿著這條思路可以清楚地看到，仲長統在《損益篇》中所列舉的稱頌漢初削藩、抨擊井田之變、否定肉刑之廢，看似飽含著濃烈的情感，但這些事例在客觀屬性上不過是論據而已，既不是仲長統所要證明的核心理念，更不是仲長統依託核心理念所要力圖革除的社會積弊。所以，分析至此，才可以真正看清楚，《損益篇》是在一個儒家思想尚占主流的社會中，借助證明損益觀念的正確與合理，進而巧妙地引出法家思想，並秉承此思想通過對東漢社會存在的諸多表層矛盾（如薄俸問題，重賦下民問題）之分析，轉而直擊東漢王朝弊端重生的賦稅制度，乃至土地制度問題，並在文末給出了自己的解決辦法以及改革設想。分析至此，便可以撥開《損益篇》中的層層浮雲，抓住仲長統在該篇中所要表達的核心理念和寫作目的。質而論之，《損益篇》的核心理念就是證明在治國理念上法家思想的正確，《損益篇》的寫作目的就是要指出東漢王朝涉及「錢」和「糧」的一切問題都是源於不合理的賦稅制度。應當抓緊現在兵革稍定、地廣人稀的時機，對原有的賦稅制度乃至更深層次的土地制度進行改革。簡而言之，《損益篇》思想上推崇法家思想，行動上要變革土地和賦稅制度。因此，前章中才會只對仲長統的抑兼併思想和賦

稅改革思想作專門論述，而沒有如其他研究著述一樣執著於削藩、井田、肉刑等問題。

《理亂篇》的言說模式與《損益篇》相同，故亦可用這種方式予以分析。《理亂篇》前半部分從非常客觀的角度講述了歷代君主專制王朝從奪取天下、到穩坐天下、到殘虐天下、到最後盡失天下的完整過程。仲長統指出，這是歷代王朝都無法跳出的死局，歷代王朝都是在這一死局中前赴後繼地轉圈圈。這是仲長統縱觀歷史得出的君主專制王朝都終將走向崩潰之理。然而，《理亂篇》的下半部分更深刻地指出，縱然歷代王朝跳不出在「原地打轉」之理，但在現實層面由王朝更迭所帶來的災難卻是愈來愈烈：

> 昔春秋之時，周氏之亂世也。逮乎戰國，則又甚矣。秦政乘併兼之勢，放虎狼之心，屠裂天下，吞食生人，暴虐不已，以招楚漢用兵之苦，甚於戰國之時也。漢二百年而遭王莽之亂，計其殘夷滅亡之數，又復倍乎秦、項矣。以及今日，名都空而不居，百里絕而無民者，不可勝數。此則又甚於亡新之時也。〔註65〕

那麼，為何歷代王朝興滅循環之理會導致出時代一朝不如一朝，酷虐一代甚是一代這樣令人痛心的結論呢？仲長統在《理亂篇》前後兩部分的承接中，巧妙地將論說主體由末世王朝宣淫之君轉移到了漢末驕奢之「民」，也就是豪強上來。而這之間起連接作用的就是這句「漢興以來，相與同為編戶齊民，而以財力相君長者，世無數焉。」〔註66〕也就是說，仲長統在《理亂篇》上半部分得出王朝崩潰之必然，實際上是從王朝注定崩潰的現實揭示出了君主專制政體的死局。而這種死局究其根本而言，實是權力與金錢的浸泡必然導致人性的扭曲與變異。上世窮奢極欲之人似乎還只是君主，反觀現世家財可與君主比肩之豪強可謂「世無數焉」，這些無數的豪強在驕奢淫逸、縱情享樂

〔註65〕嚴可均《全後漢文》卷八十八，北京：商務印書館1999年版第891頁。

〔註66〕孫啟治注「財力相君長者」為：按君、長皆位尊者之稱，作動字，引申為主宰、治馭。「以財力相君長」，即互以財力服人。荀悅《漢紀》卷七引「君長」作一「窘」字，「窘」謂迫人也，文異而義實同，見孫啟治《政論校注，昌言校注》，北京：中華書局2012年版第276頁。此種注解似為不妥，因「相」字本有交互、交替之意如范曄《後漢書·蔡邕傳》有「寒暑相推，陰陽代興，運極則化，理亂相承」之語，雖然在意涵上有交互、交替之意，但相互交替之事物至少在概念上都亦屬等量齊觀者，所以此處「相」可以取由此衍生的「等同」之意更為貼切。君長，一方面可以作並列結構理解為京師之君、地方之長，或者可以作偏正結構徑直等同於君王。當然，宏觀上講，這樣更加突出了地方豪強雄踞一方權勢、富貴可追比君王之意。

上反而更令前代荒淫之君難以望其項背。因此，縱觀歷代，有昏君之名者仍是一朝一人，而東漢以來為昏君之實者卻是「世無數焉」。因此，仲長統深刻地意識到了地方豪強對國家和社會的巨大危害，同時，他也認識到了在豪強林立的社會中，唯一能夠匡正時弊的賢人君子之悲慘處境「而清潔之士，徒自苦於茨棘之間，無所益損於風俗也。」〔註67〕所以，這一切都注定了歷代王朝都必然走向崩潰，並且這種崩潰將會因豪強愈多而變得愈加慘烈與殘酷！《理亂篇》在言說模式上仍是遵循著「以事論理——以理驗世」這一結構，不過，這篇文章的特異之處在於縱觀歷史所得之「理」，對現實已全然沒有任何指導抑或建設性的意義，反而以之驗諸當世，恰恰推導出了當世災難注定要比歷史上任何時期都要更加深重的絕望結論。三國兩晉之大變局，似乎也恰恰證明了仲長疏推論的正確。在文章大結構上前半部分是符合「以事論理」的，不同的是後半部分與「以理驗世」不符。然而，從根本上講《理亂篇》後半部分還是遵循著這一模式的，只不過需要注意的是，此理本就是無救之理，今更驗之於喪亂之世，其結果自然是得出時代墮入無底深淵的徹底絕望之結論了。當然，這種徹底的悲觀和絕望才使仲長統在思想深處迸發出轉向另一種價值取向和審美趣味的衝動和可能。關於這一問題，會在後文討論仲長統與漢末士風中進行詳細論述。所以，《理亂篇》全文的思想核心借既往之歷史得出所有王朝皆難逃崩潰，而後再以此理驗之東漢，指出東漢的崩潰勢必會更加慘烈與殘酷。簡而言之，觀既往之變亂，知來世之無望。因此，《理亂篇》文末自然對世事已全無匡正之語了。

　　《法誡篇》在言說模式上同樣遵循著「以事論理——以理驗世」這一結構，並且該篇文章的情感基調與《損益篇》相近，不同於《理亂篇》那樣的徹底悲觀和絕望。《法誡篇》前半部分敘述的是外朝權輕的演變軌跡，至廢除宰相之職、剝奪三公之權為止，外朝無絲毫威權而君權臻於極盛。進而指出君權極盛帶來的不可避免的一系列弊端——外戚和宦官勢力的崛起。而外戚和宦官勢力的崛起又恰恰是摧垮兩漢政治最直接的原因，正所謂「西漢亡於外戚，東漢亡於宦官」。《法誡篇》的前半部分是借分析制度利弊，認為明君為政應當權移外朝，或委之於宰相總攬、或委之於三公分治。進而以此理驗諸兩漢之世，指出守此理則國治、棄此理則國亂。最後，給出了具體的改革設想——恢復宰相制度、或者恢復三公制度，並且在推行這一制度時，君主

〔註67〕嚴可均《全後漢文》卷八十八，北京：商務印書館1999年版第890頁。

不得與重臣之家結爲婚姻，保持純然外朝之臣的身份，使其不會通過聯姻轉變爲外戚之家，這樣一來「所親非所用，所用非所親」，在理論和客觀上保證了重臣純然的臣子屬性。最後，又舉重若輕地指出重臣之權實際上對君權並不會構成什麼的威脅：

> 曰：人實難得，何重之嫌？昔者霍禹、竇憲、鄧騭、梁冀之徒，藉外戚之權，管國家之柄；及其伏誅，以一言之詔，詰朝而決，何重之畏乎？今夫國家漏神明於媟近，輸權重於婦黨，算十世而爲之者八九焉。不此之罪而彼之疑，何其詭邪！〔註68〕

這段文字的寫作目的是比較明顯的，《法誡篇》通篇都在陳述委權宰相或委權三公，這一變革本質上就是要削弱君權，因此，難免會使君主產生某些「隱憂」，而仲長統意圖借文末的這段對答形式的文字，輕描淡寫地一筆帶過大臣權重不足慮並再次極力突出外戚之禍實遠在大臣權重之上，希望以此來去除君主對重臣的疑慮。至此，可以看清《法誡篇》前半部分意在以事證明外朝權重是解決外戚、宦官勢盛的根本方法。後半部分給出了權力分配與官職制度改革的設想，或宰相一人統領、或三公分而治之，並且還要君主不得與這些權臣之家聯姻，保持他們純然的臣子屬性，截斷了由權臣到外戚的轉進之路。所以，可以看出《法誡篇》「以事論理」部分證明了三公（或宰相）權重的優越性，「以理驗世」部分再次證明三公（或宰相）權重的優越性後，提出了恢復三公（或宰相）權重的政治格局，並認爲斬斷聯姻之線便可以徹底消除外戚之患。因此，可以看出《法誡篇》的重點就是力主恢復三公（宰相）權重的局面使權歸外朝，意圖從根本上斬斷外戚、宦豎勢盛的根本。

　　以上的分析，便是對仲長統《昌言》中最爲完整的三篇——《損益篇》《理亂篇》《法誡篇》言說模式的分析、邏輯的梳理，以及文中重點的把握。因爲，既往研讀或者研究仲長統之學人，很容易將仲長統文中出現的具有明確立場的言說一概視爲仲長統核心思想的直接體現。殊不知，在仲長統的言說中，如肯定漢初削藩、否定井田之變、抨擊肉刑之廢、提倡獨任政專等等，儘管都帶有仲長統鮮明的態度，但從本質上講這些都是仲長統觀點，而非仲長統在各篇中想要突出的重點，從議論文寫作的角度來看實與論據無異。如果，偏執地拘泥於這些細枝末節，反而會遮蔽了雙眼無法看清仲長統到底想要解決什麼問題？提出了什麼樣的解決辦法？這些解決辦法在歷時上究竟與前人

〔註68〕嚴可均《全後漢文》卷八十八，北京：商務印書館1999年版第895頁。

的解決辦法有何異同、在共時上又與當世之人的方案究竟孰優孰劣？這一切的分析，都要源於分析《昌言》中的這三篇作品時要分清主次，看清仲長統究竟想要解決什麼問題。綜合以上的大量分析，現在可以明確地看出仲長統在《損益篇》中所要解決的是賦稅制度和土地制度的問題；在《理亂篇》中所要解決的是東漢王朝及君主專制王朝制度還有沒有未來的問題（當然，仲長統在篇中已經給出了沒有未來的悲觀結論）；在《法戒篇》中所要解決的是通過復三公（宰相）之權以消除外戚、宦官之害的問題。

第六章 《樂志論》與魏晉文學審美新旨趣

　　在仲長統現存的著述中，《樂志論》當屬最別具一格者。《樂志論》文字中所透射出的那種對山水田園生活的嚮往和歌頌，不僅使得仲長統著述多了一抹亮色，更為綿延四百年的兩漢文學憑添了幾分不曾有過的清新之感。《樂志論》的出現，昭示著一種全新審美旨趣時代的到來。

　　在對仲長統的研究中，與其他諸多方面的研究相比，對仲長統《樂志論》的研究應當說吸引了學者更多的目光〔註1〕。在論述仲長統著述分類一章中已經明確了《樂志論》在仲長統著述中與《昌言》的關係。但是在對《樂志論》進行深入研究之前，儘管現存史料匱乏，但還是有必要先對《樂志論》的寫作時間做相對客觀地推測。

〔註 1〕侯外廬等著《中國思想通史》（第二卷）在第十二章「漢末唯物主義思想家王符和仲長統」文末對仲長統《樂志論》所透射出的思想做了深入的分析。見侯外廬等著《中國思想通史》（第二卷），北京：人民出版社 1957 年版第 456 頁。但分析中認爲仲長統《樂志論》的寫作動機是源於「他在無可奈何之時，終於要脫化超俗了。」這一論斷雖然在個人思想成長、乃至整個時代思想發展中看上去頗為「順理成章」。且臺灣學者韓復智亦持有該種觀點，見韓復智《仲長統研究》，臺北：《臺灣大學歷史學系學報》8 期 1981 年 12 月第 55 頁。但對於以上二者論斷個人並不完全贊同，具體分析詳見本章正文。另外，日本學者邊土名朝邦《仲長統の農園構想》中提出的仲長統農園構想從客觀上講，是基於其與常林避居上黨的親身經歷，其文章論證紮實充分是值得借鑒的。見邊土名朝邦《仲長統の農園構想》，《九州大學中國哲學論集》18，19～37，1992.10.

第一節 《樂志論》寫作時間蠡測

在確定了《樂志論》不屬於《昌言》系統之後，爲了能夠對《樂志論》有更深入的瞭解，是很有必要對《樂至論》的創作時間進行深入探究的。究竟《樂志論》作於仲長統生命中的哪個階段，這看似並不緊要的問題在研究仲長統的思想和心態上卻是無法迴避的重要一環。但由於現存史料的嚴重不足，所以這一環往往成爲仲長統心態研究中常常以理推之一筆帶過的環節。侯外廬等著《中國思想通史‧兩漢思想通史》篇末在摘引仲長統《樂志論》之後，有這樣的評論：「他在無可奈何之時，終於要脫化超俗了。這樣，他的哲學便和老莊思想匯流，逍遙自得，並連自然把握本身也棄置了，因此，他的戡天思想，到此就不能自解了。」〔註2〕這樣的評述，雖然未對《樂志論》的寫作時間做明確交代，但在客觀上已經指明當作於仲長統入仕飽受打擊陷入絕望之後，這一推斷在邏輯上可謂順理成章並無不妥之處，然而其中亦有值得推敲之處。在此爲便於敘述，待下文其他觀點羅列後再予以綜合分析。

除《中國思想通史‧兩漢思想通史》的觀點之外，亦有學者對《樂志論》的寫作時間持不同看法。臺灣學者韓復智在《仲長統研究》中認爲仲長統在入仕之前人生觀便已形成，且這種人生觀是「消極的，是保全性命和自適的人生觀。」〔註3〕他的分析是：「自桓靈以來，政治混亂，殺戮不止，知識分子既無撥亂反正，又政場險惡，權勢不可恃，盛名反受累。（……）在這種情況下，怎不令統灰心世事，爲保全性命，自然走向遊心於恬淡的老莊之路上去。這就是他『每州郡命召，輒稱疾不就。』的主要原因。」〔註4〕在韓復智看來，東漢末年的惡劣的政治和社會環境早已在仲長統的內心中產生出了心灰意冷養性全身之意。也就是說，仲長統在入仕爲官之前就已經在思想上歸於老莊之途，這一觀點實際上是已經較爲明確地將《樂志論》的寫作時間推到了仲長統入仕爲官之前。劉文英亦持相近觀點：「仲長統從憤世到避世，其思想變化有一個過程。早年他主要是憤世，然同時已有一些消極的思想苗頭。

〔註2〕侯外廬等著《中國思想通史‧兩漢思想史》（第二卷），北京：人民出版社1957年版第456頁。
〔註3〕見韓復智《仲長統研究》，《臺灣大學歷史學系學報》8期1981年12月第54頁。
〔註4〕見韓復智《仲長統研究》，《臺灣大學歷史學系學報》8期1981年12月第56頁。

《後漢書》本傳稱，仲長統『常以爲凡遊帝王者，欲立身揚名耳，而名不常存，人生易滅，優游偃仰，可以自娛』。這已經暴露了他對仕宦生活和名位利祿的高度淡漠。在這樣一種觀念的支配下，後來他之『舉爲尙書郎』『參丞相曹操軍事』以及『復還爲郎』估計都比較勉強。因此，在這一段時間，人們也看不到他眞正有什麼作爲。」〔註5〕縱然韓復智和劉文英的觀點在語言表達上存在些微的差別，但是他們觀點最爲核心的部分是一致的，仲長統在入仕爲官之前心中便已經有了消極避世的念頭，且皆以范曄《後漢書》中敘述的仲長統行年先後順序爲依據，以《樂志論》之詞句爲佐證。在論證的同時，實則都將《樂志論》的寫作時間定在了仲長統入仕之前，這與《中國思想通史·兩漢思想史》中《樂志論》作於仲長統入仕遭遇重重挫折對世事徹底絕望之後的結論恰恰相反。分析至此，究竟孰是孰非個人不敢斷言，畢竟史料太過有限，因此，只能通過現有材料推測何種論斷較爲接近史實、更加合乎情理。

　　在第一章《仲長統生卒行年雜考》中，已經基於現有史料對仲長統的生卒行年情況做了最大限度的廓清和勾勒；另外，在文末之處亦對仲長統氣質性格的變化做了簡要的分析。首先，分析仲長統的心態前要注意兩個行年上的問題。其一，單純從范曄《後漢書·仲長統傳》所提供的重要信息：

　　　　每州郡命召，輒稱疾不就。常以爲凡遊帝王者，欲以立身揚名
　　耳，而名不長存，人生易滅，優游偃仰，可以自娛，欲卜居淸曠，
　　以樂其志，論之曰：「……」。〔註6〕

結合《三國志·魏書·劉劭傳》所提供的信息，並結閤第一章行年的考證結果可以發現，在仲長統的行年中「州郡命召」之事只發生在仲長統過高幹之後至入拜尙書郎之前，即建安十一年（206年）之建安十二年（207年）上半年之間，這段時間剛好處在仲長統入仕爲官之前。另外，還需要注意的是，在第一章文末處仲長統的氣質性格有所分析。《三國志·魏書·劉劭傳》注文中有繆襲上《昌言》表之文，身兼仲長統同僚、好友雙重身份的繆襲，在介紹仲長統的氣質性格時居然要借用大司農常林對十餘年前那個仲長統的評騭之語。繆襲這一看似無意的筆法實則透露出了一個重要的信息，即仲長統的

〔註5〕劉文英在談及仲長統心態時認爲《樂志論》理當作於仲長統入仕之前，但在
　　　具體寫作時間上卻推測《樂志論》作於入仕爲官之初。見劉文英《王符評傳》
　　　附《崔寔、仲長統評傳》，南京：南京大學出版社1993年版第359～361頁。
〔註6〕范曄《後漢書·仲長統傳》卷四十九，北京：中華書局1965年版第1644頁。

氣質性格從建安十二年（207 年）上半年入拜尚書郎之後至延康元年（220 年）離世，在這十餘年間仲長統的氣質性格發生了巨大的改變。據《三國志》提供的史料可知繆襲的年齡當略小於仲長統且入仕亦晚於仲長統，也就是說與繆襲爲友的仲長統在氣質性格方面已經完全看不到「倜儻」、「敢直言」、「不矜小節」的「狂生」秉性了，如若不然，爲何要借用大司農常林一副翻檢陳年舊賬般的品評之語呢？翻檢《全後漢文》好友之間以此方法品評他人性格當爲絕無僅有之案例。

由此，足見仲長統伴隨著入仕年深日久「狂生」的性格漸漸爲世事所消磨殆盡，而這種內心到秉性的徹底轉變影響到作品中，應當是由對家國天下的殫精竭慮轉變爲對個人生命的精心呵護，由對正統觀念的堅信不疑轉變爲對光怪陸離的饒有興趣。因此，對於《昌言》中出現諸如養生行氣、奇聞怪事等離經叛道的文字都是在情理之中了。然而，反觀《樂志論》不禁會爲其文字中所描繪的美好畫面所吸引、表現的樂觀精神所感染、呈現的高世之氣所折服。雖然《樂志論》主旨爲出世之意，但其中的高世超然之情、狂生之氣卻絲毫未減，反倒頗有幾分凌駕一切的衝天傲氣。因此，將《樂志論》推定爲仲長統離世前徹底絕望之時所作是不合理的。那麼，仲長統在入仕之前就已經心灰意冷消極避世的論斷是否就是正確的呢？關於這個問題，亦不可因否定了另一種推論而盲目地肯定這一結論，所以還應回到仲長統這個人本身乃至仲長統的內心進行更爲深入細緻地探查。

韓復智與劉文英的觀點都認爲仲長統在入仕爲官之前就已經產生了消極避世養性全身的念頭了。二人觀點的差異只不過在於韓氏認爲仲長統在入仕之前就已經徹底絕望了，而劉氏認爲已有絕望之念但尚未徹底絕望，但二人認爲入仕前之仲長統的主要的感情基調都是悲觀消極的，也就是說仲長統的入仕是「不情願的」甚至是「被迫」的。但是，這種從《樂志論》中所體會出的消極情緒又與仲長統個人行年考證出的種種「積極」結果發生了「衝突」。驗之仲長統行年考證的結果：建安十年（205 年），仲長統約二十六歲，過并州刺史高幹；建安十一年（206 年）～建安十二年（207 年）上半年，仲長統約二十七歲～二十八歲，與常林共處上黨；建安十二年（207年）下半年，仲長統約二十八歲，被尚書令荀或徵辟爲尚書郎。從行年考證的結果上來，從建安十年（205 年）到建安十二年（207 年）上半年，這短短的兩年半時間，或者更爲具體的說是從建安十一年（206 年）三月到建

安十二年（207 年）上半年這一年有餘的光景裏〔註7〕，卻恰恰對應了仲長統人生中最爲春風得意的階段，不僅因預見到了高幹叛亂而名聲大噪，更因得到了曹操幹臣荀彧的賞識而擢任爲尚書郎，可謂名利雙收。因此，如果單純從較爲切實的行年考證結果來看，似乎看不到半點的「被迫」與「爲難」。從仲長統行年的角度，更爲貼切地說便是在約二十六歲時游學四方來到并州拜謁了刺史高幹，經過一段時間的交往後，仲長統發現高幹「有雄志而無雄才，好士而不能識人」遂直言相勸但卻未被採納，於是便走訪他處了。誰料，仲長統剛離開不久高幹便叛亂了，於是仲長統抱著尋訪名仕與暫避兵亂的雙重目的來到了隱居上黨的常林之處。時間沒過多久高幹的叛亂就被平息，亂離之後的并州之士們方才想起那個有知人之明的仲長統來，於是在并州大地上仲長統的聲名便婦孺皆知了。在選才舉士皆尋聲名的東漢，名聞州郡的仲長統很快便陸續得到了周邊諸郡的徵辟，而仲長統對待這些徵辟的態度卻出奇的冷漠——「皆稱疾不就」〔註8〕。然而，就在不久之後，仲長統面對尚書令荀彧的徵辟卻不再冷漠。縱然史家筆法頗爲簡省，但透過洗練的文字卻看不到絲毫的遷延和遲疑。

　　所以，綜和以上行年的分析並結合東漢末年士風和徵辟制度，對仲長統建安十一年（206 年）至建安十二年（207 年）上半年間的心態可以作如下的猜測。首先，仲長統應荀彧徵辟入拜尚書郎絕非出於被迫或不情願。如若入仕爲官確係有違仲長統之意願，那仲長統亦仍可「稱疾不就」，縱觀東漢一朝的歷史對徵辟不至的士人大體上都是「聽之任之」的，手段不堪如梁冀、何進、董卓及姦佞宦豎者當屬個案。退而論之，即便在入仕之後尚可辭官抑或棄官而去，此類事例在東漢一代皆不乏案例。另外，即便仲長統在入仕前再如何目睹世間亂離王朝頹敗之象，都無法改變他初出茅廬飽受兩漢經學氛圍的浸潤的儒生本質，這點可以從現存的仲長統的著述中得到有力印證，無論如何離經叛道但其思想的基調仍是儒家正統思想，他的思想都是力主積極入世、剛健有爲的。所以，仲長統「被迫入仕」說在把握仲長統的心態上是只關注到了樂志之文，而沒有揣摩到仲長統文字背後的壯志雄心。否則，如若眞正心灰意冷無意仕宦，那爲何還要游學四方拜訪名仕、顯貴呢？如東漢眾

〔註7〕據《三國志》《後漢書》等史料，可知高幹叛亂於建安十一年（206 年）三月便被平息了。

〔註8〕陳壽《三國志・魏書・劉劭傳》卷二十一，北京：中華書局 1982 年版 620 頁。

多隱士一般徹底隱居不問世事豈不快活〔註9〕，依仲長統如此一代狂生之秉性，豈能甘心委身廟堂呢？所以，結合以上分析可以看出，入仕之前的仲長統其文（指《樂志論》）有出世之意，然而其人有卻入仕之心。在這條結論的基礎上，仲長統建安十年（205年）至建安十二年（207年）上半年這之間一切看似「矛盾」的作爲，都可以得到相對完美的解釋了。

二十餘歲的仲長統初出茅廬游學四方，可謂「登車攬轡，有澄清天下之志。」然而，若想在東漢一朝入仕爲官則必須要遵循其所處時代的特殊法則。趙翼《廿二史劄記》「東漢尙名節」條對此有頗爲精當的評述：「蓋當時舉薦徵辟，必採名譽，故凡可以得名者，必全力赴之，好爲苟難，遂成風俗。」〔註10〕呂思勉在《秦漢史》「士大夫風氣變遷」一節中亦有頗爲中肯之評述〔註11〕。所以，一心有所作爲的仲長統才會周遊青、徐、幷、冀四州，到處拜謁名仕顯貴，這一活動的本質意在通過交遊來抬高自己的名望和聲譽，進而獲得進身之機。終於，契機來臨，高幹之亂後仲長統因有知人之明而名聲大噪，以致列郡競相徵辟。然而，此時仲長統卻「稱疾不就」，這一舉動徑直讓許多研究者認爲仲長統實無意於仕途已露消極之意。實則，仲長統這一看似反常的舉動實則更說明他的內心急於步入仕途的迫切。從仲長統的角度來看，這種「稱疾不就」絕不是什麼無意入仕的表現，而是仲長統入仕前的「待價而沽」。從現存仲長統《昌言》中的政論散文可以看出，仲長統頗有革盡前弊維新漢政的氣魄，所以，自然不會安於州郡掾吏之位。並且，在東漢中葉之後「徵辟不至」已蔚然成風，質而言之，越是回絕朝廷徵辟、越是標榜自己的清高，就越會得到更高規格的徵辟。所以，入仕前的仲長統就其心態的主體而言非但不是通常所說的心灰意冷抑或徹底絕望，反而是更多的考慮如何能夠最大限度的「待價而沽」，等待一個可以讓自己大顯身手的機會。於是，在這種心態的作用下便對地方州郡的徵辟統統採取了「稱疾不就」的高傲態度。並且，在採取這一態度的同時爲了實現自己的政治理想，爭得更高更廣的關注，於是標榜縱情山水逍遙出世的《樂志論》便應運而生了。

〔註9〕 于迎春《漢代文人與文學觀念的演進》中「不仕之士的生命安頓方式」一節對東漢士人因對現實社會徹底絕望而隱居不仕有詳細論述，見于迎春《漢代文人與文學觀念的演進》，北京：東方出版社1997年版第217～225頁。

〔註10〕（清）趙翼著，曹光甫校點《廿二史劄記》卷五，南京：鳳凰出版社2008年版第67頁。

〔註11〕呂思勉指出：「漢世進趨，多由鄉曲之譽，故士多好爲矯激之行以立名。」見呂思勉《秦漢史》，上海：上海古籍出版社2005年版第473頁。

　　反觀仲長統《樂志論》全文（在此爲避免文字冗餘故不復徵引全文只撿摘其要者而論），文中通篇充滿了對遊心世外、縱情山水、避世養生、醉心老莊的讚頌〔註12〕，這些《樂志論》文字本身呈現出來的情感是不容否認的。但是，書寫這些文字背後的細微心態卻從來沒有被細細地探查過。前人在研究時，往往認爲這些文字中表達的思想便是仲長統內心的眞實聲音，實則《樂志論》的文中之意遠非仲長統的內心之聲。其中最爲重要的一點是，仲長統在敘述這些山水美景、高世之情時採用的感情基調過於濃烈。仲長統在《樂志論》中對置身世外的生活方式並非筆觸清淡地表達樂享之情，而是意在借清新言辭實現對所描繪生活方式的熱烈讚頌。對此，若能對《全後漢文》中所列文章有全面體察，便會感到仲長統讚頌熱情之濃烈與其所處之時代頗有「脫節」之感。回顧東漢中期以來自張衡《歸田賦》以來直至兩晉寄情山水的作品，都無法讀出如仲長統《樂志論》這般濃烈的情感。山水田園固然是清新淡雅的，但仲長統的這份讚頌與謳歌卻有過於濃烈之嫌，以致於後來學者都毫無懷疑地將這篇熱情洋溢的讚歌定義爲山水田園文學的綱領性作品，且都不曾懷疑這篇文字創作時更深層次的目的和動機。如果站在抒發對山水田園自然閒適生活嚮往的角度，文章的格調應當是平穩舒緩的，抑或如張衡《歸田賦》般夾雜著那麼幾分悔恨與惆悵的。那麼，究竟是什麼使得這篇作品的情感如此飽滿呢？答案其實很簡單，這篇作品在文字層面寫的是對田園山水之愛，但在文字的背後卻無處不透露著對巍巍廟堂的希冀與渴望。《樂志論》文末的一句：

　　　　　逍遙一世之上，睥睨天地之。不受當時之責，永保性命之期。

　　如是則可以陵霄漢，出宇宙之外矣。豈羨夫入帝王之門哉！〔註13〕
也許在傳統觀點中認爲這一句是無意世事安享田園的點睛之筆，然而從仲長統的內心出發，一句「豈羨夫入帝王之門哉！」實際上是以清新脫俗的高世格調向當時的最高掌權者拋出了渴望被委以重任、願盡綿薄之力的「橄欖枝」。仲長統的《樂志論》之所以不同於其同時代的其他田園山水作品，質而論之要點有二：其一，仲長統想借助抒發自身安於田園山水之樂展現自身的高士品格，進而贏得聲望獲取進身之階；其二，仲長統在展現自己

〔註12〕關於《樂志論》思想內容的分析，可以參見余英時《士與中國文化》中，《漢晉之際士之新自覺與新思潮》一章中的相關論述，見余英時《士與中國文化》，上海：上海人民出版社 2003 年版第 285～302 頁。
〔註13〕嚴可均《全後漢文》卷八十九，北京：商務印書館 1999 年版第 904 頁。

樂享田園山水之情時賦予了個人的「狂生」品格。關於第一點，仲長統的《樂志論》當之無愧地具有開創意義，當其同時代士人剛剛將田園山水作爲個人失憶的寄情對象時，仲長統的這種安享之樂頗有鶴立雞群之感。退而論之，至少在爲仲長統贏得高士聲名上絕對是起到了不容小覷的作用，對於仲長統爲何要掙得如此高的聲望，行年考證的結果似乎就已經說明了一切。至於第二點，從某種意義上講應當屬於第一點的擴展或補充，從本質上講仍屬於提高個人聲名的範疇。東漢中期以來，仕進之途日趨艱辛，個體士人尤其是底層個體士人往往會選擇特立獨行乃至離經叛道的方式來追求個人名望〔註14〕。趙壹、高彪、邊讓、禰衡，皆因特立獨行的狂生做派迅速在士人中享譽盛名。從更爲全面的角度來看，士人們選擇這種做派在提高自身聲譽的同時也滿足了當時社會對名仕的心理訴求。因爲在漢末那個時代「依當時一般之觀念『名』與『異』爲不可分：有高名之士必當有異行。」〔註15〕從某種角度來看，所謂名仕和狂生其實不過是迎合其所處時代大眾心理需求的「表演者」。而仲長統不僅將狂生之氣表現在了待人接物方面，更將這股狂生之氣灌注到了《樂志論》的寫作之中。至此，方可透徹地體會到爲何仲長統《樂志論》中對田園山水的讚美是如此之高亢與濃烈。仲長統的文字中確實是在書寫田園山水之美，但他是在以「求仕之心」去描繪「出世之景」，以「狂生之筆」去書寫「恬淡之文」，所以，《樂志論》之景才會愈加唯美、《樂志論》之文才會分外清高。

綜合以上分析可知，建安十二年（207年）後，伴隨著一批并州士人充實到了國家權力的核心，仲長統的聲名與事蹟乘著《樂志論》高昂的格調終於傳到了掌管國家權力樞機的尚書令荀或耳中。與其說「好士愛奇」〔註16〕莫不如說同樣有著「知人之明」的荀或參透了仲長統的「心機」，於是一道詔令徵辟仲長統爲尚書郎，而仲長統的應徵更是頗爲順利，從現存史料中看不出有絲毫的被迫和遲疑，從此一生未離廟堂直至離世。

〔註14〕關於該問題，參見余英時《士與中國文化》「士之個體自覺」一節，見余英時《士與中國文化》，上海：上海人民出版社2003年版第269～274頁。
〔註15〕余英時《士與中國文化》，上海：上海人民出版社2003年版第273頁。
〔註16〕陳壽《三國志·魏書·劉劭傳》卷二十一，北京：中華書局1982年版第620頁。

第二節 《樂志論》中田園景象與魏晉審美新旨趣

仲長統在其《樂志論》中描繪了一幅田園山水生活的唯美畫卷。後來歷代文人作品中又將這幅田園山水之景稱爲「仲長園」。最早使用這一稱謂的當屬南朝梁簡文帝蕭綱，其《遊韋黃門園》詩中有「息車冠蓋里，停轡仲長園。」〔註17〕之語。而後，「仲長園」便成爲了樂享田園縱情山水的代名詞，甚至有時將陶淵明與仲長統對仗成文的，盧照鄰亦有詩句：「風煙彭澤里，山水仲長園。」〔註18〕此類事例頗多，故不復列舉。下文中爲便於行文，將仲長統《樂志論》中描繪的田園山水景象簡稱爲「仲長園」。

對於仲長園的研究，前人已經積累了一定的成果，如余英時《士與中國文化》、韓復智《仲長統研究》、劉文英《王符評傳》附《崔寔、仲長統評傳》、于迎春《漢代文人與文學觀念的演進》等著述中都對「仲長園」有專章論述〔註19〕。另外，日本學者邊土名朝邦對仲長園問題亦有專文研究〔註20〕。在這些研究中，國內的研究基本上都將研究的重點放在了《樂志論》中構建仲長園意象的文學研究，以及仲長統通過構建仲長園來表達的出世思想上。而日本學者邊土名朝邦的研究走的卻是另一條更爲切實的探求之路，從仲長統的親身經歷和東漢末年的莊園經濟入手，進行切實的考證，認爲仲長園的產生最爲根本原因是漢末豪族莊園經濟蓬勃發展的產物，同時也注意到了仲長統內心避世的情感訴求。值得注意的是該篇文章在深入研究《樂志論》時，對東漢開國以來借書寫田園意象表達避世之意的作品進行了梳理與對比。從東漢初年馮衍《顯志賦》到東漢中葉張衡《歸田賦》再到仲長統《樂志論》從思想內涵和情感指向上都做了詳細的分析對比。在結論中認爲仲長統的《樂志論》在本質上與前人之作，在情感訴求上仍是一脈相承的，表達了對世事的心灰意冷之後轉而將目光投向了田園山水去尋求自然之樂了。

以上對仲長園的諸多研究可謂面面俱到了，對仲長統心態的把握上也是基本一致的。深入細緻的眾多研究卻始終都沒有解決一個深刻的問題——《樂

〔註17〕 （明）張溥《漢魏六朝百三家集・梁簡文帝集》卷八十三，文淵閣四庫全書本。

〔註18〕 （唐）盧照鄰《幽憂子集》卷一，四部叢刊景明本。

〔註19〕 此外尚有碩士論文鄧穩《仲長園現象研究》，四川師範大學 2011 年；王尚平《救世與樂志的彷徨——仲長統研究》，華中師範大學 2013 年等論文對仲長園問題作專文研究。

〔註20〕 邊土名朝邦《仲長統の農園構想》，《九州大學中國哲學論集》18，19～37，1992.10.

志論》對魏晉以來田園山水審美的開創意義究竟體現在何處？同樣無心世事、同樣的寄情田園爲何仲長統的《樂志論》卻有著不同尋常的開創意義呢？

　　這個問題牽扯頗多，從田園山水到士人心態悉數包羅其中，過分簡單地處理反而會使得這一問題變得更加混亂。因此，還應從較爲具象可感的描寫意象出發進行相對深入的探討。兩漢乃至魏晉的文學作品中，從單純的書寫意象上來看似乎並沒有出現什麼本質上的變化，然而伴隨著時代的變化這些看似不變的意象所被賦予的時代意義卻產生了巨大的變化。所謂描寫意象，就是指文士作品中用於抒發某種情感而出現的田園山水等等具象的事物。一般研究魏晉之前的田園山水文學往往會徑直上溯到《詩經》《楚辭》中的相關篇章，進而是漢賦中的一些自然山水意象，而後便徑直過渡到了魏晉山水田園了。德國學者顧彬《中國文人的自然觀》以及日本學者小尾郊一《中國文學中所表現的自然與自然觀》等相關論述基本上都秉承著這一路數。那麼，本文便從前人分析最爲薄弱的漢代尤其是東漢一朝作爲切入點來探尋魏晉山水審美旨趣漸次興起的理路。

　　首先，在兩漢時期尤其是到了東漢中期之後，隨著社會的發展，作爲不曾變化的田園山水，其被賦予的特殊時代意義也漸漸產生了微妙的變化。東漢初年一切典章文物制度皆承西漢舊制，在文學審美上亦無甚創獲，因此這個時代在文學主流樣式上仍是漢大賦，文學創作主流題材上仍是以宮室、苑囿、畋獵等等爲主〔註21〕。因此，至少在東漢中期張衡《歸田賦》出現之前，凡涉及山、林、川、澤、田、廬等意象的描寫尚不屬於私人田園山水範疇，而是屬於皇家苑囿範疇。也就是說出現的意象雖然是同樣的意象，但在東漢中期之前這些意象被賦予的主流時代意義是皇家苑囿而絕非個人田園。因此，在這種山、水、田、園被賦予主流時代意義的前提下，縱然出現同樣的字句和意象，但也只有得志者盛讚皇室苑囿的漢大賦，而沒有失意者寄情田園的山水文。即便站到了主流的對立面，旗幟鮮明地說出自己的失意與落寞也只能名之爲失志牢騷之文。因爲，無論他們如何描寫田園山水，最爲根本的一點在於他們的創作動機尚不是寄情田園山水，而是未能躋身王權體系之中而被迫寄情田園。所以，東漢中期之前，作品中的山水多爲文人失志宣洩的對象而非真正意義上的寄情抑或樂享。如馮衍在《顯志賦》篇前的「自論」

〔註21〕略有不同者，是將在西漢時期並不屬於主流地位的都城題材提升到了主流地位，如班固的《兩都賦》，張衡的《二京賦》等。

部分中說:「久棲遲於小官,不得舒其所懷。抑心折節,意淒情悲。」〔註 22〕雖爲抒情之賦,但個中不免透出太多失意牢騷之氣。在此,需要特別注意到的一個問題是,通常所講的田園山水文學究其本身還是存在一定區別的,即田園山水文學實際是分爲「田園」(抑或莊園)和「山水」兩種不同的書寫對象,雖然唐人的詩文之作中已經沒有了明確的「田園」與「山水」的界限,但是爲明確地分析這一審美旨趣的產生與演變,還是有必要先做刻意區分的。從這一角度出發,反觀西漢至東漢中期的漢大賦不難發現,西漢以來直至東漢中期漢大賦中出現的山、水、田、園等意象從本質上講皆屬於帝室苑囿。也就是說無論枚乘《七發》還是司馬相如《上林賦》其所描繪的諸多景物意象都可以包括在「大苑囿」這個概念之下。雖然,單純從定義上來看苑囿只不過是供帝王消遣娛樂的山林川澤、溝池亭臺而已,但是,從漢大賦書寫的心態上來看真正的苑囿並不僅僅止步於此,司馬相如《子虛賦》《上林賦》不厭其煩地誇飾天子苑囿宏闊、畋獵盛況,其筆觸雖然是在書寫苑囿之廣,然而其內心是在爲帝王盛讚皇國之大。這是一種以包舉宇內囊括四極的磅礴氣勢,對一個前所未有龐大帝國的高亢讚美。因此,這個時代的一切自然與非自然意象都屬於「大苑囿」概念的統攝範疇之內。反觀西漢一朝大賦作品中所描繪的意象近乎都包含在「大苑囿」概念之中了。上文中明確指出了田園與山水是存在著一定區別的,但是在西漢一朝的主流作品中,實際上田園和山水是沒有任何分別的,因爲它們皆存在於「大苑囿」之中。所以,西漢時期的主流文學意象中只有苑囿之景而不存在田園、山水之別。至東漢中期,這種情形發生了微妙的變化,張衡作品的出現標誌著東漢文學轉型的開始。張衡以一篇煌煌巨著《二京賦》將東漢大賦推向了前所未有的頂點,又以《歸田賦》《髑髏賦》《思玄賦》等抒情小賦宣告了大賦盛極必衰的必然。大賦由盛轉衰,伴隨著東漢中期以來的外戚、宦官干政導致皇權衰微而地方州郡豪強勢力日漸強大。昔日高高在上天下唯一的皇家苑囿呈現衰敗之色,而地方豪強的私家莊園開始出現。當然,此時地方豪強雖然開始大量囤積土地,但是由於傳統耕作模式導致土地高度「畸零化」,所以此時的莊園並不普遍。但豪強、士族在地方上的勢力日漸壯大,最爲直觀的表現便是耕地的大量佔有和徒附數量的增加,因此,在他們生活中家、國二元世界開始形成,且伴隨著豪強、士族在地方州郡的大量出現,擁有家、國二元觀念的個體迅速形成了一個介於君與民之間的一個特殊的階層。在他們的思想深處

〔註 22〕范曄《後漢書·馮衍傳》卷二十八下,北京:中華書局 1965 年版第 985 頁。

不再如西漢士大夫那樣將自身與皇權緊緊地捆綁在一起，而是在面對皇權之外已經出現了另一種屬於其自身的存在方式。這一特殊階層已然不同於西漢中期之前的士人，他們不再將更人榮辱得失與帝國命運興衰緊緊聯繫在一起，而是更多地關注家族乃至一己的安危禍福。這一點從東漢初年已經產生了些許端倪，《後漢書‧馬援傳》中便載錄馬援告誡兄子嚴、敦之文〔註23〕。即便到了東漢末年黨錮之禍時，某些世家大族亦是採取頗為保守的鬥爭方式以求實現個人與家族的平安〔註24〕。另外，除關心個人安危禍福之外也開始將關注的目光從家國天下轉向了能夠為保障家族優渥生活而提供物質基礎的田莊產業。所以，在這種漸強的潮流之下圍繞莊園以及產業的作品開始產生，《四民月令》《僮約》等文章便是這一潮流的產物。這些都能夠表示東漢中期以來士人在心態上開始逐漸脫離王權，不再如西漢士人那樣將畢生的榮辱與帝國興衰結合在一起，而是在服務王權之外開始將注意力轉移到打理屬於自己的莊園田產和日常生活上了。

　　如果我們將馮衍的《顯志賦》與張衡的《歸田賦》進行比較不難發現兩者在對田園山水描繪上的區別：

　　　　循四時之代謝兮，分五土之刑德；相林麓之所產兮，嘗水泉之所殖。修神農之本業兮，採軒轅之奇策；追周棄之遺教兮，軼范蠡之絕跡。陟隴山以踰望兮，眇然覽於八荒；風波飄其並興兮，情惆悵而增傷。覽河華之決滛兮，望秦晉之故國。憤馮亭之不遂兮，慍去疾之遭惑。流山嶽而周覽兮，徇碣石與洞庭；浮江河而入海兮，溯淮濟而上征。瞻燕齊之舊居兮，歷宋楚之名都；哀群后之不祀兮，痛列國之為墟。〔註25〕

　　　　遊都邑以永久，無明略以佐時。徒臨川以羨魚，俟河清乎未期。感蔡子之慷慨，從唐生以決疑。諒天道之微昧，追漁父以同嬉。超埃塵以遐逝，與世事乎長辭。於是仲春令月，時和氣清。原隰鬱茂，百草滋榮。王雎鼓翼，鶬鶊哀鳴，交頸頡頏，關關嚶嚶。於焉逍遙，

〔註23〕 范曄《後漢書‧馬援傳》卷二十四有馬援誡兄子嚴、敦之語：「吾欲汝曹聞人過失，如聞父母之名，耳可得聞，口不可得言。好議議人長短，妄是非正法，此吾所大惡也，寧死不願子孫有此行也。」云云，見范曄《後漢書‧馬援傳》卷二十四，北京：中華書局1965年版第844頁。

〔註24〕 見拙著《「計日受奉」與漢末士風異動》，《學術交流》2013年5期第213～217頁。

〔註25〕 范曄《後漢書‧馮衍傳》卷二十八下，北京：中華書局1965年版第990～992頁。

聊以娛情。爾乃龍吟方澤，虎嘯山丘。仰飛纖繳，俯釣長流。觸矢
而斃，貪餌吞鉤。落雲間之逸禽，懸淵沈之魦鰡。於時曜靈俄景，
係以望舒。極般遊之至樂，雖日夕而忘劬。感老氏之遺誡，將回駕
乎蓬廬。彈五弦之妙指，詠周孔之圖書。揮翰墨以奮藻，陳三皇之
軌模，苟縱心於物外，安知榮辱之所如。〔註26〕

從馮衍《顯志賦》與張衡《歸田賦》描寫自然景觀的文字可以看出，馮衍的線
條太過粗疏且跳躍性強，而張衡的文字線條細密結構緊湊。這說明馮衍雖然表
達的是一己之情，然而在表達方式上仍然沒有脫離漢大賦縱橫上下的範式。而
張衡的《歸田賦》已經開始在著力刻畫一時一處之景並借之表達個人觀感了。
正因為在士人文學作品中開始有了這種細膩的刻畫與描寫，田園意象才開始逐
漸進入到了東漢士人的創作之中。不過，儘管張衡《歸田賦》中已經產生了頗
多魏晉田園山水之文的端倪〔註27〕，但這並不能算田園山水之作。因為，從某
種意義上講，張衡《歸田賦》中的種種意象雖然掙脫了漢大賦範式的束縛但在
內心情感指向上卻尚不屬於田園山水文學的範疇。東漢中期之後，儘管豪強抑
或士族都在州郡擁有了規模可觀的田產乃至莊園，可以說審美情趣轉向田園山
水的客觀條件已經具備了，但士大夫在心態上仍是秉承西漢傳統，認為士人的
價值和意義完全體現在與王權的結合上。質而論之，描繪的意象並不存在變化，
但是為帝王書寫山水便是內心得志之呈現，反之那些勾勒個人山水的則是內心
失志之表徵。田園或山水等意象仍沒有相對獨立的審美內涵，仍是與個人進退
相掛鉤、與一己得失相關聯。田園山水不過是個人失意時的排遣抑或明哲保身
時的無奈選擇。漢桓帝末年黨人風氣正盛，太尉陳蕃遭免，朝野上下皆力推黨
人領袖李膺，而荀爽擔心李膺會因「名高致禍」所以貽膺書：

知以直道不容於時，悅山樂水，家於陽城。……頃聞上帝震怒，
貶黜鼎臣，人鬼同謀，以為天子當貞觀二五，利見大人，不謂夷之
初旦，明而未融，虹蜺揚輝，棄和取同。方今天地氣閉，大人休否，
智者見險，投以遠害。雖匱人望，內合私願。想甚欣然，不為恨也。
願怡神無事，偃息衡門，任其飛沉，與時抑揚。〔註28〕

〔註26〕嚴可均《全後漢文》卷五十三，北京：商務印書館 1999 年版第 550～551 頁。
〔註27〕關於該問題請參見王曉衛《張衡〈歸田賦〉對魏晉文學的兩大影響》，《中國
楚辭學》（第十二輯）2007.09.01.第 328～338 頁。
〔註28〕范曄《後漢書‧李膺傳》卷六十七，北京：中華書局 1965 年版第 2195～2196 頁。

從荀爽對李膺的勸誡之文可以看出，至黨錮之禍時縱然姦佞當塗世道傾頹，且亦有明哲保身之士已經開始選擇「悅山樂水」的存在方式，但是從主流上講士人們仍然是選擇以「婞直」之氣與宦豎勢力激烈地對抗。如荀爽這般的遠禍避居者，雖然在客觀上將注意力轉向了山水，但是從本質上講這種轉移實是一種「被迫」的產物，是士人報國無門與全身避禍兩種思想雙重作用的結果。從動機上來看，並不是士人主動去欣賞山水之樂，而是對於現實政治實無更生之建樹唯有寄情山水了。這種「被迫」的寄情山水雖然同樣名之以「樂」，但此「樂」乃苦中作樂，是士大夫迫切渴望效命王權而終究不可得的產物。所以，縱然文中出現了山水意象，但是從心態和審美旨趣上來看，仍屬於個人失志之作的範疇。

分析至此，可知魏晉田園山水之作並非用來抒發個人失意之苦悶，而是用來抒發獨立的審美意趣。當然，在這裡有必要說明一點，即魏晉以田園山水為對象的全新審美旨趣，其關注對象主要是山水而非田園。換句話說，魏晉審美的主要對象是山水而非田園。因為，對山水的審美代表了魏晉以來逐漸佔據政治主體地位的世家大族的審美潮流。並且，魏晉山水（不包括田園）之審美從本質上講在闡發這種審美意趣的同時其實是在「刻意地」抒發主體內心上的一種「優越感」。要之，兩晉山水之樂是貴族所特有的一種標榜自身身份的一項被賦予特殊意義的行為。山水之樂在東漢末年尚未形成風氣，至西晉之時方才風靡於世。士人安享莊園醉心山水皆是一種表象，這種表象之下是士人對於一己之私的分外關注與標榜〔註 29〕。兩漢四百年經學建立起的價值觀伴隨著東漢王朝的名存實亡而一道崩坍，漢末長久的亂離中使得士人們的價值觀走向了只關注一己一身的極端。魏晉士人的種種乖張的表現，或「厭世不厭生」、或「逍遙物外」、或「養性全身」、或「縱慾享樂」、或「非聖反禮」〔註 30〕等等，皆是將「一己」作為關注和誇張的對象，而關注和誇張的結果自然是為了抒發內心的舒適乃至優越之感。質而論之，魏晉以來山水之審美應當屬於貴族抑或豪門，不過是貴族士大夫生活的點綴而已。羅宗強在《玄學與魏晉士人心態》「山水怡情與山水審美意識的發展」一節中開篇便提到了山水遊樂不過是西晉士人們生活的「點綴」，並且更進一步指出：「音

〔註 29〕 這種變化究竟是否可以稱之為「人性覺醒」，暫且不做論斷。
〔註 30〕 見劉大杰《古典文學思想源流》中「魏晉時代人生觀」一章，上海：上海書店出版社 2008 年版第 95～120 頁。

樂與詩與山水的美，只是這種生活的點綴，使這種本來過於世俗（甚至是庸俗）的生活得到雅化，帶些詩意。或者可以說，這是世族豪門對他們身份的一種體認。他們似乎覺察到他們的優越感裏除了榮華富貴之外，還應該增加一點什麼，還應該在文化上有一種優於寒素的地方。因之，他們除了鬥富之外，便有了詩、樂和山水審美。」〔註31〕這段話十分準確地揭示出了魏晉以來山水審美背後世族豪門文化的本質。因此，這種為詮釋特殊階層優渥生活境況而產生的審美旨趣，在情感指向上必然帶著「優越之感」的。在這種「優越之感」中，出身世族豪門的士人徹底地掙脫了王權對精神的束縛抑或依賴。所以，基於這一結論再來分析東漢初年馮衍的《顯志賦》和東漢中期張衡的《歸田賦》都會發現，這二者雖都言及山水田園，但在情感指向上皆不屬於真正意義上的田園山水之作。馮衍的《顯志賦》通篇都在抒發一個不受重用之士的失落和痛苦，言辭間失志之意頗為明顯。同樣，張衡的《歸田賦》雖然開始產生了自己的獨立思考，但畢竟仍是將士人的榮辱喜樂置於王權的統攝之下，尚沒有掙脫王權的束縛，所以亦不能成為魏晉田園山水的代表作。而東漢末年身為底層士人的仲長統，反而「陰差陽錯」般地以其《樂志論》對田園山水之樂大書特書，通透率性的文字中看不到王權的半點影子，於「無意間」開創了魏晉審美的全新旨趣。

鑒於以上分析，不能不說仲長統的《樂志論》是「陰差陽錯」的產物。首先，從出身來講，縱然任繼愈將其歸入「中小地主」的行列，但這也絲毫不會改變其底層士人的客觀屬性。其次，據前文中對《樂志論》寫作時間推測的結果，此文當作於仲長統入仕之前，莫說豪門貴族，此時的仲長統甚至連普通官吏都不是，何來「優越之感」呢？不過，這一切的答案都可以在仲長統入仕為官前的心態中尋得。據前文推測結果，《樂志論》作於仲長統入仕之前的可能性最大。結合前文中行年考證及心態分析的結果可知，此時的仲長統名聲大噪，列郡並辟，正值春風得意之時，頗有待價而沽、志得意滿之勢。於是，為了能夠為自己爭得更大的機遇，仲長統不僅將「狂生」的性格灌注到待人接物之中，更傾注到了這篇標榜高世之意的《樂志論》中。高世之意中本已難尋王權痕跡，加之輕狂高傲之氣更使文章通篇充盈著一股清新桀驁之氣。縱然，寫作此文的仲長統並非世族豪門，但少年得志、列郡並辟

〔註31〕羅宗強《玄學與魏晉士人心態》，天津：天津教育出版社2005年版第243～244頁。

的仲長統內心怎能不充滿了對未來的自信和希冀，縱然他出身卑微但他堅信未來必定會擔當重任一展身手。因此，入仕前意氣風發的仲長統才會寫下這篇無論在思想還是在情感上都超越其所處時代的《樂志論》，成爲了魏晉時代田園山水審美旨趣的開山之作。

在仲長統的《樂志論》中，還應注意一個細節上的問題，即《樂志論》中描寫的諸多意象並非屬於田園範疇，亦非山水概念，準確地說實是莊園生活之圖景。所以，行文至此有必要在「田園」和「山水」之外再引入第三個概念——「莊園」。這也便是仲長統《樂志論》之所以對魏晉山水審美旨趣有所開創的關鍵所在。上文中在闡釋西漢至東漢中期文學主流審美旨趣時引入了「大苑囿」這一概念。在這一概念的統攝之下，表面上看來是寫苑囿之廣，實則是在說帝國之大，山林川澤、溝池臺榭乃至京都大邑都統統囊括其中。然而，至魏晉之時尤其是西晉以來漸興的以山水自然爲主的全新審美旨趣卻完全取代了曾經的主流旨趣。翻看逯欽立《先秦漢魏晉南北朝詩》中輯錄之「晉詩」不難發現無論在描寫的筆觸上還是在情感的抒發上都要細膩得多，常常以一地、一景爲刻畫對象。漢大賦中的那種帝國四方河嶽大肆分類羅列和極富跳躍性的描寫已經不見蹤影。因此，爲區別於兩漢帝國「大苑囿」的審美旨趣，特將魏晉以來興起的這種審美旨趣暫且定義爲「小山水」。而在這種由「大苑囿」向「小山水」的審美旨趣轉變中，「莊園」這一特殊的概念恰恰起到了承上啓下的連接作用。

更爲直白地說，東漢末年興起至兩晉時期臻於極盛的世家大族，在審美旨趣的轉變上並不是徑直由傳統的「帝國苑囿」一下子突變到了「一己山水」的，這其中的紐帶便是「莊園」。

東漢中期之后土地兼併現象已呈愈演愈烈之勢，范曄《後漢書》中已經開始出現了大型私人莊園的記錄，豪臣梁冀、何進、宦豎佞臣以及各地世家大族皆大肆囤積土地，私人莊園開始產生，但由於受當時的社會客觀條件限制，兼併過程中的土地「畸零化」問題無法普遍解決，所以私人莊園並未大量出現。然而，時至東漢末年尤其是北方州郡經過黃巾之亂以及各派勢力角逐後，頻仍的戰亂使得人口銳減土地大量拋荒。因此，經過數次紛爭洗禮之後，土地「畸零化」的問題在客觀上得到了最爲有效的解決。於是，漢末魏初之時各地世家大族迎來了屬於該階層的春天，而這種經濟權益的攫取勢必會推動該階層政治地位的提升。故毛漢光就此指出，大部分的中古士族都在

曹魏西晉時期開始形成。〔註 32〕魏晉乃至六朝時期世家大族優渥的生活，皆依賴強大且獨立的莊園經濟方得以維持。早在兩漢之際，這種典型莊園案例就已經開始產生，樊宏之例爲學人頗多徵引：

> 其營理產業，物無所棄，課役童隸，各得其宜，故能上下戮力，財利歲倍，乃至開廣田土三百餘頃。其所起廬舍，皆有重堂高閣，陂渠灌注。又池魚牧畜，有求必給。嘗欲作器物，先種梓漆，時人嗤之，然積以歲月，皆得其用，嚮之笑者咸求假焉。〔註 33〕

這段文字較爲詳細地記述了樊氏莊園的經濟上的獨立和富庶，甚至可以以此來推想仲長園裏的生產和生活狀況，做爲仲長園具體生產情況的補充或說明。所以，在沉醉於魏晉風度清新飄逸的同時，一定要切切實實地看到幻化出這種清新飄逸之氣的基礎是實力雄厚且兼有封閉、獨立雙重屬性的莊園經濟。當然，仲長統是不曾擁有過自己的莊園的，但是日本學者邊土名朝邦認爲仲長統早年的游學和避居上黨的親身經歷使他有了瞭解莊園的可能。〔註 34〕要之，不容忽視的是「利益所出，常常亦是旨趣所在。」於是，莊園成爲了士大夫們與帝國王權剝離之後首先關注的對象，並且，這種關注下的心態不再是飽含個人進退的喜與悲，而是對自身富足逍遙生活的讚美與歌頌。在這些「莊園主」的心中，老聃莊周逍遙卻爲清苦所累，兩漢重臣富足卻又爲王權所制，唯有當下的自己兼逍遙與富足二者而有之，身無形骸之勞、心無世俗之累，好不快活！綜上，於「利」於「逸」，莊園都必然成爲魏晉世家大族們的身體和靈魂的棲居之地。而莊園中充盈著的美好自然圖景又水到渠成般地將山水審美引入到了士大夫們的視野之中，進而成爲魏晉世家大族階層審美旨趣的主流。並且，因爲這種審美旨趣所關注的對象是源於自然的山水之景，因此，這種審美旨趣雖然關注之點在於一處、一景，但在性質上較之「大苑囿」之審美更具開放性。「大苑囿」之審美看似包舉宇內，但究其審美屬性而言則是異常封閉的，一旦「大」而「全」的範式形成，也就從某種意義上宣

〔註 32〕毛漢光在《中國中古社會史論》「中古家族之變動」中指出：「大部分的中古士族，在曹魏西晉時期（公元第三世紀）已漸次凝成，……，曹魏西晉正是士族社會架構的上坡面，自此以訖唐末，士族居統治階級之絕對多數，歷久而不衰。」見毛漢光《中國中古社會史論》，上海：上海書店出版社 2002 年版第 60 頁。

〔註 33〕范曄《後漢書‧樊宏傳》卷三十二，北京：中華書局 1965 年版第 1119 頁。

〔註 34〕見邊土名朝邦《仲長統の農園構想》，《九州大學中國哲學論集》18，19～37，1992.10.

告了這種範式的終結。這也便是兩漢大賦自枚乘開其端緒、司馬相如奠定高峰之後，只能陷入「模仿」的怪圈。並非後期士人才情不足、氣格不高，而是這種範式是力求將一切模式化的種種事物收納其中，在求「大」求「全」的過程中就已經將該種範式置於封閉的體系之中了。質而論之，「大苑囿」的審美旨趣在於以天下萬物書寫一成不變之帝國氣象，而「小山水」的審美旨趣卻在於以一己之心體悟豐富多彩之山水自然。萬物雖多，終有寫盡之日，只因帝國氣象竟一成不變；己心雖小，卻有不盡之情，實緣山水自然本多彩繽紛。這也便是大賦兩漢之後已然邊緣化而山水詩文卻仍得以綿延至今的深刻原因。

綜上，可以看出，魏晉以來作為經濟現象而普遍出現的莊園經濟，在為世家大族提供物質基礎的同時，將一種以山水自然為導向的全新審美旨趣引入到了士大夫的精神生活之中。而這種具有「開放性」的審美旨趣又使得士大夫在追求的過程中自然而然地突破了莊園的界限，拓展到更為廣闊的山水自然之中。因此，在這一審美旨趣由「大苑囿」到「小山水」的轉變中，「莊園」起到了至關重要的紐帶作用，這也便是仲長統《樂志論》開創魏晉山水審美的意義所在。縱然，在魏晉時期直接以莊園作為描寫對象的文學作品並不多見，但《樂志論》的出現，且僅就其文字中所透射出的文學審美旨趣來看，士大夫精神上已經與王權徹底脫離，文中充盈著對莊園中富足生活和山水美景的高調讚美，這些都標誌著一種全新的審美旨趣已然旗幟鮮明地呈現在世人面前，且終將引導這股湧動的潛流彙聚為時代的巨瀾。

結　語

　　東漢末年思想家仲長統約在光和三年（180）出生於今山東省微山縣兩城
鄉一帶的普通家庭，然而飽受儒家思想薰陶的仲長統並不因出身寒微而放棄
自己濟世報國之志。於是，二十餘歲時便開始游學青、徐、并、冀四州，如
同當時所有的寒微之士一樣，權貴、名士皆有拜謁。因為，仲長統的心中渴
望得到一個可以讓自己大顯身手的機會，所以這些當下的仕進規則自然不會
迴避。史傳中載錄的仲長統首次亮相便是過并州刺史高幹事件，此次事件之
後仲長統以善知人和敢直言而聞名并、冀二州。此時的仲長統將暫避兵亂和
拜訪名士的目的合二為一，跋山涉水遠赴上黨邊鄙之地拜謁常林。暫避上黨
山阿之時，常林所建莊園給仲長統留下了深刻的印象，為《樂志論》文中「仲
長園」的誕生提供了現實圖景。在避居上黨之時，鑒於當時士人求名入仕皆
多以怪誕之法，故仲長統亦將自己敢直言、默語無常的氣質性格（主觀上）
發揮到了極致，被時人名之為「狂生」，且兵亂已平之後，并、冀二州聞仲長
統之名而諸郡連徵並辟，然而對於胸懷天下加之少年報得大名的仲長統而
言，這些徵辟都沒有觸動到他那根最隱秘的心弦。也就在此時，在世風使然
之下，仲長統一反常態地擺出了一副無意功名利祿的清高姿態，一篇《樂志
論》將高世之意和莊園之樂抒發得淋漓盡致，當之無愧地成為了魏晉山水文
學的開山之作。但是拋開文字中的閒適之情，結合東漢取士規則以及仲長統
行年的雙重證據，更應當看到文字背後的求仕之意。所以，在體會《樂志論》
這篇作品時既要看到文中的醉心田園，更要看到心中的志在廟堂。因此，才
會有諸郡徵辟皆稱疾不就，而尚書令荀或一道辟命便毫不遲疑的出任尚書郎
直至離世。

　　仲長統的主要思想皆見於《昌言》，似當作於其入許爲官之後，然而《昌言》在流傳過程中不斷散佚，以致今日所見者不過十之一二。以今天輯錄之《昌言》逆推其全貌，不知其散佚之論當如何光怪陸離。在仲長統著述流傳方面，除吸收嚴可均及當下學人成果外，以《四庫全書》《續四庫全書》《叢書集成》等集部文獻入手，對宋至明間所有載錄兩漢之文的集部之作一一翻檢，終於尋得南宋之時仲長統著述已經進入集部之證明。當然，這並不影響《昌言》政論散文作爲子部之學深刻的思想性。僅就現存《昌言》中最完整的三篇來看，仲長統意在爲兩漢帝國袪除頑疾，困擾兩漢王朝最深的土地兼併和君權過強問題都是他所要著力解決的。在解決土地問題上，綜合比較了歷代前人乃至與其同時代人的政策後提出了自己的解決辦法，不難看出從理論層面出發仲長統之論實最優解。然而，仲長統之論在現實層面卻無益於當下實際，故未被採用。同樣，仲長統的抑君權理念縱然在理論層面上限制了君權，但是在現實層面上又對相權做大缺乏有效的控過措施，最後同樣未被採用。從仲長統的政治改革思想中可以明確地感覺到，仲長統確爲東漢儒士中之最切實用者，然而較之西漢賈誼、晁錯等立足客觀以現實經驗解決問題的切用之策，仲長統的思想相形之下不免同東漢士人之論一樣稚嫩而脆弱。西漢初年士人雖爲儒生，但上承戰國遺風在考慮國家大政時尚能以切用之政補救時弊，而東漢士人在經學的浸泡下已然只會在經學理想的框架中憑藉「婞直之氣」做短淺之爭，而無絲毫切用之論。仲長統抨擊漢末士風，但亦難逃漢末士風的影響；仲長統批判兩漢政治，但亦提不出切實革新之論；仲長統比擁有莊園者更能體會田園山水之樂，但卻難捨報國之志，不離廟堂甘受失志之苦。這就是仲長統，一個兼具漢儒氣質與魏晉風度的矛盾集合體。

附　錄

附錄一　《後漢書》《三國志》參軍事表

姓　名	官　職	參何人軍事	時　間	所見史料	備　註
孫堅	別部司馬	司空張溫	中平三年 186	《後漢書·董卓傳》卷七二、《三國志·吳書一》卷四六	
荀彧	侍中、光祿大夫	丞相曹操	建安十七年 212	《後漢書·荀彧傳》卷七十、《三國志·魏書·荀彧傳》卷十	
賈輔	中領軍司馬	鍾會	咸熙元年 264 前	《三國志·魏書·三少帝紀》卷四	
羊琇	郎中	鍾會	咸熙元年 264 前	《三國志·魏書·三少帝紀》卷四	
徐紹	（吳）南陵督	晉文帝	咸熙元年 264 十月	《三國志·魏書·三少帝紀》卷四、《三國志·吳書·三嗣主傳》卷四八	
陶謙	議郎	車騎將軍張溫	約中平二年 185	《三國志·魏書·陶謙傳》卷八	
曹純	議郎	司空曹操	約建安十年 205	《三國志·魏書·曹仁傳》卷九	
曹休	騎都尉	曹洪	約建安二十三年 218	《三國志·魏書·曹休傳》卷九	
夏侯尚	黃門侍郎	鄢陵侯曹彰	建安二十三年 218	《三國志·魏書·夏侯尚傳》卷九	
賈詡	冀州牧	司空曹操	建安二年 197	《三國志·魏書·賈詡傳》卷十	

張範	議郎	丞相曹操	約建安十年 205	《三國志・魏書・張範傳》卷十一	
張承	丞相參軍祭酒、趙郡太守	曹操	約建安二十年 215	《三國志・魏書・張範傳》卷十一	
何夔	長廣太守	丞相曹操	約建安三年 198	《三國志・魏書・何夔傳》卷十二	
邢顒	平原侯曹植家承	丞相曹操	約建安十六年 211	《三國志・魏書・邢顒傳》卷十二	
華歆	議郎	司空曹操	約建安五年 200	《三國志・魏書・華歆傳》卷十三	
王朗	諫議大夫	司空曹操	建安三年 198	《三國志・魏書・王朗傳》卷十三	
程昱	奮武將軍	曹丕	建安十六年 211	《三國志・魏書・程昱傳》卷十四	
董昭	癭陶長、柏人令	袁紹	初平三年 192	《三國志・魏書・董昭傳》卷十四	
劉放	依於王松	司空曹操	建安十年 205	《三國志・魏書・劉放傳》卷十四	
孫資	縣令	丞相曹操	建安十八年 213	《三國志・魏書・劉放傳》卷十四	
張既	議郎	司隸校尉鍾繇	約建安十一年 206	《三國志・魏書・張既傳》卷十五	
賈逵	議郎	似當爲司隸校尉鍾繇	約建安十一年 206	《三國志・魏書・賈逵傳》卷十五	
應貞	不詳	相國司馬炎	約咸熙二年 265	《三國志・魏書・王粲傳》卷二一	
陳群	治書侍御史	丞相曹操	約建安十七年 212	《三國志・魏書・陳群傳》卷二二	
衛臻	黃門侍郎	丞相曹操	建安十八年 213	《三國志・魏書・衛臻傳》卷二二	
趙儼	議郎	曹仁	建安二十四年 219	《三國志・魏書・趙儼傳》卷二三	
裴潛	不詳	丞相曹操	建安十三年 208	《三國志・魏書・裴潛傳》卷二三	
鄧艾	南安太守	征西將軍郭淮	嘉平元年 251	《三國志・魏書・鄧艾傳》卷二八	
姜維	中郎	參本郡（天水郡）軍事	約建興六年 228	《三國志・蜀書・姜維傳》卷四四	

附錄二　仲長統生卒行年簡編

光和三年（180 年），仲長統約生於是年；

建安元年（196 年），仲長統約十七歲，曹操採納棗祗、韓浩等人建議，大力
　　　　　　推行屯田；

建安元年（196 年），十一月，仲長統約十七歲，曹操「自爲司空」；

建安九年（204 年），九月，仲長統約二十五歲，曹操在冀州地區推行「田租
　　　　　　畝四升，戶出絹二匹、綿二斤而已」全新的具有戶調性
　　　　　　質的賦稅制度；

建安十年（205 年），仲長統約二十六歲，過并州刺史高幹，未作久留旋即離
　　　　　　開；

建安十一年（206 年）～建安十二年（207 年）上半年，仲長統約二十七歲～
　　　　　　二十八歲，與常林共處上黨；

建安十二年（207 年）下半年，仲長統約二十八歲，被尚書令荀彧徵辟爲尚書
　　　　　　郎；

建安十三年（208 年），六月，仲長統約二十九歲，曹操「自爲丞相」；

建安十七年（212 年），仲長統約三十三歲，參丞相曹操軍事；

建安十八年（213 年），春，荀彧自殺；

建安十八年（213 年），仲長統約三十四歲，復還爲尚書郎；

延康元年（220 年），仲長統四十一歲，卒。

延康元年（220 年）～黃初元年（221 年），仲長統友人繆襲撰「《昌言》表」。

　　　另：仲長統與侍中鄧義在荀彧的主持下，就「句龍」究竟爲社「主」還
是「配」的問題展開了論辯當發生在建安十三年（208 年）九月後，具體時間
尚無法確定。

參考文獻

一、典籍類

1. 李學勤主編，十三經注疏〔M〕，北京：北京大學出版社，1999。

2. （西漢）司馬遷，史記〔M〕，北京：中華書局，1959。

3. （西漢）司馬遷撰，（日）瀧川資言會注考證〔M〕，史記會注考證，北京：新世界出版社，2009。

4. （東漢）班固，漢書〔M〕北京：中華書局，1962。

5. （東漢）劉珍等撰，吳樹平校注，東觀漢記校注〔M〕，北京：中華書局，1984。

6. （晉）陳壽，三國志〔M〕，北京：中華書局，1982，，

7. （晉）陳壽撰，（南朝宋）裴松之注，盧弼集解，錢劍天整理，三國志集解〔M〕，上海：上海古籍出版社，2012。

8. （南朝宋）范曄，後漢書〔M〕，北京：中華書局，1965。

9. （東漢）荀悅撰，張烈點校，漢紀〔M〕，北京：中華書局，2002。

10. （東晉）袁宏撰，張烈點校，後漢紀〔M〕，北京：中華書局，2002。

11. （北魏）酈道元著，陳橋驛校證，水經注校證〔M〕，北京：中華書局，2007。

12. （宋）司馬光編，（元）胡三省音注，資治通鑒〔M〕，北京：中華書局，1956。

13. （宋）熊方等撰，後漢書三國志補表三十種〔M〕，北京：中華書局，1984。

14. （清）錢大昭撰，後漢書辨疑〔M〕（景清橋李沈氏銅熨斗齋兩漢書辨疑刻本），上海：上海古籍出版社，2006。

15. （清）錢大昭撰，續漢書辨疑〔M〕（景清橋李沈氏銅熨斗齋兩漢書辨疑刻本），上海：上海古籍出版社，2006。

16. （清）王先謙撰，漢書補注〔M〕，上海：上海古籍出版社，2008。

17. （清）王先謙撰，黃山等校補，後漢書集解〔M〕（景民國王氏虛受堂刻本），上海：上海古籍出版社，2006。

18. （清）沈欽韓撰，後漢書疏證〔M〕（景清光緒二十六年浙江官書局刻本），上海：上海古籍出版社，2006。

19. （清）周壽昌撰，後漢書注補〔M〕（景清光緒十年周氏思益堂刻本），上海：上海古籍出版社，2006。

20. （清）汪文臺輯，周天遊校，七家後漢書〔M〕，石家莊：河北人民出版社，1987。

21. 周天遊輯注，八家後漢書輯注〔M〕，上海：上海古籍出版社，1986。

22. 徐元誥撰，王樹民、沈長雲點校，國語集解（修訂本）〔M〕，北京：中華書局，2002。

23. （清）孫星衍，漢官六種〔M〕，北京：中華書局，1990。

24. （清）吳增僅撰（清）楊守敬補正，楊守敬集（一）·三國郡縣表補正〔M〕，武漢：湖北人民出版社，1998。

25. （清）顧炎武著，黃汝霖集釋，樂保群、呂宗力校點，日知錄集釋（全校本）〔M〕，上海：上海古籍出版社，2006。

26. （清）王夫之著，讀通鑒論〔M〕，北京：中華書局，1975。

27. （清）趙翼撰，曹光甫校點，廿二史劄記〔M〕，南京：鳳凰出版社，2008。

28. （清）錢大昕撰，陳文和、張連生、曹明生校點，廿二史考異〔M〕，南京：鳳凰出版社，2008。

29. （清）王鳴盛撰，陳文和、王永平、張連生、孫顯軍校點，十七史商榷〔M〕，南京：鳳凰出版社，2008。

30. （西漢）董仲舒撰，（清）蘇輿注，鍾哲點校，春秋繁露義證〔M〕，北京：中華書局，1975。

31. （西漢）楊雄撰，汪榮寶疏，法言義疏〔M〕，北京：中華書局 1987。

32. （東漢）桓譚撰，朱謙之校輯，新輯本桓譚新論〔M〕，北京：中華書局，2009。

33. （東漢）王充撰，黃暉校釋，論衡校釋〔M〕，北京：中華書局，1990。

34. （東漢）王符撰，（清）汪繼培箋，彭鐸校正，潛夫論箋校正〔M〕，北京：中華書局，1985。

35. （東漢）崔寔撰；（東漢）仲長統撰；孫啓治校注，政論校注〔M〕，昌言校注〔M〕，北京：中華書局，2012。

36. （東漢）荀悅撰，（明）黃省曾注，孫啓治校補，申鑒注校補〔M〕，北京：中華書局，2012。

37. （東漢）應劭撰，王利器校注，風俗通義校注〔M〕，北京：中華書局，1981。

38. （東漢）徐幹撰，（日）池田秀三校注，徐幹中論校注〔M〕，京都：京都大學文學部研究紀要，1984，1985，1986。

39. （清）王先慎撰，鍾哲點鉸，韓非子集解，北京：中華書局，1998。

40. 馬非百撰，管子輕重篇新詮〔M〕，北京：中華書局，1979。

41. 蔣禮鴻撰，商君書錐指〔M〕，北京：中華書局，1986。

42. 王利器校注，鹽鐵論校注〔M〕，北京：中華書局，1992。

43. （日）遍照金剛，文鏡秘府論〔M〕，北京：人民文學出版社，1975。

44. （宋）洪適撰，隸釋、隸續〔M〕（景洪氏晦木齋刻本），北京：中華書局，1986。

45. （宋）陳鑑，東漢文鑑〔M〕（影印宛委別藏本），南京：江蘇古籍出版社，1988。

46. （明）李贄評纂，史綱評要〔M〕，北京：中華書局，1974。

47. （明）胡維新，兩京遺編・仲長統論〔M〕，叢書集成初編本。

48. （明）梅鼎祚，歷代文紀〔M〕，景文淵閣四庫本。

49. （明）張燮，七十二家集〔M〕，續四庫本。

50. （清）嚴可均輯，全上古三代秦漢三國六朝文〔M〕，北京：商務印書館，1999。

51. （清）沈家本，歷代刑法考〔M〕，北京：中華書局，1985。

52. （清）唐晏著，吳東民點校，兩漢三國學案〔M〕，北京：中華書局，1986。

二、研究專著

1. 呂思勉，秦漢史〔M〕，上海：上海古籍出版社，2005。

2. 蕭公權，中國政治思想史〔M〕，北京：商務印書館，2011。

3. 瞿同祖，漢代社會結構〔M〕，上海：上海世紀出版集團，2007。

4. 侯外廬，中國思想通史〔M〕，北京：人民出版社，1957。

5. 楊聯陞，東漢的豪族〔M〕，北京：商務印書館，2011。

6. 唐長孺，魏晉南北朝隋唐史論叢〔M〕，北京：中華書局，2011。

7. 唐長孺，魏晉南北朝隋唐史三論〔M〕，北京：北京大學出版社，2011。

8. 唐長孺，魏晉南北朝史論叢續編、魏晉南北朝史論拾遺〔M〕，北京：中華書局，2011。

9. 周一良，魏晉南北朝史論集〔M〕，北京：北京大學出版社，2010。

10. 周一良，魏晉南北朝史札記〔M〕，北京：中華書局，1985。

11. 逯欽立輯校，先秦漢魏晉南北朝詩〔M〕，北京：中華書局，1983。

12. 王伊同，五朝門第〔M〕，北京：中華書局，2006。

13. 王伊同，王伊同學術論文集〔M〕，北京：中華書局，2006。

14. 陳啓雲，中國古代思想文化的歷史論析〔M〕，北京：北京大學出版社，2001。

15. 陳啓雲著，高專誠譯，荀悦與中古儒學〔M〕，瀋陽：遼寧大學出版社，2000。

16. 陳啓雲，儒學與漢代歷史文化——陳啓雲文集（二）〔M〕，桂林：廣西師範大學出版社，2007。

17. 余英時，士與中國文化〔M〕，上海：上海人民出版社，2003。

18. 余英時，東漢生死觀〔M〕，上海：上海古籍出版社，2005。

19. 許倬雲著，程農、張鳴譯，鄧正來校，漢代農業〔M〕，南京：江蘇人民出版社，2012。

20. 徐復觀，兩漢思想史〔M〕，上海：華東師範大學出版社，2001。

21. 廖伯源，秦漢史論叢（增訂本）〔M〕，北京：中華書局，2008。

22. 劉汝霖，漢晉學術編年〔M〕，上海：華東師範大學出版社，2010。

23. 嚴耕望，兩漢太守刺史年表〔M〕，上海：上海古籍出版社，2007。

24. 嚴耕望，中國地方行政制度史・秦漢地方行政制度〔M〕，臺北：中央研究院歷史語言所，2006。

25. 嚴耕望，嚴耕望史學論文集〔M〕，北京：中華書局，2006。

26. 劉師培，中國中古文學史講義〔M〕，上海：上海古籍出版社，2006。

27. 錢穆，中國歷代政治得失〔M〕，上海：三聯書店，2001。

28. 錢穆，兩漢經學今古文平議〔M〕，北京：商務印書館，2001。

29. 劉大杰，中國文學發展史，天津：百花文藝出版社，2007。

30. 劉大杰，古典文學思想源流〔M〕，上海書店出版社，2008。

31. 程樹德，九朝律考〔M〕，北京：中華書局，2006。

32. 魯迅著，顧農講評，漢文學史綱要〔M〕，南京：鳳凰出版社，2009。

33. 顧頡剛，漢代學術史略〔M〕，北京：人民出版社，2008。

34. 顧頡剛，秦漢的方士與儒生〔M〕，上海：上海書店，2005。

35. 湯用彤，漢魏兩晉南北朝佛教史〔M〕，武漢：武漢大學出版社，2008。

36. 湯用彤，魏晉玄學論稿（增訂版）〔M〕，上海：三聯書店，2009。

37. 陳垣，中國佛教史概論〔M〕，上海：上海書店，2005。

38. 楊樹達，漢代婚喪禮俗考〔M〕，上海：上海書店，2009。

39. 田昌五、安作璋主編，秦漢史〔M〕，北京：人民出版社，2008。

40. 祝瑞開，兩漢思想史〔M〕，上海：上海古籍出版社，1989。

41. 費正剛、胡雙寶、宗明華輯校，全漢賦〔M〕，北京：北京大學出版社，1993。

42. 毛漢光，中國中古社會史論〔M〕，上海：上海書店出版社，2002。

43. 毛漢光，中國中古政治史論〔M〕，上海：上海書店出版社，2002。

44. 傅樂成，漢唐史論集〔M〕，臺北：聯經出版社，1977。

45. 田餘慶，秦漢魏晉史探微（重訂本）〔M〕，北京：中華書局，2011。

46. 田餘慶，東晉門閥政治〔M〕，北京：北京大學出版社，2012。

47. 杜正勝，編戶齊民——傳統政治社會結構之形成〔M〕，臺北：聯經出版社，1990。

48. 秦暉，傳統十論——本土社會的制度、文化及其變革〔M〕，上海：復旦大學出版社，2004。

49. 秦暉、蘇文，田園詩與狂想曲——關中模式與前近代社會的再認識〔M〕，北京：中央編譯出版社，1996。

50. 金景芳，論井田制度〔M〕，濟南：齊魯書社，1982。

51. 賴建誠，井田辨：諸說辯駁〔M〕，臺北：學生書局，2012。

52. 鄒紀萬，兩漢土地問題研究〔M〕，臺北：臺灣大學出版委員會，1981。

53. 羅彤華，漢代的流民問題〔M〕，臺北：臺灣學生書局 1989。

54. 黃熾霖，曹魏時期中央政務機關之研究——兼論曹操與司馬氏對政治之影響〔M〕，臺北：文史哲出版社，2002。

55. 袁祖亮主編，袁延勝著，中國人口通史・東漢卷〔M〕，北京：人民出版社，2007。

56. 陳直，兩漢經濟史論叢〔M〕，北京：中華書局，2008。

57. 李劍農，中國古代經濟史稿〔M〕，武漢：武漢大學出版社，2011。

58. 高恒，秦漢簡牘中法制文書輯考〔M〕，北京：社會科學文獻出版社，2008。

59. 中國政法大學法律史學研究院編，日本學者中國法論著選譯〔M〕，北京：中國政法大學出版社，2012。

60. 金春峰，漢代思想史〔M〕，北京：中國社會科學出版社，2006。

61. 羅宗強，玄學與魏晉士人心態〔M〕，天津：天津教育出版社，2005。

62. 于迎春，漢代文人與文學觀念的演進〔M〕，北京：東方出版社，1997，，

63. 劉文英，王符評傳（附崔寔、仲長統評傳）〔M〕，南京：南京大學出版社，1993。

64. 汪文學，漢晉文化思潮變遷研究〔M〕，貴陽：貴州人民出版社，2003。

65. 許結，漢代文學思想史〔M〕，北京：人民文學出版社，2010。

66. 陳蘇鎮，兩漢魏晉南北朝史探幽〔M〕，北京：北京大學出版社，2013。

67. 聶濟冬，東漢士風與文人文學〔M〕，濟南：山東大學出版社，2011。

68. 仇鹿鳴，魏晉之際的政治權力與家族網絡〔M〕，上海：上海古籍出版社，2012。

三、學位論文

1. 尹玉珊，漢魏子書研究〔D〕，中國社會科學院，2010。

2. 曲利麗，從「聖王」到「王聖」——論「王命論」意識形態下東漢文化精神之變遷〔D〕，北京師範大學，2010。

3. 蘇曉威，仲長統《昌言》研究〔D〕，廣西師範大學，2005。

4. 沈靜，徐幹仲長統比較研究〔D〕，湖南師範大學，2007。

5. 李英杉杉，仲長統思想探微〔D〕，山東師範大學，2010。

6. 鄧穩，「仲長園」現象研究〔D〕，四川師範大學，2011。

7. 王尚平，救世與樂志的彷徨——仲長統研究〔D〕，華中師範大學，2013。

四、論文

1. 黃君默，兩漢的租稅制度〔J〕，食貨半月刊第三卷第七期，1936年。

2. 黃君默，唐代租稅論〔J〕，食貨半月刊第四卷第十二期，1936。

3. 黃君默，租庸調及兩稅述考〔J〕，商學季刊第一期，1936。

4. 馬非百，秦漢經濟史資料（一）手工業〔J〕，食貨半月刊第二卷第八期，1935。

5. 馬非百，秦漢經濟史資料（二）商業〔J〕，食貨半月刊第二卷第十期，1935。

6. 馬非百，秦漢經濟史資料（三）農業〔J〕，食貨半月刊第三卷第一期，1935。

7. 馬非百，秦漢經濟史資料（四）貨幣制度〔J〕，食貨半月刊第三卷第二期，1935。

8. 馬非百，秦漢經濟史資料（五）人口及土地〔J〕，食貨半月刊第三卷第三期，1936。

9. 馬非百，秦漢經濟史資料（六）奴隸制度〔J〕，食貨半月刊第三卷第八期，1936。

10. 馬非百，秦漢經濟史資料（七）租稅制度〔J〕，食貨半月刊第三卷第九期，1936。

11. 褚道庵，兩漢官俸蠡測〔J〕，食貨半月刊第一卷第十二期，1935。

12. 戴振輝，兩漢奴隸制度〔J〕，食貨半月刊第一卷第七期，1935。

13. （日）吉田虎雄，范石軒譯，漢代之徭役及人頭稅〔J〕，食貨半月刊第三卷第七期，1936。

14. （日）飯田茂三郎，中國歷朝之戶口統計〔J〕，食貨半月刊第四卷第十一期，1936。

15. 韓克信，兩漢貨幣制度〔J〕，食貨半月刊第一卷第十二期，1935。

16. 何茲全，三國時期國家的三種領民〔J〕，食貨半月刊第一卷第十一期，1935。

17. 何茲全，三國時期農村經濟的破壞與復興〔J〕，食貨半月刊第一卷第五期，1935。

18. 許宏傑，秦漢社會之土地制度與農業生產〔J〕，食貨半月刊第三卷第七期，1936。

19. 勞幹，古代思想與宗教的一個方面〔J〕，學原第一卷第十期，1948。

20. 劉公任，漢魏晉的肉刑論戰〔J〕，人文月刊第八卷第二期，1937。

21. 武仙卿，魏晉南北朝田租與戶調對立的稅法〔J〕，食貨半月刊第五卷第四期，1937。

22. 楊聯陞，從四民月令所見到的漢代家族生產〔J〕，食貨半月刊第一卷第六期，1935。

23. 周筠溪，西漢財政制度之一斑〔J〕，食貨半月刊第三卷第八期，1936。

24. 韓復智，仲長統研究〔J〕，臺灣大學歷史學系學報第 8 期，1981。

25. 高敏，「度田」鬥爭與光武中興〔J〕，南都學刊，1996。

26. 張濤，仲長統的思想與易學〔J〕，周易研究第 4 期，1999。

27. 黃麗峰，後漢三賢的士風批判〔J〕，南京師大學報第 6 期，2005。

28. 孔毅，荀悅與仲長統思想和論〔J〕，重慶師範大學學報第 6 期，2006。

29. 秦躍宇、龍延，非儒入道的玄學先聲，〔J〕，許昌學院學報第 3 期，2010。

30. 曲利麗、李山，論西漢元成之際儒生的政治作為〔J〕，徐州師範大學學報第 1 期，2010。

31. 勞幹，兩漢戶籍與地理之關係〔A〕，中研院歷史語言所集刊論文類編（歷史編·秦漢卷）〔C〕，北京：中華書局，2009。

32. 勞幹，兩漢刺史制度考〔A〕，中研院歷史語言所集刊論文類編（歷史編·秦漢卷）〔C〕，北京：中華書局，2009。

33. 勞幹，漢簡中的河西經濟生活〔A〕，中研院歷史語言所集刊論文類編（歷史編·秦漢卷）〔C〕，北京：中華書局，2009。

34. 勞幹，漢代的雇傭制度〔A〕，中研院歷史語言所集刊論文類編（歷史編·秦漢卷）〔C〕，北京：中華書局，2009。

35. 金發根，東漢黨錮人物的分析〔A〕，中研院歷史語言所集刊論文類編（歷史編·秦漢卷）〔C〕，北京：中華書局，2009。

36. 管東貴，漢代的屯田與開邊〔A〕，中研院歷史語言所集刊論文類編（歷史編·秦漢卷）〔C〕，北京：中華書局，2009。

37. 李山，漢魏之際士大夫的異化及其文化的建構〔A〕，聶石樵教授八十壽辰紀念文集〔C〕，北京：中華書局，2006。

五、國外論著

1. （英）崔瑞德、魯惟一，劍橋中國秦漢史〔M〕，北京：中國社會科學出版社，1992。

2. （日）佐竹靖彥主編，殷周秦漢史學的基本問題〔M〕，北京：中華書局，2008。

3. （日）谷川道雄主編，魏晉南北朝隋唐史學的基本問題〔M〕，北京：中華書局，2010。

4. （日）吉川忠夫著，王啟發譯，六朝精神史研究〔M〕，南京：江蘇人民出版社，2012。

5. （日）川勝義雄著，徐谷芃、李濟滄譯，六朝貴族制社會研究〔M〕，上海：上海古籍出版社，2007。

6. （日）宮崎市定著，韓昇、劉建英譯，韓昇校，九品官人法研究——科舉前史〔M〕，北京：中華書局，2008。

7. （日）渡邊信一郎著，徐沖譯，中國古代的王權與天下秩序——從日中比較的視角出發〔M〕，北京：中華書局，2008。

8. （日）冨谷至著，柴生芳、朱恒曄譯，秦漢刑法制度研究〔M〕，桂林：廣西師範大學出版社，2006。

9. （日）永田英正著，張學鋒譯，居延漢簡研究〔M〕，桂林：廣西師範大學出版社，2007。

10. （英）邁克爾·魯惟一著，于振波、車今花譯，漢代行政記錄〔M〕，桂林：廣西師範大學出版社，2005。

11. （日）加藤繁著，吳傑譯，中國經濟史考證〔M〕，北京：中華書局，2012。

後　記

　　行文至此，已然東方漸白，一夜的安靜不得不再次被打破，操場上人們的晨練聲、杏壇路上 510 的報站聲、還有一直都被忽略的電腦散熱風扇聲，然而這一次的聲聲入耳反倒讓我多了幾分輕鬆和快慰。回想當初選題時的意氣風發，硬是要在這殘章斷句的一萬二千言裏有所創獲，如今看來不禁要慨歎當初哪來的這股勇氣。值得慶幸的是，終於跌跌撞撞走到了今天，欣喜之餘唯有滿心的感激。

　　還記得三年前有幸步入師大校門，入學不過三日便全然沒了新生報到時的喜悅與激動，心中僅存的是與日俱增的惶恐和壓力。師大優良的傳統，嚴謹的學風，宏闊的視野都另我這個來自關外的愣頭小子看到了自己的蒼白和無知。於是，師大的三年與其說是努力前進的三年倒不如說是拼命追趕的三年。三年來的追趕中，也曾汗流浹背也曾氣喘吁吁也曾滿腹質疑，不過還好我沒有放棄，一直堅持到了今天。感謝師大！給予我靈魂深處的觸動，給予我追趕他人的契機。

　　感謝我的導師李山先生！先生為人豁達大度爽朗率真，讓人覺得親切又不失威嚴。三年來的學習生活中總有倦怠之時，恰是先生的當頭棒喝讓我時刻保持著清醒的頭腦和不竭的動力。追隨先生點校古人詩經論著才愈來愈發現，先生之學可謂仰之彌高，讓駑鈍不堪的我愈加發現自己的短淺鄙陋。論文寫作過程中，感謝先生不厭其煩的給予指導和批評，如果說論文中尚且偶有一兩個閃光點的話，那也都是受益於先生的啓發和指點。在生活中先生與師母又給予我無微不至的關懷，學生對此感激不盡，唯有在未來的工作學習中繼續努力，用更大的成績回報先生。

　　感謝博士論文寫作過程中以及我求學生涯中給予我幫助和指導的每一位老師。感謝北京師範大學文學院郭英德先生、張德建先生、過常寶先生、於翠玲先生等諸位師長，感謝爲我的論文寫作提出了許多寶貴建議。感謝東北師範大學文學院我的碩士導師高長山先生，感謝周奇文先生、胡曉研先生，感謝諸位先生在我初入門徑時對我的培養和教導，沒有諸位先生的引領與指導學生是不可能有今天的成績的，學生在此深表謝意。

　　感謝李山先生門下的所有學兄，師門例會以及每周的讀書會上總能收到大家關於論文寫作的寶貴經驗和建議，感謝大家的幫助和支持。此外，還要感謝我的同學孫文傑、徐波、薛學財、王勉、宋虎堂等諸位同仁，在論文寫作過程中可謂風雨同舟一路相伴，尤其在最爲艱苦的收尾階段大家相互砥礪仍不失歡聲笑語，給予了我莫大的支持和鼓勵。

　　最後，還要特別感謝我的父母，是他們一直在我身後默默地給予我無私的幫助和關懷，使我有了完成學業的堅實後盾，在此唯有說聲最誠摯的謝謝！

　　等待中又迎來了一個生機勃勃的夏天，生命中需要感謝的人還有太多，無以爲報唯有眞誠的祝福大家健康平安！